欧·亨利
小说全集

The
Complete
Stories
by
O. Henry

3

白菜与皇帝
＋随意选择

〔美〕欧·亨利——著

王永年——译

目　次

白菜与皇帝

楔子………3
第一章　"早晨的狐狸"………9
第二章　忘忧果与酒瓶………18
第三章　史密斯………29
第四章　就擒………40
第五章　第二个失恋的流放者………51
第六章　留声机与把戏………58
第七章　钱谜………72
第八章　海军上将………83
第九章　至高无上的旗子………91
第十章　酢浆草和棕榈树………101
第十一章　残余的面子………118
第十二章　鞋子………128
第十三章　船舶………138
第十四章　艺术大师………147
第十五章　狄盖………163
第十六章　红与黑………175
第十七章　两件旧事重提………184

第十八章　万花筒………193

随意选择

《迪克西玫瑰》………199
第三样配料………212
黑比尔的隐藏………226
各有千秋………239
仙人摘豆………252
供求定律………265
觅宝记………276
机不再来………287
诚则灵………298
胜利时刻………310
猎头者………322
并非特写………335
高等实用主义………346
畅销书………354
都市里的乡下佬………367
靠不住的规律………377

白菜与皇帝

"是时候啦,"海象说,
"可以谈谈许多事体;
鞋子、船舶和火漆,
还有白菜与皇帝。"

——海象和木匠①

---

① 引自《爱丽思漫游奇境记》的续集《镜中奇遇》中"海象和木匠"的歌谣。在英文成语中,"白菜与皇帝"指琐碎的事情。

楔　子

你到安楚里亚去的话,有人会告诉你,那个变幻莫测的共和国的总统,米拉弗洛勒斯,是在海滨小镇柯拉里奥自杀的;他害怕当时迫在眉睫的革命对他有所不利,竟然逃到了这里;他还用一只美国旅行皮包带走了十万元公款,作为他那段惊险的在任时期的纪念,这十万块钱后来永远没有了下落。

你花一个雷亚尔①,就会有小孩领你去看他的坟墓。它坐落在镇后一座跨过红树沼地的小桥旁边。墓头竖着一块简陋的木板。有人用烙铁在这块墓板上烙出了下面的文字:

安楚里亚共和国总统
拉蒙·安赫尔·德拉斯·克鲁塞斯-米拉弗洛勒斯
让上帝去审判他吧

这个无忧无虑的民族有一个特点,就是既死不究。"让上帝去审判他吧!"——即使那笔人人垂涎的十万块钱毫无着落,追捕的呼声也只到此为止。

柯拉里奥的人民会把他们的前任总统身遭惨死的故事一五一十地告诉陌生人或旅客;他怎么带着公款和那位年轻的美国歌剧演员堂娜伊莎白·姬尔勃②,企图逃出本国;碰上政敌方面驻柯拉

---

① 雷亚尔,西班牙及南美洲通用的一种小银币,等于四分之一个比塞塔。
② "堂娜"和"堂"是西班牙文中对人的尊称,一般加在教名之前。

里奥的人员、势将就擒的时候,怎么宁可对准自己的脑袋开一枪,而不愿意放弃那笔钱和那位姬尔勃小姐。他们还会说,由于同时丧失了显赫的情人和作为纪念品的十万块钱,堂娜伊莎白的闯荡江湖的命运马上搁了浅,只得在这个毫无生气的海岸抛下锚来,等待涨潮。

柯拉里奥的人说,她在本镇一个美国侨民,弗兰克·古德温身上发现了迅速而顺当的涨潮,古德温是个投资家,专门经营当地土产,发了大财——他是香蕉皇帝,树胶王子,撒尔沙①、靛青和桃花心木的大王。他们会告诉你,总统死后一个月,姬尔勃小姐就跟古德温先生结婚了,因此,正当命运沉下脸,收回礼物的时候,她却从命运手里夺得了一件更贵重的奖品。

提起那个美国人堂弗兰克·古德温和他的妻子,土著总是赞不绝口。堂弗兰克在他们中间待了多年,不由他们不尊敬。在那个清苦的海岸所能提供的社交生活中,他的夫人轻而易举地成了皇后。省长夫人虽然出身古西班牙的望族②,可是当她在古德温太太的餐桌前面,用她那双珠光宝气的橄榄色的手解开食巾的时候,也觉得非常荣幸。如果你带着北美人的偏见,谈起古德温太太的风流往事,诸如她在轻歌剧中的大胆狂放的表演,怎样迷住了那位老练的总统,她在那位政治家的没落和贪赃枉法中起了些什么作用,你所能得到的答复只是拉丁民族③的耸耸肩膀。不论柯拉里奥的人以往对古德温太太有什么偏见,他们目前似乎是尊敬她的。

---

① 撒尔沙,美洲热带地方产的菝葜属植物,其干根可制梅毒药与滋补剂,沙示汽水中也含这种成分。
② 这里的原文是"出身于圣多斯与曼台斯的蒙特里昂与陶洛罗莎的加斯底尔望族",西班牙贵族的姓名多将父母的名字一并列入,上面这个名称连祖父母的名字也包括在内。
③ 指使用拉丁系语言的意大利、法兰西、西班牙等民族,他们遇有迷惑不解,或者无可奈何的事情时,喜欢耸耸肩膀。

看情形,这出戏未敲锣鼓,却已收场了;悲剧的结尾和传奇的高潮已经把耐人寻味的地方轻轻带过;但是,比较好奇的读者,如果能够顺着错综复杂的线索去探寻微妙的故事结构,倒也会有所启发。

那块烙着米拉弗洛勒斯总统的姓名的木板,每天有人用皂荚和沙子擦洗。一个年老的印第安混血儿,赤胆忠心地照顾着这座坟墓,可是由于遗传的怠惰,却有些磨磨蹭蹭。他用弯刀割去生生不绝的芜枝蔓草,用粗糙的手指摘掉木板上的蚂蚁、蝎子和甲虫,又从广场的喷泉那儿打了水来浇洒坟上的草皮。任什么地方都没有照顾得这么周到、这么井井有条的坟墓。

只有循着故事的线索才能明白,为什么那个在米拉弗洛勒斯生前死后都没有见过他的人,暗底下要津贴这个老印第安人加尔韦斯,叫他照料这位不幸的政治家的坟墓,为什么那个人每每在黄昏时分出来溜达,隔着相当距离,温存而哀怨地望着这一抔无声无臭的黄土。

走出柯拉里奥,你就可以打听出伊莎白·姬尔勃的飘零的身世。新奥尔良①诞生了她,给了她法国和西班牙后裔的混杂的天性,这种天性使她的生活充满了骚乱和热情。她没有受过什么教育,可是在了解男人和男人的心思方面,仿佛却有一种天赋的本能。一般女人远远比不上她,她生来天不怕地不怕,喜欢冒险,不顾死活,热爱生命的欢乐。她碰到任何约束就要冒火挣脱;她是被逐出天国、还没有尝到人间苦楚的夏娃。她把生命像朵玫瑰花似的佩在胸前。

在拜倒她脚下的无数男人中间,据说只有一个幸运儿赢得了她的欢心。她把打开她坚决的心房的钥匙交给了米拉弗洛勒斯总统,安楚里亚的显赫然而朝不保夕的统治者。那么,我们怎么理解

---

① 美国路易西安那州东南部的城市。

(正像柯拉里奥人可能告诉你的)她会成了弗兰克·古德温的妻子,愉快地过着一种昏昏沉沉、毫无生气的生活呢?

　　故事的线索伸展得很远,一直越过海洋。查明了它们,就能知道哥伦比亚侦探事务所的"矮子"奥台怎么会丢了饭碗。并且,作为一种比较轻松的消遣,跟着摩摩斯①一起漫游墨尔波墨涅②一度大摇大摆地走过的热带地方,将成为一种应尽的义务和愉快的娱乐。在那些蛮荒的林莽和严峻的巉岩里,往昔只有被海盗杀害的人的呼喊,现在却要从那里面引出欢笑的回音;要放下矛枪和弯刀,拿起隐喻和诙谐的武器;要从传奇的锈头盔底下逗出一声难得的嗤笑——在那片像微笑的嘴唇那样弯曲的海岸上,在柠檬树的荫翳之下,做起这些事情来是相当愉快的。

　　还有西班牙海③的传说呢。汹涌的加里比海所冲刷的那片大陆,面临海洋,形成了一个崇山绵亘的令人望而却步的热带林莽地区,仍旧密密层层地被包围在神秘和冒险里面。从前,海盗和革命者在那些断崖绝壁中引起了回音,秃鹰永远在高空盘旋,带着火绳枪和托利多刀的海盗和革命者,就在青葱的丛林里成了它们的粮食。这片绵延三百英里、具有历史意义的、充满了冒险事迹的海岸,走马换将地被海盗、倒运的权贵和突然暴动的叛党所占领,几百年来一直不知道谁是它的名正言顺的主人。比萨罗、巴尔沃亚、弗朗西斯·德雷克爵士和玻利瓦尔④,都竭尽全力使它成为基督

---

① 摩摩斯,希腊神话中喜欢嘲弄指摘的睡神。
② 墨尔波墨涅,悲剧之神。
③ 西班牙海,巴拿马海峡到奥林诺可河之间区域的名称。
④ 比萨罗(1475—1541),西班牙冒险家,1532年征服秘鲁。
　　巴尔沃亚(1475—1517),西班牙人,太平洋的发现者,墨西哥的征服者之一。
　　弗朗西斯·德雷克(1540—1596),英国著名的海盗和奴隶贩子。
　　玻利瓦尔(1783—1830),南美军人,1821年帮助秘鲁脱离西班牙的统治而独立,玻利维亚共和国即以他命名。

教国家的一部分。约翰·摩根爵士、拉斐德①以及别的作威作福的名人,以亚巴顿②的名义来轰击和猛攻这个地方。

掠夺的把戏还在进行。海盗的枪炮固然已经销声匿迹;但是铁板摄影师、放大照片的匪徒、摄影旅行家,以及满口仁义道德的传教士的探子,却看上了这个地方,继之而起。德国、法国、西西里的小贩做生意的时候,把当地的小额货币一个劲儿往袋子里装。有身份的冒险家带了修筑铁路和开辟租借地的建议书,挤满了当地统治者的会客室。那些招人笑话的小国家玩着政治和阴谋,直到某一天一艘巨型军舰不声不响地驶进海口,警告他们别弄坏了他们的玩具。随着这些变化而来的,还有一些想捞钱的小冒险家,他们荷包空空、心情愉快、头脑精明——他们是现代神话中的王子,带着闹钟来唤醒那些酣睡了几百年的美丽的热带地区,他们的闹钟比那多情的一吻更能奏效③。他们通常佩着酢浆草④,在茂盛的棕榈衬托之下,显得分外出色;他们赶飞了墨尔波墨涅,找来了喜剧之神在南方十字星座的脚灯前面舞蹈。

因此,这儿就有一个可以演绎出许多情节来的小故事了。它也许最适合海象那什么都听的耳朵;因为它确实讲到鞋子、船舶、火漆、白菜棕榈⑤以及代替皇帝的总统。

此外,还有一点讲恋爱和将计就计的小玩意儿,在这个错综复杂的局面里,到处都有热带金钱的线索可寻——这些钱与其说是

---

① 约翰·摩根系亨利·摩根之误,亨利·摩根(1635—1688)是英国海盗,曾抢劫贝约港、古巴、直布罗陀沿海各地。拉斐德(1786—1826),法国海盗与走私者,在路易西安那沿海一带打劫。
② 亚巴顿,《新约·启示录》第9章第11节中无底坑的魔王。
③ 这里是指睡美人的故事,睡美人为魔法所禁,酣睡一百年,最后一个王子用一吻解了魔法。故事起源于法国查理·彼劳所著之《睡林中的美女》。
④ 酢浆草是爱尔兰的国花。
⑤ 南美洲及西印度群岛等地的一种棕榈,叶苞可以当白菜食用,一称白菜树。

被灼热的阳光晒烫,不如说是被谋财营利之徒的手掌握热的——说到头,这儿刻画的仿佛就是生活的本来面目,里面的话多得足以叫最爱唠叨的海象都听了腻烦。

第一章 "早晨的狐狸"

柯拉里奥好像禁宫里懒散的美人一样，倦慵地躺在正午的炎热中。这个小镇坐落在海边一条冲积土滩上，活像一颗镶在翡翠手镯上的小珍珠。连绵不断、直奔海滨的山脉高耸在它后面，摇摇欲坠，仿佛随时会塌下来似的。展开在前面的海洋好似牢头禁子，虽然面带笑容，比起冷酷严峻的山脉来，却更难通融。浪头汩汩地拍打着平坦的海滩；鹦鹉在橘林和木棉树丛里尖声叫唤；棕榈傻里傻气地舞弄着懒洋洋的叶子，好似尾随着头牌演员、准备上场的、局促不安的合唱队。

突然间，小镇闹腾开了。一个土著小孩顺着长满青草的街道跑来，尖叫着："快找古德温先生。他有一封电报！"

这句话马上传开了。柯拉里奥的居民难得接到电报。十来个爱管闲事的人都帮着叫唤古德温先生。和海滩平行的大街上挤满了人，都想帮忙使那封电报早些送到。一群群女人聚在街角，用带有哭音的嗓子唱着："古德温先生有封电报！"她们的肤色各各不同，从最浅的橄榄色到最深的紫糖色。一向忠于执政党、怀疑古德温对在野党有好感的司令官，堂安加那西昂·里奥斯上校先生，嘘了一声说："啊哈！"随即在他的机密的记事簿上写下了这个可疑的事实：古德温先生在这个紧要的日子里收到了一封电报。

在这片喧哗声中，有一个人从一座木头小房子里走到门口，朝外面张望一下。那门上有一块写着"凯奥和克兰赛"的招牌——

这仿佛不是一个道地的热带地方的名称。门口的那个人是比来·凯奥，他是追求财富和提倡文明的冒险家，又是近代西班牙海上的好汉。眼下，凯奥和克兰赛用来袭击那些无可奈何的海岸的武器，是铁板照相和胶片照相。铺子外头挂了两个大镜框，贴满了他们的艺术和技巧的样品。

凯奥从门口探出身子，他那张粗犷而幽默的脸膛，流露出很感兴趣的样子，想知道街上这种不寻常的嘈杂是什么道理。当他弄清楚骚动的原因时，他用手拢着嘴喊道："嗨！弗兰克！"这一声非常洪亮，顿时盖过并且压住了土著们微弱的扰嚷声。

五十码开外，在街道靠海的一边，是美国领事的住宅。古德温听到呼喊，从这座房子里慌忙地走了出来。他正和领事威拉特·盖台一起，在领事馆的后廊上抽烟，那个后廊被认为是柯拉里奥最凉爽的地点。

"赶快，"凯奥嚷道，"为了你的一封电报，镇上简直开了锅。这种事情你得谨慎点儿，老兄。这样闹得满城风雨是不成的。下次你可能收到一封带有紫罗兰香气的情书；那么，这个国家岂不要掀起一场生灵涂炭的革命吗。"

古德温从容地走上街去，迎上了那个送电报的小孩。大眼睛的女人们含羞带爱地偷看他，因为他的风度吸引她们。他身材魁梧、头发金黄、气气派派地穿着白麻布衣服和鹿皮鞋子。他的态度彬彬有礼，还有一种让两只温柔的眼睛调和了的软中透硬的神气。电报送到以后，小孩拿到了几个赏钱，给打发走了，如释重负的人们又回到原先给好奇心引出来的树荫底下——女人们有的回到橘树下面泥灶头那儿去烤东西，有的去梳理她们那些成天梳个不停的挺直的长头发；男人们回到小酒店里去抽烟闲聊。

古德温坐在凯奥铺子的门槛上看电报。电报是鲍勃·安格哈特拍来的，他也是美国人，住在安楚里亚的首都、离海八十英里的圣麦台奥。安格哈特是开金矿的,又是热心的革命家和"好人"。从他发来的电报就看得出他的机智和丰富的想象力。他的任务是给他在柯拉里奥的朋友发一封机密电报。要保持机密的话,无论用英文或西班牙文都不成,因为安楚里亚的政治探子非常活跃。执政党和在野党的警惕性经常很高。不过安格哈特很有外交天才。只有一种密码,他可以信手拈来,不至走漏消息——那就是伟大而有效的俚语密码。于是,下面就是那封滑过好奇而莫名其妙的官员的手指、到了古德温眼前的电报:

老大昨儿带着所有的头钱和那个叫他神魂颠倒的小蹄子,沿着长耳兔路线扯活了。油水十草弱。咱们的伙计托福,不过需要输血。你去兜拿。头儿和干货是往咸水去的。你知道该怎么办。

鲍勃

这封噜里噜苏的电报固然别致,对古德温可没有神秘的地方。在侵入安楚里亚的美国投机家的先头部队中间,他是最成功的,他之所以能够达到这种叫人眼红的、登峰造极的地位,完全依靠灵活运用两宗本事——眼力和推断。他把政治阴谋当做生意来做。他的精明足以在第一流的阴谋家中造成某种影响,他的发达足以收买小官员们的尊敬。当地总是有一个革命党;他总是和那个党派联合起来;因为新政权的追随者,准能论功获赏。这期间,有一个自由党企图推翻米拉弗洛勒斯总统。如果万事顺利,古德温就可以租得内地三万曼沙那①最好的咖啡种植地。在米拉弗洛勒斯总统最近的政治生涯中,有某些事件使古德温起了疑:政府面临瓦解的原因不在革命,而在另一件事上,现在安格哈特的电报证实了他

---

① 曼沙那,中南美的面积单位。

的睿智。

安楚里亚的语言学家运用了他们的西班牙文和初级英文的知识，还是摸不透这封电报的意义，可是在古德温眼里，它却表达了一个令人鼓舞的消息。它通知古德温，共和国的总统席卷国库所有，逃出了首都。此外，陪他一起出走的是那个迷人的女冒险家，歌剧演员伊莎白·姬尔勃；上个月，总统在圣麦台奥热诚地招待了她的班底，排场之大即使招待皇室贵宾也不过如此。至于"长耳兔路线"，一定是指柯拉里奥与首都之间通行的交通工具——骡子。"油水十草弱"这句话，清楚地说明了国库的悲惨情况。即将当权的政党——它现在可以不费一兵一卒夺得政权了——需要"输血"也是情理之常。新政府如果不能履行它的诺言，让得胜有功的人坐地分赃，它的局面确实岌岌可危。因此，"兜拿头儿"，从而夺取军事和政治本钱，是非常必要的。

古德温把电报递给凯奥。

"你看一看，比来，"他说，"鲍勃·安格哈特打来的。你译得出这种密码吗？"

凯奥坐在门阶的另半边上，仔细研究电报。

"这根本不是密码，"他最后说，"而是人们所谓的文艺作品，那是人民的口语，可是富有想象力的作家笔下的人物始终没有用过这种语言。杂志创造了它，不过我以前从不知道诺文·格林总统曾经签署同意过。目前它已经不再是文艺作品，而是语言了。辞典也试过，但是除了把它列为方言之外，也没能使它流行。现在西联电报局既然承认了它，不多久准会出现一个光说这种语言的民族。"

"你的高论未免偏重于语言学啦，比来，"古德温说，"你到底有没有弄清楚它的意思？"

"当然啦，"这位追求财运的哲学家说，"对于一个必须懂得各种语言的人,任何语言都是容易的。有一次,人家拿后膛枪逼着我,用一句中国文言吩咐我滚蛋的时候,我都没有听错。我手里这篇小小的文艺论文意味着一场'早晨的狐狸'的游戏。你小时候,弗兰克,有没有玩过?"

"我想是玩过的,"古德温大笑着说,"团团搀起手,再——"

"不是的,"凯奥插嘴说,"你把一个很好的游戏跟'大家围住玫瑰丛'夹缠在一起啦。玩'早晨的狐狸'时,根本不可以搀手。我来告诉你怎么玩法。这位总统先生和他的伙伴,他们站在圣麦台奥,准备拔脚就跑,喊道:'早晨的狐狸呀!'我和你站在这儿,我们说:'雌鹅呀雄鹅呀!'他们说:'到伦敦城有几里路?'我们说:'只要你们的腿长,路程并不远。出来了几只?'他们回说:'多得你们抓不到。'这样,游戏就开始了。"

"我明白啦,"古德温说,"可不能让雌鹅雄鹅从我们手里溜脱,比来;它们的羽毛太值钱啦。我们这方面的人已经准备好了,随时可以踏进政府;可是国库空虚的话,我们当权的日子就不会长,就会像一个生手赖在没有驯服的野马背上那样。我们当狐狸的,必须在这个海岸上步步为营,不让他们逃出国外。"

"根据骡背的日程算来,"凯奥说,"从圣麦台奥下来要五天。我们有充分的时间来布置防哨。海岸上只有三个地点可以乘船出去——这儿、索立塔斯和阿拉桑。我们只要守住这三点。这跟下棋一样简单——狐狸操了胜算,走三着就可以逼将。哦,雌鹅呀雌鹅,雄鹅呀雄鹅,你们往哪里逃呵?托了那封文学电报的福,这个愚昧的国家的油水可以保全下来,留给那个企图颠覆政府的忠实的政党。"

凯奥正确地描绘了当前形势的轮廓。从首都到海岸的路程一向是艰难的。这是一个变化多端的路程;一会儿冷如冰霜,一会儿热如火坑,一忽儿下雨,一忽儿天晴。路径有时候直上骇人的山岭，像一条烂绳子那样，在惊险万分的断崖巉岩之间迂回曲折，有时候猛地落下来，通过凛冽彻骨的雪水溪流，像蛇一样蜿蜒穿过满是毒虫猛兽的、不见天日的森林。路径降到山脚之后，分成三支，中间一支通向阿拉桑。另一支岔到柯拉里奥；第三支深入索立塔斯。海岸和山脚之间，伸展着五英里阔的冲积土滩。这里长满了繁茂浓密的热带植物。人们在林莽里开辟了零零落落的空地，种了香蕉、甘蔗和橘树林子。其余的地方，野生植物到处蔓延，成了猴子、貘、豹、鳄鱼以及硕大无朋的蜥蜴和虫蚁的老家。没有路径的地方，藤蔓虬结，连蛇蟒都休想钻过。在那片危机四伏的红树沼地上，只有插翅的动物才能安然飞越。因此，逃亡者要想到达海岸，只能采取上面提起的三条路线之一。

"别声张，比来，"古德温说，"我们不希望执政党知道总统逃亡。我猜测，到现在为止，鲍勃的消息，在首都也还是内幕新闻。否则，他的电报用不着这般机密；再说，这种消息传得很快。我现在马上去找柴伐亚大夫，派一个人到路上去割断电报线。"

古德温站了起来，凯奥把帽子扔在门口的草地上，深深地叹了一口气。

"出了什么岔子，比来？"古德温站住问，"我还是第一次听到你叹气。"

"也是最后的一次了，"凯奥说，"我憋着那口闷气，身不由己地过着一种可敬然而可厌的诚实生活。请问，和那个伟大而愉快的雌鹅雄鹅阶级的机会比较起来，铁板照相算得上什么？并不是说我也想当总统，弗兰克——况且他搞到的那笔油水也大得叫我对付不了——不过我有时候想到自己窝里窝囊地替这个国家拍拍照，没有轰轰烈烈地干一下子，总觉得问心有愧。弗兰克，你可曾见过总统大人搞到手带走的那个'蹄子'？"

"伊莎白·姬尔勃吗？"古德温大笑着说，"没有，我从没见过。

不过,根据我所听到的关于她的话,我猜想她为了达到目的是不择手段的。别痴人说梦啦,比来。有时候,我担心你的祖先有点爱尔兰血统。"

"我也从没见过她,"凯奥继续说,"但是人家说,跟她一比,神话、雕刻和小说里的美人儿全成了廉价的五彩石印画啦。人家说,只要她朝一个男人看一眼,那男人就会变做猴子爬上树去替她摘椰子。你想想看,那位总统先生一手捧着天知道有多少的几十万块钱,另一手搂着这个妖艳的妞儿,骑了一匹可人意的骡子,在鸟语花香之中,飞也似的奔下山来!而我比来·凯奥却待在这儿,只因为人正直,要混碗苦饭,就得干这行没出息的骗人营生——在铁板上给这些人模猴样的东西留下尊容!这是老天不公平的地方。"

"别灰心,"古德温说,"你倒是一只看了雄鹅眼红的可怜的狐狸。我们搞垮了那个高贵的保镖之后,那个迷人的姬尔勃也许会看中你和你的铁板照相。"

"她会不会倒也难讲,"凯奥若有所思地说,"但是不至于。其实,她是应该给藏在神龛里,而不是放在铁板照相陈列馆里的人物。那个娘们儿非常精明,总统总算交了运。慢着,克兰赛独个儿在后房里干活,不耐烦啦,我听到他在咒骂。"凯奥赶到"陈列馆"的后面去,高高兴兴、自然而然地吹起口哨来,说明他刚才叹息并不是为了那个逃亡总统的靠不住的好运气。

古德温从大街上拐进了一条与大街直角相交的小路。

这些小路上长满了茂密的青草,警察经常用弯刀刈刈短,便利行人。简陋单调的土砖房子的墙脚旁边,铺着不比墙檐阔多少的石头人行道。一到村子的四郊,这些小路就缩得看不见了;这儿有加勒比人和穷苦土人的棕榈葺顶的茅舍,以及牙买加和西印度群岛黑人的破烂小屋。少数几座建筑超出了那些平房的红瓦屋顶——监狱的钟楼、外宾旅馆、维苏威果品公司代理人的住宅、勃那特·勃拉宁根的铺子兼住家、哥伦布一度到过而现在已经倾圮的教堂以及在所有建筑物中显得最堂皇的褐宫——安楚里亚总统避暑用的"白宫"。和海滩平行的大街上——柯拉里奥的百老汇路①——有一些比较大的商店、国营酒栈,以及邮政局、军营、酒店和市场。

古德温路过勃那特·勃拉宁根的房子。那是一座现代化的木头建筑物,有两层楼。勃拉宁根把底层用来开店,二楼用来住家。房屋周围有一道高达半墙的凉爽的宽走廊。一个漂亮活泼的姑娘,穿着整齐的飘拂的白衣服,倚在栏杆上,朝底下的古德温微笑着。她的皮肤并不像很多出身高贵的安达卢西亚②人那样黝黑,却像热带的月亮那样闪闪发光。

"您好,葆拉小姐。"古德温脱了帽子说,脸上随即泛起了笑容。他不论招呼女人男人,态度没有什么差别。柯拉里奥的人都喜欢领受这位了不起的美国人的招呼。

"有什么新闻吗,古德温先生?请您别说没有。天气可真热,是吗?我觉得像是玛利安娜③,待在围有堑壕的庄园里——或许不是庄园,而是蒸笼——真够热的。"

"没有,我想没有新闻可讲,"古德温说,眼睛里含着淘气的神情,"只是老盖台一天比一天执拗别扭啦。如果再不出些花招儿让他松快松快的话,我只好不去他的后廊抽烟了——可是又没有别的地点像那儿那样凉爽。"

---

① 百老汇路,穿过整个纽约市,横断全部大街,直到约克市的街道。通常所谓美国剧院中心的百老汇路,是指它在第四十二街和第五十七街之间一公里半的一段。
② 安达卢西亚,西班牙西南地区,包括加的斯、科尔多瓦、塞维利亚等八省。
③ 玛利安娜,莎士比亚喜剧《一报还一报》又译《量罪记》中的人物,未经宗教仪式与维也纳代理公爵安其罗结婚,遭遗弃后,住在"围有堑壕的庄园里"。

"他才不执拗哪,"葆拉·勃拉宁根感情冲动地说,"当他——"

然而她突然住口,脸色绯红的缩了进去;因为她母亲是个混血儿,遗传下来的西班牙血液使葆拉具有某种害羞的性格,点缀着她的另一半容易冲动的性格。

第二章 忘忧果*与酒瓶

美国驻柯拉里奥的领事威拉特·盖台,正在慢条斯理地写他的年度报告。每天都要到这个令人眼红的走廊上来抽烟的古德温跛了进来,看到他那么专心致志地做着自己的事情,便直截了当地责备他的不好客,掉头要走。

"我要向文官部①提出控诉,"古德温说;——"它到底是个部吗?——也许只是一纸空文。你既不客气,又不招待。你不肯谈话;也不肯拿出点喝的玩意儿来。你这样代表政府算是什么态度?"

古德温又跛出去,上对街的旅馆去试试,能不能把检疫大夫硬拖到柯拉里奥惟一的弹子台边去打弹子。有关拦截从首都来的逃亡者的步骤,已经完全安排好了;他目前要做的事只是等待。

领事对报告很感兴趣。他才二十四岁,待在柯拉里奥的时间还不够长,所以热带的炎暑还没能使他的热诚冷却下来——在南北回归线之间叫人热得发昏的地方,这种矛盾的话也不足为奇。

那么多串的香蕉,那么多的橘子和椰子,那么多盎司的金沙,

---

* 忘忧果,希腊神话中的一种果子,人吃了便懒惰起来,整天糊里糊涂。荷马的《奥德赛》里,俄底修斯自叙他们回国的行程说道:"我们第十天到了吃忘忧果人的国土。我打发了三个人上岸,他们吃了那种果子,再也不想回来了。"

① 原文是"Civil Service Department",与下文的"Civility"和"Service"(可作"客气"和"招待"解)互相呼应。

那么多磅的橡胶、咖啡、靛青和撒尔沙——实际上,输出额比去年增加了百分之二十!

领事相当得意,稍微感到一阵激动。他想,国务院看到他报告中的绪言,也许会注意到——于是他在椅子上往后一靠,笑了起来。近来他变得跟别人差不多了。他一时忘了柯拉里奥只是一个无足轻重的共和国里一个无足轻重的市镇,而这个共和国的位置又在一个二等海的支流边上。他想起了检疫大夫格雷格,大夫订了伦敦的《柳叶刀》杂志①,希望看到那上面引用他给卫生部写的关于黄热病菌的报告。领事知道,在他本国的朋友当中,听说过柯拉里奥这地方的人,恐怕五十个里面都没有一个。他也知道,不管怎样,有两个人总得看他的报告——一个是国务院里的小职员,一个是政府公文印刷局的排字工人。排字工人也许会注意到柯拉里奥的贸易有了提高,跟朋友小酌闲谈的时候顺便提起。

他刚写了:"美国大出口商,竟容忍法国和德国商行几乎完全控制了这个富裕丰饶的国家的全部贸易,而且漠不关心,实在令人不解"——这时他听到一艘轮船的粗嘎的汽笛声。

盖台搁下钢笔,抓起巴拿马草帽和阳伞。他听到汽笛声音,就知道是瓦尔哈拉号,一条维苏威公司的载运水果的轮船。在柯拉里奥,连五岁的孩子都能从汽笛的声音辨别每一条进口的船。

领事沿着一条迂回荫翳的小路缓步走到海滩上去。由于长期这般走法,他能够把这段路程估计得非常正确,所以赶上他走到沙滩的时候,海关人员乘的舢板刚从大轮船那儿划回来。他们按照安楚里亚的法律,已经上了大船,检查过了。

柯拉里奥没有港口。像瓦尔哈拉号这样吃水比较深的船只,就得在离岸一英里以外的地方抛锚。要是这些船只装载水果的

---

① 《柳叶刀》,英国主要的医学杂志,1823年由威克利医生创办。

话,就得由驳船和单桅货船来转运。索立塔斯有个很好的港口,在那儿可以看到各种各样的船只,可是在柯拉里奥的海中的抛锚处,除了一些水果船以外,几乎没有别的船只停泊。偶尔有条沿岸贸易船,一条从西班牙来的神秘的双桅船,或者一条冒失的法国三桅船,安分守己地在海面停留几天。于是,海关人员就加紧防备,提高警惕。夜里,一两条单桅船就会神出鬼没地沿岸来回行驶;第二天早晨,柯拉里奥的三星白兰地、葡萄酒和布匹的存货便突然大量增加了。还有人说,海关职员所穿的红柳条裤子的口袋里,叮当作响的钱也多了,而账簿上的进口税却看不出有所增加。

　　海关小船和瓦尔哈拉号的舢板同时靠了岸。它们搁浅的地方跟岸上干沙之间还有五码宽的起伏的碎浪。这时候,半裸的加勒比人跳下海,把瓦尔哈拉号的事务长和穿着汗衫蓝底红柳条裤子、戴着边沿下垂的草帽的本地官员背了过来。

　　盖台在学校里是个很得力的第一垒棒球手。这时,他把阳伞合上,直插在沙里,两手按在膝盖上,弯着身子。事务长怪模怪样地摆出投手的姿势,把这条船经常带给领事的、一大捆用绳子扎着的报纸扔给他。盖台跳得很高,"嚓"的一声把那捆报纸接在手里。在沙滩上看热闹的人——约莫占全镇人口的三分之一——高兴地呼喊喝彩。他们每星期都指望看到这种一成不变的递送和接受报纸的表演,而且从来没有失望过。新花样在柯拉里奥是不吃香的。

　　领事撑开伞,回领事馆去了。

　　这位大国代表的住家是一座两开间的木头建筑物,三面都有用木头、竹子和聂帕棕榈①照土法子搭起来的走廊。一间是官邸,陈设简朴,只有一张普通的写字台、一只吊床和三张不舒适的藤椅。墙上挂着他所代表的国家的第一任和现任总统的版画像。另

---

① 聂帕棕榈,西印度群岛的一种棕榈。

一间是领事的起居室。

他从沙滩回来时,已经十一点了,也就是吃早饭的时候。替他做饭的加勒比女人江加,正把早点端到面海的走廊上,这是柯拉里奥出名的最凉爽的地点。早饭有鱼翅汤、蟹羹、面包果、煮大蜥蜴肉排、鳄梨①、刚摘的菠萝、红葡萄酒和咖啡。

盖台坐下来,舒舒服服、懒洋洋地打开那捆报纸。他在柯拉里奥会花上两天或者更多的时间来浏览世界大事,正像我们一般人阅读那些自称描述火星居民动态的、歪曲科学的、异想天开的文章一样。他看完了这些报纸之后,就把它们送给镇上其他说英语的居民,让他们轮流传看。

他顺手拿起来的第一份报纸,据说是某些纽约读者在星期日打盹时当厚垫子用的印刷品。他把报纸打开来,放在桌上,再用一张椅子的靠背来把它撑住。然后,他不慌不忙地吃饭,时不时翻翻报纸,懒散地瞟瞟内容。

不久,一幅照片里有样熟悉的东西吸住了他,那是一张占有半页篇幅、翻印得很坏的一条船的照片。他兴趣不高地凑过去,想仔细看看照片和它旁边触目的标题。

是啊;他没看错。这是"金融界巨头、交际界红人、豪爽好客的杰·华德·托立维尔"的八百吨游艇,伊大里亚号。

盖台慢慢地啜着净咖啡,读着这一栏新闻。先开列了托立维尔先生的不动产和证券的清单,接着形容了游艇上的设备,最后才来上一点不比芥子大多少的新闻。托立维尔先生带了一批亲密的客人,定于次日前往中南美沿岸和巴哈马群岛②做六星期的航游。宾客中有诺福克③的肯伯兰·丕恩太太和伊大·丕恩小姐。

---

① 鳄梨,西印度群岛产的一种含油质的梨子。
② 巴哈马群岛,古巴东北部的群岛。
③ 诺福克,弗吉尼亚州西南部的城市。

记者根据读者的要求，做出了愚蠢的推论，捏造了一个适合他们胃口的浪漫史。他把丕恩小姐和托立维尔先生的名字相提并论，简直等于替他们举行了婚礼。他用了一连串的"据说""谣传""风闻"和"意料中事"来做巧妙的暗示，最后用贺辞来结束这篇文章。

盖台吃完早饭，拿起报纸走到廊沿上，坐到他最喜欢的帆布椅里，两脚往竹栏杆上一搁。他点起一支雪茄，向海面望去。他发觉自己并没有因为刚才看到的新闻而烦恼，所以很得意。他自以为已经战胜了当初促使他自愿流放到这个遥远的安乐乡来的苦闷。当然啰，他再也忘不了伊大；可是现在想起她的时候却不再感到痛苦了。自从他们那次发生误会、吵了架之后，他出于一时的冲动，谋得了这个领事的职位，想用离开她和她的世界作为对她的报复。在那方面，他完全成功了。他在柯拉里奥待了十二个月，他们没有通过音讯，虽然他跟少数几个朋友间或还有信件往返，从他们那儿听到了一些关于她的消息。当他知道她还没有跟托立维尔或者任何人结婚的时候，他无法抑制住一股高兴。不过托立维尔显然还没有死心。

唔，现在他也不在乎了。他吃过了忘忧果。在这个永远炎热困人的国度里，他心满意足。以前在美国的那些日子就像是讨厌的梦魇。他希望伊大也像他这样快乐。像遥远的阿瓦龙①一样爽快的天气；无拘无束、带有田园风味、令人心旷神怡的日子；在这个懒散浪漫的民族中间的生活——充满了音乐、鲜花和低沉的笑声的生活；眼前的山和海以及活跃在热带白茫茫的夜里的形形色色的爱情、魔力和美丽的影响——这一切使他非常满意。何况还有

---

① 阿瓦龙，凯尔特神话中，战死的英雄们所住的地上仙岛。"阿瓦龙"在凯尔特语中意为"苹果之岛"。

葆拉·勃拉宁根。

盖台打算跟葆拉结婚——当然啦,如果她答应的话;不过他断定,她准会答应的。不知怎的,他老是拖延着不向她求婚。有好几次,他几乎要开口了;可是每次总有一种神秘的东西阻住了他。也许那只是一种不自觉的、本能的想法,认为那一来,他跟过去生活的最后联系就会一刀两断了。

他跟葆拉结婚,一定会很幸福的。本地姑娘几乎没有一个比得上她。她在新奥尔良一个女修道院的附属学校里读过两年书;只要她愿意显显她的才气,谁也看不出她跟诺福克或曼哈顿的姑娘们有什么差别。看到她有时候在家里穿着本地服装,肩膀裸露,袖子飘拂,简直太动人了。

勃那特·勃拉宁根是柯拉里奥的一个大商人。除了铺子以外,他还经营着一队驮骡,跟内地的乡镇做着兴旺的买卖。他那位本地太太具有高贵的卡斯蒂利亚血统,不过她的橄榄色的面颊上带有一点印第安人的褐色。跟通常的情况一样,爱尔兰和西班牙血统的父母生育了一个绝色的女儿。他们的确是挺好的人,他们房子的顶层随时准备给盖台和葆拉使用,只等他打定主意,提起亲事。

领事消磨了两个钟头之后,不愿意再看报了。报纸四散摊在走廊上。他躺在那里,恍恍惚惚地望着伊甸园似的景色。一丛香蕉树的阔叶子替他挡住了太阳。从领事馆到海边的略微倾斜的山坡上,满是花朵盛开的柠檬树和橘子树的墨绿簇叶。礁湖像一块锯齿形的黑水晶,插进陆地,湖边一棵灰白的木棉树几乎矗入云霄。海边上迎风招展的椰子树,面对一片几乎是静止的海洋,闪耀着它们的绮丽的绿叶。他看到了万绿丛中鲜艳的朱红和赭色;闻到了花朵和水果的芳香以及从葫芦树下江加的泥灶里发出来的烟气;听到了茅屋里本地女人的高声欢笑、知更鸟的啁啾以及轻浪打在海岸上逐渐减弱的声响；尝到了风里夹着的咸味——还看到一个侵入这片灰褐色海面的逐渐大起来的白点。

他想知道究竟，便懒洋洋地望着那个逐渐扩大的斑点，发现它正是开足马力、向海岸驶来的伊大里亚号。他一动不动，盯着那艘漂亮的白游艇，看它迅速地越驶越近，开到柯拉里奥对面。于是他坐直身子，眼看着它不停地驶过。船和岸之间仅仅隔着一英里宽的海面。他看到船上擦得锃亮的黄铜装置不时闪闪发光，还看到甲板上有条纹的布篷——只看到这些，没有别的了。伊大里亚号像幻灯片上的船一样，横过领事的小天地的银幕，一会儿又不见了。若不是海平线上还留下一小团烟，它可能给当做一个虚无缥缈的东西，只是他懒散的脑子里的一个幻想罢了。

盖台回到办公室，坐下来拿年度报告来消磨时间。如果他看到报纸上的报道而无动于衷的话，那么伊大里亚号这样静静地驶过，他更不在乎了。它把所有的阴霾一扫而光，从而给他带来了安静和宁谧。他知道人们有时候抱着希望而不自觉。如今，她既然从两千英里以外来到，又不声不响地离去，他那不自觉的对过去的留恋也不必要了。

晚饭后，太阳落到山背后的时候，盖台在椰子树下一小片沙滩上散步。阵阵微风向岸上吹来，海面掀起了小小的波浪。

一个小浪"唰"的一声在沙滩上散开，卷来了一个光亮的圆东西，浪退的时候，它又滚回海里去。第二阵浪头把它推上了沙滩，盖台捡了起来。那是个长颈的无色玻璃酒瓶。塞子给塞得紧紧的，跟瓶口相齐，瓶口上有深红色的火漆封着。瓶里只有一张看上去好像是纸头的东西，那张纸卷得很厉害，可见插进瓶去的时候一定相当费事。火漆上面有一个大概是用图章戒指印上去的花押，代表姓名的头两个字母；印的时候一定很匆促，所以任怎么细心辨认，也无法确定是什么字母。伊大·丕恩一向不爱在手上戴什么装饰品,只戴一个图章戒指。盖台以为自己辨得出那两个熟悉的字,"伊·丕";一阵不安的奇特的情绪涌上他的心头。这个东西和那艘一定有她在上面的游艇比较起来,更能唤起盖台对她的记忆,并且也更亲切、更直接。他走进屋子,把酒瓶放在办公桌上。

他脱下帽子和上衣,往旁边一扔,点上灯——因为黑夜骤然代替了短短的黄昏——开始仔细地研究从海上打捞起来的东西。

他把瓶子凑到灯光旁边,审慎地翻来覆去观察,他看出里面是一张写得密密麻麻的双页信纸;他还认出了纸头的大小和颜色跟伊大一向用的那种完全一样;并且,他相信笔迹多半也是她的。瓶子的玻璃不太好,形成了折光,因此他一个字也看不清楚;不过某些大写字母他倒看得出,可以肯定是伊大写的。

盖台放下瓶子,拿出三支雪茄,并排放在桌子上,眼睛里微露出一种迷惑而又感到兴趣的笑意。他把走廊上的帆布椅子搬进来,舒舒服服地躺着。他打算一面抽掉那三支雪茄,一面研究这个问题。

这的确是个问题。他几乎希望没有找到这个酒瓶;但是事实上酒瓶已经摆在他面前了。它为什么要从海里漂进来,从而给他带来这许多麻烦,扰乱他的安宁?

在这个时间似乎过多的迷惘的国度里,他已经养成一种习惯:甚至对一些琐屑的事情,也要花费许多时间去思索。

他开始胡思乱想地推测这个瓶子的来历,又把他的想法一一推翻。

轮船遇险或者遭到事故时,有时会采用这种靠不住的求救方法。但是不到三个钟点之前,他还看见伊大里亚号安安稳稳地驶过去。会不会是水手叛变,把乘客关在底舱里,因此才发出这个求援的通知呢?可是,在这种可能性不大的暴动的前提之下,焦急的俘虏们难道会那么小心费劲地把他们求救的理由写上满满四面信笺吗?

用这种淘汰方法,他很快就摒弃了可能性比较小的见解,最后,尽管他还不愿意承认,只剩下一个比较难于推翻的看法:酒瓶里的信是写给他的。伊大知道他在柯拉里奥;她一定是在游艇驶过这地方、同时风又向岸上刮来的时候,把酒瓶扔进海里的。

盖台一得到这个结论,眉头就皱了起来,嘴角也露出了倔强的神气。他坐在那儿,望着门外寂静的街上飞舞的大萤火虫。

如果这真是伊大写给他的信,除了作为和解的前奏之外,还可能有什么别的用意呢?果真这样,那她为什么不用邮递,却用这种不可靠、甚至轻率的通讯方式呢?在空瓶子里装一张便条,扔到海里!这样做,即使不能算作轻蔑,至少也有点轻浮。

这个想法激起了他的自尊心,他便把这个酒瓶勾引起来的任何情感都压了下去。

盖台穿好上衣,戴上帽子,走了出去。他顺着一条街走到一个小广场旁边,广场上有一个乐队在演奏,逍遥自在的人们在闲荡。漆黑的发辫上缠着萤火虫的害臊的姑娘们匆匆走过,向他投着羞怯、奉承的眼色。空气里充满了茉莉和橘花的香味,给人一种懒洋洋的感觉。

领事在勃那特·勃拉宁根的屋子前面停住脚步。葆拉正在走廊上的吊床里摇荡。她从吊床里爬起来,像鸟从窝里飞出来一样。听到盖台的声音,她脸上泛起了红晕。

盖台一看到她的装束,就给迷住了——一件打褶的细棉布衣服,上身是白法兰绒的小马甲,都做得又整齐又有样子。他建议去溜达溜达,他们便走到坡路上一口印第安人打的古井那儿去。他们坐在井栏上,盖台说出了拖延已久、早就要说的话。尽管他早就断定她不会拒绝,可是听到她那么可爱、那么彻底地应允了他,他仍然欣喜若狂。这才是个真正懂得爱情而又坚定不渝的人儿。这里没有水性杨花,也没有问长道短,或者吹毛求疵的俗套。

那晚上,当盖台在葆拉门口和她吻别的时候,他觉得从来没有这样快活过。正像不少水手一样,他认为"永远待在这个虚幻的安乐乡,悠悠闲闲地躺着",是最好也最舒服的事了。他的前途一定是很理想的。他到了一个没有蛇的乐园①。他的夏娃真会是他的一部分,不受诱惑,因而更有诱惑力。这晚上他做出了决定,心里充满了宁静、满足的信心。

盖台走回家去,一路吹着那支最缠绵最悲恻的情歌,"燕子"的调子。他走到门口的时候,那只驯猴从架上跳了下来,叽叽呱呱叫个不停。领事转向办公桌,去拿些一向藏在那儿的坚果给它。他在半暗不明的屋子里伸过手去,碰到了那个酒瓶。他吓了一跳,就像是碰上了一条冰冷的、滚圆的蛇身子一样。

他忘了酒瓶还在那儿。

他点上灯,喂了猴子,然后非常慎重地点了一支雪茄,把酒瓶拿在手里,沿着小路走到海边。

月亮挂在高空,海洋呈现出一片瑰丽的景色。就像每天晚上一样,风向转了,这时候正不断地向海面吹去。

盖台走到海边,把那只没有打开的瓶子远远地扔进了海里。它不见了一会儿,然后又冒出水面,跳得有两只瓶子那么高。盖台站着不动,盯着那只瓶子。月光很亮,他望见它随着小浪起伏。它慢慢地越漂越远,翻着斤斗,闪闪发亮。风把它带出海去了。它很快就成了一个小点,不过时不时还能模模糊糊地看到;接着它的神秘就给更神秘的海洋吞没了。盖台一动不动地站在海边,抽着烟,望着海面。

---

① 指《圣经》中亚当和夏娃受蛇的教唆,吃了禁果,被逐出伊甸乐园的故事。

"西蒙！——哦,西蒙！——醒醒,西蒙！"海边有一个响亮的声音喊着。

老西蒙·克鲁斯是个身为渔夫兼私贩的混血儿,他住在海边一座茅屋里。他刚在打盹,就这样给喊醒了。

他穿上鞋子,走出茅屋。跟西蒙相识的瓦尔哈拉号的三副和三个水手,正从那条水果船的舢板里走上岸来。

"起来,西蒙,"三副喊道,"去找格雷格大夫、古德温先生,或者盖台先生的任何一个朋友,马上把他们请到这儿来。"

"天啊!"西蒙睡眼惺忪地说,"盖台先生没出什么事吧?"

"他在那块油布下面,"三副指着舢板说,"他已经淹得半死啦。我们从轮船上望见他在离岸一英里光景的地方,拼命地游向一只浮在水面上、朝外海漂去的瓶子。我们放下舢板,向他划过去。他就快要抓到那只瓶子的当儿,气力不支,沉下去了。我们把他拖了上来,也许还救得活他;不过那得等大夫来决定。"

"一只瓶子?"老头儿揉揉眼睛说。他还没有完全醒过来。"瓶子在哪儿?"

"在那儿漂流着,"三副用大拇指向海面一指说,"你赶快去吧,西蒙。"

第三章 史密斯

古德温和那个热心的爱国者柴伐亚，深谋远虑地采取了各种办法，防止米拉弗洛勒斯总统和他的伙伴脱逃。他们派了心腹使者到北方沿海的索立塔斯和阿拉桑去，把这个逃亡的消息警告当地的首领，通知他们在沿海巡逻，并且，如果逃亡者在那一带出现的话，务必把他们逮住。这样做了之后，只消在柯拉里奥一带布置一下，专等逮捕的对象到来。网已经张好了。可以通行的路不多，搭船的机会又少，两三个可能出口的地点又都严密地设了防，如果国家里这么显要的人物、这么浪漫的姑娘、这么贵重的附属担保物还会漏网逃脱，那才怪呢。毫无疑问，总统会尽可能秘密行动，企图在沿岸偏僻的地点偷偷上船。

古德温收到安格哈特来电后的第四天，新奥尔良水果商租下的挪威轮船加尔赛芬号，在柯拉里奥外面呜呜地拉了三声汽笛，抛下了锚。加尔赛芬号不属于维苏威水果公司的航队。它像是一个玩票的公子哥儿，替一个不足以和维苏威竞争的小公司打打杂。加尔赛芬号的行动是根据市场情况而决定的。有时候，它来往于西班牙海和新奥尔良之间装运水果；有时候，它按照水果供应的情况，不规律地开到莫比尔或查尔斯顿①去，甚至开到纽约那么远的北方去。

---

① 莫比尔，阿拉巴马州西南港市。查尔斯顿，南卡罗来纳州西南港市。

古德温吊儿郎当地待在沙滩上,跟往常一样,那儿还聚拢了一群来看轮船的游手好闲的人。既然米拉弗洛勒斯总统随时可能来到他所弃绝的国家的边境,现在就要不断地严密注意。每一条驶近海岸的船只都被认为可能是亡命者脱逃的工具;连柯拉里奥渔民的单桅船和平底小船也受到了监视。古德温和柴伐亚不动声色地到处走动,看看有没有漏洞。

海关官员们显出自以为了不起的神情,挤上了小船,向加尔赛芬号划去。轮船上的舢板把带着文件的事务长送上岸,又把带着绿阳伞和体温表的检疫大夫划到船上去。一大群加勒比人开始把堆在岸上的成千上万串的香蕉搬到驳船上,再向轮船划去。加尔赛芬号没有乘客,检查的手续很快就办妥了。事务长宣称轮船要连夜赶装水果,第二天早晨就开走。他说,加尔赛芬号上次装了橘子和椰子到纽约,又从纽约开来的。两三条单桅驳船在帮着装货,因为船长急于要赶回去,趁美国水果正缺乏的当儿,赚它一笔钱。

下午四点钟光景,继不祥的伊大里亚号之后,这一带海面不常看见的另一条怪船——一条像钢板画那样轮廓分明、漆成淡黄色的、漂亮的汽游艇出现了。这条美丽的船在近海徘徊着,就像鸭子浮在承雨桶里那样,轻快地随着波浪晃荡。穿制服的水手划着舢板,飞快地摇到了岸边,一个结实的矮个子跳上了沙滩。

这个陌生人仿佛不以为然地向那群五颜六色的安楚里亚土人扫了一眼,立刻朝古德温走去。古德温是在场最惹人注目的盎格鲁-撒克逊人,他有礼貌地向来者招呼。

从谈话中知道了这个刚上岸的人姓史密斯,还知道了他是乘游艇来的。这等于没有说什么;因为游艇一眼就可以看到;而"史密斯"这个姓,即使不说出来,也不是猜不到的。可是在见过世面的古德温看来,史密斯和他的游艇却有点格格不入。史密斯是个傻里傻气的家伙,长着一双呆滞的斜眼睛,留着酒店伙计那样的小胡子。如果他不是在上岸以前换过服装的话，像他那样戴着浅灰色常礼帽，穿着鲜艳的格子呢衣服，还打了一条杂耍艺人的领带，对于那条气派十足的船只简直是奇耻大辱。拥有游艇的人一般都是跟游艇相称的。

史密斯显然负有任务，然而不是个自吹自擂的人。他谈起这地方的风景，说它跟地理书上的图画完全一样；接着便打听美国领事馆在哪儿。古德温就把橘子树背后挂在小领事馆上面的星条旗指给他看。

"领事盖台先生准在那儿，"古德温说，"前几天他在海里游水，差点淹死，大夫吩咐他在家里待一个时期。"

史密斯吃力地走过沙地，到领事馆去，他那花花绿绿的服饰，在热带柔和的蓝色和绿色的草木里显得非常不调和。

盖台躺在吊床上，脸色有点苍白，模样毫无生气。那天晚上，他几乎在海里淹死，瓦尔哈拉号的舢板把他救上了岸，格雷格大夫和别的朋友们费了好几个钟头，来挽救他的仅存一息的生命。那个酒瓶带着它那不起作用的信息漂到海里去了，它所引起的问题演成了简单的加法——照算术的规则，一加一等于二；照浪漫史的规则，却等于一。

有一个古老荒诞的说法：人可以有两个灵魂——一个是平时使用的外围灵魂，另一个是只在某些场合才给激发起来的中心灵魂，然而它一经激发，就特别活跃有力。在前一个灵魂的支配之下，人会刮胡子、投票、纳税、拿钱养家、订购图书，以及按照一般的方式来处世。可是中心灵魂一旦取得了优势，顷刻之间，他就会跟朋友翻脸，破口谩骂；在你打个榧子的期间，他可能变更政治立场；可能狠狠地侮辱最亲密的朋友；可能立刻把他的朋友拖到修道院或者跳舞厅去；他可能私奔，也可能上吊——要不然就作曲或者写诗，或者未经要求地去吻他的妻子，再不然就捐助一笔研究微生物的基金。之后,外围灵魂又回来了;他又成为一个稳健的公民了。这只是自我对制度的反抗;它的效用只是把原子震动一下,好让它们恢复原来的位置。

盖台的激变相当轻微——只不过是在夏天的海里游一次泳,追逐一件像漂流着的酒瓶那样微不足道的东西。现在他又恢复正常了。他向政府请求辞去领事职位的信,已经放在桌上准备付邮,新领事一到,他的辞职就生效。因为勃那特·勃拉宁根做事向来彻底,立刻就要盖台合伙,加入他的各种非常赚钱的事业,而葆拉正在快乐地筹划怎样布置和装饰勃拉宁根家楼上的房间。

领事看到这个触目的陌生人站在门口,便从吊床上爬起来。

"躺着吧,老兄,"客人挥着一只粗大的手说,"我姓史密斯;我是乘游艇来的。你是领事——对吗?沙滩上一个冷静的大个子指点我到这儿来。我觉得应该来向国旗致敬。"

"请坐,"盖台说,"我望见你的船,就一直在欣赏它。看上去真像一艘快帆船。它的吨位有多少?"

"谁知道!"史密斯说,"我不知道它的吨位。不过它倒的确快当。逍遥者号——那是它的名字——开起来没有一条船赶得上。我还是第一次乘它。我要在这儿沿海看看,想知道这些出产树胶、红辣椒和革命的国家究竟是什么样子。我从没想到这儿的景致这么好。说起来,中央公园①的树木也比不上这一带地方。我是纽约人。这儿有猴子、椰子和鹦鹉——对吗?"

"这些我们都有,"盖台说,"我很相信我们的动植物可以叫中央公园相形见绌。"

"很可能,"史密斯愉快地承认,"不过我还没看到。但是说起动植物,我想只能让你占上风了。这儿不大有过往的人,是吗?"

---

① 指纽约的中央公园。

"过往的人?"领事问,"我想你是指轮船上的旅客。不;在柯拉里奥上岸的人很少。偶然有一两个投资家——一般的游客都往南,到有港口的、比较大的市镇去。"

"我在那儿看到一条船正在装香蕉,"史密斯说,"它有没有载客来?"

"那是加尔赛芬号,"领事说,"一条不定期的水果船——我想它上一次是到纽约去的。它没有载客来。我看到它的舢板靠岸,上面没有客人。我们这儿惟一有趣的娱乐就是看轮船开到;要是来了一个乘客,全镇的居民通常都会出来看热闹。如果你要在柯拉里奥待一个时期,史密斯先生,我很乐意带你去见见一些人。有四五个美国人倒可以结识结识,此外,还有本地的阔人。"

"谢谢,"游艇客人说,"我可不打算麻烦你。我很愿意认识你说的那些人,不过我在这儿的时间不长,不能够一一拜访。沙滩上那个冷静的先生提到一位大夫;你能不能告诉我上哪儿去找他?逍遥者号不像百老汇街上的旅馆那样平稳;时不时会叫人晕船。我想找大夫要一些糖衣小药丸,以备不时之需。"

"你去旅馆就找得到格雷格大夫,"领事说,"从这儿门口就看得见旅馆——那个有阳台的楼房,在橘子树那儿。"

外宾旅馆是个阴沉的客栈,远客近朋都很少歇在那儿。它在圣墓街的拐角上,一旁有丛小橘子树,周围有一道石头矮墙,个子高的人很容易跨过去。屋子是用土砖砌的,外面刷了石灰,给海风和太阳弄得斑斑驳驳。楼上阳台的正中间有一扇门和两扇代替窗子的阔百叶窗。

底层有两扇门通向狭窄的石头人行道。里面就是蒂莫戴·奥狄斯太太开的酒店。除了不常来的主顾们所留下的疏疏落落的指印外,小柜台后面的白兰地、茴香酒、威士忌和便宜的酒的瓶子上,都蒙上了一层厚厚的灰尘。楼上有四五个客房,可是难得派到它们应有的用途。偶尔有一个果农从种植园到这个镇上来,跟他的代理人接洽事情,就在那阴沉的楼上过一个凄凉的夜晚;有时候,一个本地小官员到这儿来办些琐屑的公务,老板娘阴森森的接待,会把他吓得没法再摆威风凛凛的官架子。老板娘心满意足地坐在柜台后面,并不想埋怨命运。任何人要在外宾旅馆吃、喝或者住宿,他们尽管来好啦,总是竭诚招待的。好吧。如果他们不来,那他们就不来。那也不坏。

当这个不平凡的游艇客人沿着圣墓街坑坑洼洼的人行道走去的时候,那家衰败旅馆的惟一的老住客正坐在门口,迎着海风乘凉。

检疫大夫格雷格有五六十岁,脸色鲜红,胡子极长,从托贝卡到火地①,没有谁的胡子比得上他。美国南方某州一个港埠的卫生局委派他来担任这个职务。那个港埠害怕每一个南方海港的古老敌人——黄热病——就责成格雷格大夫检查从柯拉里奥开去的每条船上的船员和旅客,看他们有没有初期症状。职务很轻松,而待遇,以柯拉里奥的生活水准来讲,却相当优厚。空闲的时间很多;这位好大夫又在沿海居民中广泛地展开私人业务,增加收入。他说不上十个西班牙字,这并没有妨碍;因为即使不懂得当地的方言,也能按脉和收费。关于他的描述还有一点补充:他有一个穿颅手术的故事,但是谁也不愿意听他讲完,他还相信白兰地可以预防百病;除此以外,格雷格大夫这个人物再没有值得一提的地方了。

大夫搬了一把椅子到人行道旁边坐着。他没有穿上衣,靠在墙上一面抽烟,一面摸着胡子。当他看到打扮得五颜六色、稀奇古怪的史密斯时,他那双淡蓝色的眼睛里显出了诧异的神情。

"你是格雷格大夫——是吗?"史密斯摸着领带上的狗头别针

---

① 托贝卡,堪萨斯州东北部城市。火地,南美洲南端的群岛。

说,"警官——我是说领事①,告诉我你住在这家客栈里。我姓史密斯;我是乘游艇来的。巡游一下,看看猴子跟菠萝树。进去喝杯酒,大夫。这家咖啡馆看上去生意很清淡,不过我想总能拿得出酒来。"

"我陪你稍微喝点白兰地,先生,"格雷格大夫说,立即站了起来,"我发现,要预防疾病的话,在这种气候稍微喝点白兰地几乎是必要的。"

他们刚要走进酒店,一个赤脚的土人不声不响地走来,用西班牙话招呼大夫。他的皮肤就像是一只过熟的柠檬,黄中带褐;身上穿着一件棉布衬衫和一条邋遢的麻布裤子,腰间束着一根皮带。他的脸像野兽似的,生气勃勃而机警,可是看上去并不怎么聪明。这个人叽叽喳喳地说着话,又激动又严肃,可惜他的话全白说了。

格雷格大夫按按他的脉搏。

"你病了吗?"他问。

"我老婆病在家里。②"那个人说,企图用他所能讲的惟一的语言来传达这个消息:他妻子病在棕榈叶盖的小屋里。

大夫从裤袋里掏出一把装着白色粉末的胶囊。他数了十颗放在土人的手里,然后郑重其事地举起食指。

"每两个钟点,"大夫说,"吞一颗。"接着,他伸出两个手指,着重地在那个土人面前摇晃着。之后,他掏出表来,用手指在表面上划了两个圈。于是再把两个手指伸在病人面前。"两个——两个——两个钟点。"大夫重复了一遍。

"是,先生。③"那个土人悲哀地说。

他从口袋里掏出一只不值多少钱的银表,交到大夫手里。"我明天,"他竭力想出他所知道的极有限的英语说道,"把另外一

---

① 原文中"constable"(警官)和"consul"(领事)的读音相近。
②③ 原文为西班牙文。

只表带来。"说完,他垂头丧气地拿着胶囊走了。

"一个非常愚昧的民族,先生,"大夫说,一边把表放进口袋,"他似乎搞错了,把我吩咐他吃药的时间当做诊费的数目。不过,那也没有关系。他反正还欠我的账。他多半不会把另外一只表送来的。他们的话是靠不住的。现在该喝酒了吧?你怎么到柯拉里奥来的,史密斯先生?这几天里面,除了加尔赛芬号以外,我可不知道还有船到。"

两个人倚着那个无人光顾的柜台;不等大夫叫酒,老板娘就拿出了一只酒瓶。那上面可没有灰尘。

他们喝了两杯之后,史密斯说:

"你说加尔赛芬号没有载客吗,大夫?你能够肯定吗?我听海滩上什么人说,好像有一两个乘客。"

"他们错啦,先生。我亲自上了船,照例把船员都检查过了。加尔赛芬号装好香蕉,明天一早就开,一切手续都在今天下午办妥了。不,先生,没有乘客名单。你喜欢这种白兰地吗?一个月前,一条法国双桅帆船把这种酒运来了两舢板。我敢保证伟大的安楚里亚共和国没有收到分文进口税。要是你不想再喝的话,我们就到外面阴凉的地方坐一会儿。我们这种流放的人难得有机会跟外面世界来的人谈天。"

大夫替他的新交另外搬了一张椅子到人行道上。两个人都坐下了。

"你是个见过世面的人,"格雷格大夫说,"你跑过码头,见多识广。关于道德问题,尤其是公道、才能和职业责任感方面的问题,你的判断一定很有价值。我很希望你听听一个病例,我认为那在医学史上是独一无二的。

"大约九年以前,我在家乡行医的时候,我给请去诊治一个头骨挫伤的病人。我诊断是头骨碎片压迫脑部,需要施行一种叫做穿颅术的外科手术。可是,因为病人是个有财有势的绅士,我就请了另一位大夫来会诊——"

史密斯站起来,带着抱歉的神情轻轻地把手按在大夫的衬衫袖子上。

"哎,大夫,"他严肃地说,"我很想听这个故事。你已经引起了我的兴趣;我不愿意错过其余的部分。根据开头那几句话,我就知道一定很有意思;而且巴奈·奥弗林协会①下届会议的时候,我打算讲给大家听,如果你不在乎的话。不过我得先去料理一两件事。要是我及时把它们料理完,我就马上回来,在睡觉以前听你讲下去——这样行吗?"

"尽管去料理你的事情,"大夫说,"办完就回来。我会等你的。你要知道,会诊时一个非常出名的大夫诊断是血栓,另一个说是脓肿,可是我——"

"现在别告诉我,大夫。别糟蹋了故事。等我回来再讲下去。我要从头到尾好好地听——对不对?"

山岳耸起庞大的肩膀,迎接太阳之神御马稳步回家,在礁湖上,在香蕉树丛的阴影里,在大蓝蟹开始爬上陆地来做夜游的红树沼地上,白天消失了。白天终于消失在最高的峰峦上。接着,像飞蛾那样一闪即逝的短暂的黄昏,来了又去了;南方十字星座最高的一颗星,在一排棕榈树上面眨着眼睛,萤火虫用它们的火炬宣告黑夜已经悄悄来临。

加尔赛芬号碇泊在海面上,微微摇晃,船上的灯火映射出闪耀的、矛头似的光芒,仿佛要刺穿无底的海洋。加勒比人正忙着把大驳船上满载着的水果装上轮船去,岸上的水果还堆积如山。

史密斯倚着一株椰子树坐在沙滩上等候,四周扔了许多雪茄

---

① 巴奈·奥弗林协会,作者杜撰的名称,有"欺骗俱乐部"之意。

烟蒂,他尖锐的眼睛老是盯着轮船那面,从不放松一下。

这个不相称的游艇客人,把全部兴趣集中在那条无辜的水果船上。人家已经两次向他保证,那条船并没有载客到柯拉里奥来。可是他仍旧带着一个逍遥的航海者所没有的倔强,一定要亲眼看个明白。他蹲在椰子树底下,极像一只花花绿绿的蜥蜴,并且用珠子般的、游移不定的、蜥蜴似的眼睛监视着加尔赛芬号的动静。

游艇上的白色舢板给拖到白沙滩上,由一个穿白制服的水手守着。附近有一家酒店,坐落在和海岸平行的大街上,另外三个水手就在那里面围着柯拉里奥惟一的弹子台,挥弄他们的球棒。舢板停在那儿,仿佛受过吩咐,准备随时使用似的。空气里有一种期待的暗示,等待发生什么事,这种现象是柯拉里奥以前所没有的。

史密斯像只羽毛灿烂的飞鸟,在这个遍地棕榈的岸上歇歇脚,梳理一下羽毛,然后再无声无息地展开翅膀飞去。天亮的时候,史密斯已经不见了,等待着的舢板也不在了,海面上的游艇也没有了。史密斯没有留下可以说明他的使命的暗示,也没有在柯拉里奥的沙滩上留下脚印,指出那晚上他的神秘任务把他带到了哪儿。他来过这儿;说了些马路上和咖啡馆里的奇怪的切口;在椰子树下坐了一些时候,然后不见了。第二天早上,史密斯没有了,柯拉里奥的居民吃着煎甘蕉,说:"那个打扮得花花绿绿的人走掉啦。"午睡一过,这件事就成了过去的历史。

史密斯暂时要退下舞台。他不再到柯拉里奥来了,也不去找格雷格大夫,大夫还在那儿白等,摇摆着他那浓密的胡子,想拿那个穿颅手术和同行嫉妒的动人故事来充实那个言而无信的听客的知识。

幸好史密斯还会回到故事里来,不然这一章就显得莫名其妙了。他会及时回来告诉我们,那晚上他为什么在椰子树周围丢下了那许多雪茄烟蒂。他非这样做不可;因为黎明前他乘了游艇道遥者号离开的时候,把一个闷葫芦的答案也带了去,那个闷葫芦是这么大、这么荒谬,以至安楚里亚的人几乎连提都不敢提。

第四章 就擒

在沿海一带拦截逃亡的米拉弗洛勒斯总统和他同伴的计划，看起来是十拿九稳的。柴伐亚大夫亲自到阿拉桑港口去建立一个警戒点。忠于自由党的伐拉斯在柯拉里奥严加防范，万无一失。古德温自己负责柯拉里奥周围的区域。

除了那个有篡权野心的政党的某些核心党员以外，沿海市镇里谁也不知道总统逃亡的消息。柴伐亚已经派人到山路上去切断圣麦台奥通到海岸的电报线。在电报线还没修复，首都不能发出电报通知之前，逃亡者早就会到达海岸，逃脱或就擒的问题也就有眉目了。

古德温在柯拉里奥左右各一英里的海岸上，每隔一定的距离派了一个武装哨兵驻守。他们受命在夜里严加戒备，防止米拉弗洛勒斯企图利用偶然在岸边找到的小船或单桅船偷逃。十来个巡逻若无其事地在柯拉里奥的街上走着，如果那位旷职的首长在街上露脸的话，他们准备随时拦截。

古德温深信已经布置得面面俱到，无懈可击了。他在那些名字起得堂皇、其实只是一些狭窄的、长满野草的小巷子里踱来踱去，亲自帮着执行鲍勃·安格哈特托付给他的守夜任务。

镇上开始了平常那种没精打采的晚上娱乐。几个游手好闲的公子哥儿穿着白帆布衣服、系着飘垂的领带，挥弄着细长的竹杖，沿着长满青草的小路向他们爱慕的小姐家里走去。爱好音乐的人把手风琴咿咿啊啊的拉个不息,或者在门口和窗前哀怨地弹着吉他。偶然有个士兵从营房里出来,戴着边沿下垂的草帽,既不穿上衣,也不着鞋子,手里握着一支长矛似的步枪,匆匆忙忙地走过。大树蛙从每个簇叶茂密的地方发出又响又恼人的咯咯声。再远一些,小路在林莽的边沿消失了,凶恶的狒狒刺耳地叫喊着,黝黑的河口里的鳄鱼发出咳嗽似的声音,划破了森林中空虚的静寂。

十点钟,街上已经没有人迹了。拐角上疏疏落落的、原先发出昏黄光线的油灯,已经给某些节俭的公务员弄熄了。柯拉里奥像是一个躺在人贩子怀里的婴孩,静静地睡在摇摇欲坠的高山和茫茫迫人的大海之间。这位高贵的冒险家和他的伴侣,正在这片热带的黑暗里的某处,向海边行进,也许已经穿进了冲积层低地的深处。这场"早晨的狐狸"的游戏不久就该结束了。

古德温从容不迫地走过一长排矮矮的营房,安楚里亚军队驻柯拉里奥的分遣队,赤着脚仰睡在那儿。有一条法令规定,市民在九点钟以后不得走近这个军事根据地的大本营,可是古德温老是忘记这类次要的法令。

"是谁?①"一个哨兵喊道,费劲地弄着他的长枪。

"美国人。②"古德温狠狠地说,头也不回,一直走过去。

他向右拐了一个弯,再向左转,沿着通向国家广场的街道走去。走到离圣墓街口只差几英尺的地方时,他突然站住。

他看到一个高大的男人,穿着一身黑衣服,拎着一只大手提包,匆匆地沿着横马路朝海岸那面走去。古德温再一看,看到了那男人的身边还有一个女人,那女人,即使不在扶持她的同伴,看上去也是在催促他前进,他们快速地悄悄往前走。那两个绝不是柯拉里奥人。

---

①② 原文为西班牙文。

古德温加紧脚步跟了上去,可是没有施展侦探喜爱的那种鬼鬼祟祟的策略。这个美国人气魄太大,根本没有考虑到侦探的本能。他身为安楚里亚人民的代理人,若不是为了政治上的原因,他当场就要索取那笔钱了。他那个政党的计划是,取得那笔被盗窃的款子,归还国库,然后无须经过流血或抵抗,便宣告掌握政权。

那对男女走到外宾旅馆门前停下,男人不耐烦地使劲敲着木板门,看样子他是不习惯在门外多等的。老板娘过了很久才回答;不过终于有了灯光,门打开了,客人也进去了。

古德温站在寂静的街上,又点上一支雪茄。不出两分钟,旅馆楼上百叶窗的罅缝里便透出了一缕微弱的亮光。"他们租下房间了,"古德温想着,"那么,上船的事情还没有安排好。"

就在这时候,一个名叫艾斯台班·台尔加多的理发匠来了,他是一个反对任何当权的政府的人,也是一个惟恐天下不乱的愉快的阴谋家。这位理发匠是柯拉里奥最荒唐的家伙之一,常常弄到晚上十一点钟还没有回家。他是个热心的自由党员;他把古德温看做一个同志,夸大而自以为了不起地向他招呼。不过他的确有重要的事情要告诉古德温。

"你猜怎么着,堂弗兰克!"他用一般同谋者的口吻喊道,"今晚我剃了本国总统大人的胡子——也就是你们所谓的络腮胡子!想一想!他叫我去。他在一个老太婆的破房子里等我——四周漆黑的一所非常小的房子。他妈的!——总统先生竟会这样躲躲闪闪!我想他是不希望给人家认出来的——不过,妈的!你能替一个人剃胡子而不看见他的脸吗?他给我这一个金币,叫我千万别声张。我想,堂弗兰克,这里面就有你们所谓秘密的事情了。"

"你以前见过米拉弗洛勒斯总统没有?"古德温问。

"只见过一次,"艾斯台班回答,"他个子很高;长着很黑很密的络腮胡子。"

"你替他剃胡子的时候还有别人在场吗?"

"有一个印第安老太婆,先生,那屋子里的女人,还有一位小姐——那么漂亮的一位小姐!——啊,天啊!"

"好,艾斯台班,"古德温说,"运气真好,碰到你有这个消息。为了这个,新政府一定忘不了你的功劳。"

接着,他用简简单单的几句话把国家面临的危机告诉了理发匠,叫他待在外面看守旅馆临街的两面,注意有没有人企图从门口或窗户出来。古德温自己走向客人们进去的那扇门,打开它,走了进去。

老板娘上楼替客人张罗了一番之后,又下来了。她的蜡烛搁在柜台上。她给吵醒之后,正要去拿一点蔗酒来提提神。赶上第三个客人进来时,她抬起头,没有一点惊慌的神气。

"啊!原来是古德温先生。难得光临小店。"

"我以后要来得勤些,"古德温带着他特有的微笑说,"我听说北到伯利兹①南到里约②,要算你的白兰地为最好。把瓶子拿出来,老板娘,咱俩喝一杯,证实一下。"

"我的白兰地,"老板娘得意地说,"是最好的。它长在香蕉林里隐蔽的地方,装成了漂亮的一瓶瓶。是的,先生。水手们只有在半夜里才能把它们摘下来,在天没亮以前,送到你的后门口。好白兰地是非常难于应付的水果,古德温先生。"

在柯拉里奥做买卖,主要是走私而不是竞争。如果干得顺利的话,人们就偷偷地、可又相当得意地谈着。

"你今晚有客人。"古德温说,同时把一块银币放在柜台上。

"干吗没有?"老板娘说,一面数出找头,"有两位;刚来了没多

---

① 伯利兹,中美洲危地马拉的海港,当时为英国所占,称英属洪都拉斯。
② 指里约热内卢,曾是巴西首都。

久。一个年纪不挺老的先生,和一个够漂亮的小姐。他们到楼上房间里去了,饭也不吃,酒也不喝。租了两间房——九号和十号。"

"我正在等他们两位,"古德温说,"我有要紧的事情跟他们接洽。你能让我去看他们吗?"

"当然啰。"老板娘平静地叹了口气说,"古德温先生干吗不可以上楼跟朋友谈话?没有问题。九号房间和十号房间。"

古德温解开衣袋里的美制左轮手枪,走上又窄又暗的楼梯。

在楼上的过道里,他借着吊灯的番红色的亮光,辨出了门上俗丽的号码。他把九号的门把手一转,走了进去,又关上了门。

在那个陈设简陋的房间里,坐在桌子旁边的,如果正是伊莎白·姬尔勃的话,传说简直太对不起她的美貌了。她一只手支着脑袋。她身上的每一根线条都表示出极度的疲劳;脸上显得非常窘困。她的眼睛是灰色的,长得跟所有著名的美人的眼睛一样。她的眼白清彻明亮得出奇,眼珠上部给疲倦、下垂的眼帘遮着,下部只露出雪白的一缕。这种眼睛显示着高贵的出身,旺盛的精力,如果你能体会的话,还显示着一种最慷慨的自私。这个美国人走进房间时,她抬起头来,露出惊奇和询问的神气,可是并不慌张。

古德温脱掉帽子,带着他特有的从容潇洒的态度,坐在桌子角上。他手里夹着一支燃着的雪茄。他之所以这样随随便便,是因为他确信客套对于姬尔勃小姐是多余的。他知道她的历史,也知道虚礼在她过去生活中所起的作用不大。

"你好,"他说,"现在,小姐,咱们开门见山地谈谈吧。请你注意我不提姓名,不过我知道隔壁房间里的人是谁,我也知道他的手提包里装了些什么。我就是为了这件事到这儿来的。我是来命令你们交出来的。"

那女人既不动也不回答,只是盯着古德温手里的雪茄。

"我们,"这个发号施令的人接下去说,沉思地望着自己微微摇摆的脚上那只整洁的鹿皮鞋——"我代表相当多的人——要求归还那笔属于他们的、被盗窃的款子。此外,我们没有别的要求。我们的条件很简单。作为一个全权代表,我答应,只要你们接受我们的条件,我们就立即停止干涉。交出款子,你和你的同伴爱到哪儿,就可以到哪儿去。事实上,你们爱乘哪一条船离开,我们还可以帮你们弄到船位。此外,十号房间里的先生对女人姿色的鉴赏非常高明,我个人要向他致敬。"

古德温把雪茄放回嘴里,同时打量着她,看到她的眼光跟着雪茄烟,并且冷冷地、意味深长地、全神贯注地盯着它。很明显,他说了这一番话,她一句也没有听进去。他明白了,便把雪茄扔出窗外,高兴地笑了一声,从桌子上滑下来站着。

"这才好点,"那位小姐说,"这样我才能听你讲话。为了再学习一次礼貌,你现在不妨告诉我,是谁在侮辱我。"

"对不起,"古德温一手倚在桌上说,"我忙得很,没有多余的时间来讲究礼貌。喂;请你好好考虑一下。你很明白怎么做才对你有利,你表现了也不止一次。你毫无疑问是聪明的,现在就需要运用你的聪明了。这里面没有什么神秘。我是弗兰克·古德温;我是为了那笔款子来的。我碰巧进了这间屋子。要是我进了那一间,我早就拿到手了。你还要我讲明白吗?十号里的先生辜负了人家的重托。他从他的人们那儿劫去了一笔巨款,我是来出头,不让他们吃亏的。我不必明说那位先生是谁;不过,如果我非和他见面不可的时候,发现他是'共和国'的某一个高级人员,我就有责任逮捕他。这屋子周围有人防守着。我现在向你提出的条件是宽大的。我并不是绝对需要跟隔壁房间里那位先生当面谈判。把装着款子的手提包拿来交给我,咱们就算了事。"

那位小姐从椅子上站起来,站着沉思了一会儿。

"你住在这儿吗,古德温先生?"她不久问道。

"是的。"

"你有什么权力来干涉?"

"我是'共和国'的代理人。我收到关于那位——十号里先生的行动的电报。"

"我可以问两三个问题吗?我相信你是个正人君子,不至于那么——那么懦怯。这个柯拉里奥是怎么样的一个市镇——我想他们管它叫这个名字吧?"

"算不上一个镇,"古德温笑着说,"照他们的说法,是一个香蕉镇。茅屋,土砖房子,五六幢楼房,设备简陋得很,居民是些西班牙混血儿、印第安人、加勒比人和黑人。谈不上什么人行道,没有娱乐场所。简直可以说是没有开化。这当然是随口说的一个大概。"

"在社交或者生意方面说来,有没有使人住在这儿的理由?"

"哦,有,"古德温咧开嘴笑着回答,"这儿没有下午茶会,没有手风琴,没有百货商店——也没有引渡法案。"

"他告诉我,"小姐微微皱起眉头接下去说,好像对自己说似的,"这儿沿海有美丽而重要的城市;还有令人满意的社交组织——尤其是高尚的美国侨民团体。"

"是有一个美侨团体,"古德温觉得有点奇怪,盯着她说,"其中有些人不错,有些却是美国的逃犯。我记得有两个逃亡的银行董事长,一个来历不明的陆军军需官,两个杀人犯和一个孀妇——我想她的嫌疑是用砒霜谋害亲夫。此外就是我了,不过到现在为止,我还没犯过什么可以夸夸口的罪。"

"别灰心,"小姐冷冷地说;"根据你今晚上的行动,我看不出你凭什么会埋没一生。一定是误会了;可是我不知道毛病出在哪里。但是你今晚可不能打扰他。他一路上太累了,我想他一定衣服也没脱就睡着了。你说什么被盗窃的款子！我可不懂。一定有了误会。我可以叫你相信。你待在原来的地方,你既然这样觊觎那只手提包,我去把它拿来给你看。"

她向通往隔壁房间的那扇关着的门走去,可是又停住,扭过身来,严肃逼人地向古德温看了一眼,终于古怪地笑了。

"你擅自闯进我的房间,"她说,"在那种流氓行径之后,又用卑鄙的罪名来侮辱我;可是,"——她犹豫了一下,仿佛在考虑该怎么说——"可是——这的确莫名其妙——我敢说一定是误会了。"

她向门边上前一步,可是古德温轻轻地碰了碰她的手臂,止住了她。我在前面已经说过,女人在街上会转过头去看他。他像那种北欧西岸的人,大个子,漂亮,带着软中透硬的神气。而她非常自负,长着深色的头发,面色随着心情有时红润有时苍白。我不知道夏娃的头发是浅色的呢还是深色的,可是我知道,要是伊甸园里有这样一个女人,禁果自然要给吃掉了。古德温的命运就系在这个女人身上,他当时虽然不知道,不过他一定已经感到了命运开头的痛楚,因为当他面对着她的时候,一想起人们对她的说法,喉咙里就泛起一阵辛酸。

"如果有什么误会,"他激烈地说,"那也只能怪你。我并不怪那个已经丧失了祖国、荣誉,而且就要丧失那笔不义之财所带来的些许安慰的人,只是怪你,因为,天啊！我看得清清楚楚,他怎么会落到这个地步的。我能够了解他、同情他。是你这种女人使这个可耻的海岸充斥了可怜的流亡者,是你这种女人使男人忘了人家交给他们的重托,是你这种女人把——"

那位小姐做了一个厌烦的手势,打断了他的话。

"不必再侮辱我啦,"她冷冷地说,"我不懂你在说些什么,也不知道你犯了什么严重的错误;不过,要是把一位先生的旅行皮包检查一下,就可以把你打发掉,我们不必再拖延了。"

她迅速而不声不响地走进隔壁房间,拿了一只笨重的手提皮包回来,带着耐心而轻蔑的神气交给那个美国人。

古德温连忙把皮包搁在桌上,动手解开皮带。女人站在一边,脸上显出无限轻蔑和厌烦的表情。

皮包给使劲向旁边一扳,完全打开了。古德温拖出两三件衣服,揭露了里面装的大部分东西——一包又一包的、扎得紧紧的巨额美国钞票。根据捆钞票的纸带子上所标的巨额数字计算一下,全部数目准靠近十万块钱。

古德温飞快地向那个女人瞥了一眼,出乎意外地看到她确实震惊了一下,他同时竟感到一阵莫名其妙的高兴。她眼睛睁得大大的,气也透不过来,整个身子靠在桌子上,仿佛站不稳了。他由此推断,她确实不知道她的同伴掳掠了国库。但是他又生气地问自己,他为什么这么希望这个到处流浪、品行不端的歌女没有传闻所说的那么坏呢?

隔壁房间里传来一个声响,他们俩都吓了一跳。门打开了,一个上了年纪、高个子、面色黝黑、新近剃了胡子的人匆匆忙忙地走进来。

米拉弗洛勒斯总统在相片里都有着浓密的、修饰整齐的黑色络腮胡子,不过理发匠艾斯台班的情报已经使古德温心里有了底。

那个人从黑暗的房间里跌跌撞撞走来,他睡得糊里糊涂,在灯光下眨着眼睛。

"这是什么意思?"他用极纯粹的英语问,锐利而不安的眼睛望着这个美国人——"抢劫吗?"

"差不多,"古德温回答,"不过我倒以为我已经及时防止了它。我代表这笔钱的所有者,我是来把钱带还给他们的。"他把手插进他那宽大的麻布上衣的口袋里。

那个人的手也迅速地伸到背后去。

"别动，"古德温厉声喝道；"我口袋里的手枪已经对准你了。"

女人上前一步，用手按在犹豫不决的同伴的肩膀上。她指着桌子。"老实告诉我——老实说，"她低声说，"那是谁的钱？"

那个人不做声。他深深地叹了一口气，弯下腰吻了她的额头，回到隔壁房间里，随手把门关上。

古德温猜出了他的用意，抢到门前，可是刚碰到门的把手，就听见一声枪响。接着就是一个人倒地的沉重的声音，那女人把他推在一边，冲进房间。

古德温想，这个妖妇心里一定有着比失去情郎和金钱更大的悲哀，所以才会向那个宽恕一切、安慰一切的人间的慰藉者发出呼吁——才会使她在那个血糊糊的、不名誉的房间里喊出——"哦，妈妈，妈妈，妈妈！"

外面起了一阵惊慌。理发匠艾斯台班一听到枪响就嚷开啦；枪响本身也惊动了镇上半数居民。街上传来了一阵啪嗒的脚步声，官长的命令响彻了静寂的空气。古德温必须执行一个任务。环境促使他成为他所寄居的国家的库藏保管人。他连忙把钞票塞进皮包关好，探出窗外，把它扔到下面小围墙里一株浓密的橘子树上。

柯拉里奥的人会把这次悲惨的逃亡的结局告诉你，因为他们乐于告诉外来的人。他们会告诉你，治安人员怎样闻警赶来——司令官佩着剑，趿着红拖鞋，穿着一件像是饭馆侍役领班穿的上衣，士兵们握着奇长的步枪，后面跟着为数更多的、忙着披上饰有金穗和肩章的制服的军官，赤着脚的警察（这帮人里面，只有他们有点真本事）和各式各样骚动的居民。

他们说，死者的脸给枪弹轰得不像样子；但是古德温和理发匠艾斯台班都证实他是已故的总统。第二天早上,修复的电报线开始通讯;总统逃亡的消息就传开了。革命党在圣麦台奥没有遭到抵抗就取得了政权,兴奋的民众的"万岁"声,很快就淹没了他们对那位不幸的米拉弗洛勒斯的好奇心。

他们会告诉你,新政府怎样在市镇和街道上百般搜寻总统随身带着的、装有安楚里亚剩余资本的手提包,可是一无所获。在柯拉里奥,古德温先生亲自率领一个搜索队,像女人梳头那样仔细地搜遍了全镇,可是仍旧找不到那笔钱。

他们简简单单地把死者埋在镇后那座架在红树沼地上的小桥旁边;你出一个雷亚尔,就有小孩子带你去看他的坟墓。他们说,总统在她茅屋里剃掉胡子的那个老太婆在他的墓上竖了一块木板,用烧红的铁烙上了墓志铭。

你也会听说,古德温先生像铜墙铁壁似的庇护着堂娜伊莎白·姬尔勃,度过随后的苦难的日子;并且对于她过去历史的顾虑,如果有的话,也完全消失了;而她爱好冒险、反复无常的性格,如果有的话,也都改变了过来;他们结了婚,非常幸福。

那个美国人在近郊一个小丘上盖了一座房子。一座用砖、棕榈、玻璃、竹、土坯,以及土产木材造的紧凑的建筑。那些木材要是出口的话,可以发一笔财。它的四周给布置成一个天然的乐园;里面多少也是这样。本地人谈起屋内的装设时就羡慕得手舞足蹈。那儿有擦得像镜子一般亮的地板,上面铺着手织的印第安丝地毯,还有雄伟的装饰品、图画、乐器和糊纸的墙壁——"你自己想象吧!"他们大声说着。

但是你会发现,柯拉里奥的人没法告诉你弗兰克·古德温扔到橘子树上的那笔钱的下落。不过那留到以后再谈吧;因为棕榈正在风中摇摆,在召唤我们去玩耍、娱乐呢。

第五章　第二个失恋的流放者

美利坚合众国当局把它手头的领事人选研究了一番之后，挑中了阿拉巴马州大勒斯堡的约翰·特·格拉芬里德·阿特伍德，来接任威拉特·盖台辞去的职务。

替阿特伍德说句公道话，我们得承认，这个差使是他自己谋取的。正像那个自愿流放的盖台一样，约尼·阿特伍德完全出于美人的巧笑所逼，采取了这个下策，接受了那个瞧不上眼的联邦政府的差使，这样他就可以远远地离开，不再见到那张摧毁了他青春的、虚伪而又秀丽的脸蛋。柯拉里奥的领事职位好像给了他一个遥远而传奇式的退隐所在，足以在富于田园风味的大勒斯堡的生活里插进一段必然的戏剧。

约尼在扮演失恋的流放者的期间，在西班牙海岸一带遭难者的长名单上加上了他的杰作，他对当地鞋子市场的操纵是闻名的，他还具有那种无与伦比的本事，大大地提高了他家乡的最不受重视的、一无用处的牛蒡草的价值，使它从微贱的地位一跃而成为国际贸易上一项贵重的产品。

烦恼往往随着风流韵事而来，却不是随着风流韵事而收场的。这一次也没有例外。大勒斯堡有一位名叫伊利亚·汉斯特脱的杂货店老板。他家里只有一个女儿，名叫罗西，她的名字大大弥补了"汉斯特脱"这个姓氏的缺陷。这个年轻的女子非常有魅力，风靡了镇上所有的年轻小伙子。约尼是特别倾心于她的一个，他是阿特伍德推事的儿子,住在大勒斯堡近郊一座宽大的、殖民地建筑式样的邸宅里。

可爱的罗西似乎应该高高兴兴地报答阿特伍德族一个子弟的钟情,因为这个姓氏无论在战前战后①,都是全国闻名的。她似乎应该高高兴兴地答应,给领进那座庄严然而相当空洞的殖民地式邸宅。可是情形却不如此。地平线上有一堆云,一堆重叠阴沉的雨云,那就是一个住在附近的、活泼精明的青年农人,他竟敢挺身而出,跟那位出身名门的阿特伍德争风吃醋。

一天晚上,约尼向罗西提出了每一个青年人都认为非常重要的问题。当时所有的有利条件——月光啦,夹竹桃啦,木莲啦,模仿鸟②的歌唱啦,这一切都已具备。那个发达的青年农民品克奈·道生的影子是不是在那时候插进了他们两人中间,就不得而知了,总之罗西的答复是不利的。于是约翰·特·格拉芬里德·阿特伍德先生深深地鞠了一个躬,帽檐几乎碰到地上的青草,然后高昂着头走掉了,可是他的内心和血统里却留下了剧烈的创伤。一个汉斯特脱竟然拒绝了一个阿特伍德!岂有此理!

那年,当选的总统刚巧是民主党人。阿特伍德推事是民主党的一员老将。约尼说动了他父亲,设法替他谋一个国外的官职。他要离开这个地方——走得远些。说不定在以后的几年里,罗西会想起他的爱情是多么忠实,多么坚贞,会感动得淌下眼泪——也许那时候她正在替品克奈·道生预备早饭,她的泪水刚巧滴进她在撇取的奶油里。

政治的轮子转动了;约尼被任命为驻柯拉里奥的领事。他动身之前,到汉斯特脱家去辞行。罗西的眼睛带着一些淡红色,神色

---

① 指美国的南北战争。
② 产于北美南部及西印度群岛的一种鸟。

有点古怪;如果那时候没有第三者在场的话,美国政府很可能要另外物色一个人去当领事了。可是品克奈·道生当然也在场,他谈着他的四百英亩果树园、三英里长的紫苜蓿地、两百英亩牧场。因此约尼跟罗西握手告别的时候,冷淡得像是只到蒙哥马利①去一次,一两天就要回来似的。这些姓阿特伍德的人一向是随自己高兴,落落大方的。

"要是你在那边碰到什么有利的投资,约尼,"品克奈·道生说,"请你通知我,好不好?我想我几乎随时都拿得出几千块钱,做一笔有利可图的买卖。"

"当然啦,品克奈,"约尼高兴地说,"要是我碰到那样的事,我很高兴让你参加。"

约尼到莫比尔去,搭上一艘驶往安楚里亚海岸的水果船。

新任领事到达柯拉里奥的时候,那些奇特陌生的景色很能替他解闷。他才二十二岁;年轻人的悲痛不像年纪大一些的人那样,老是压在心头。伤心也是一时的;接着又让随时想到的事物给暂时排开了。

比来·凯奥跟约尼似乎一见面就有了好感。凯奥带着这位新任领事在镇上到处逛逛,把他介绍给那些组成"外侨"团体的为数不多的美国人,以及为数更少的法国人和德国人。然后,约尼当然要更正式地介绍给当地的官员们,由一名译员传达了他的委任状。

这个年轻的南方人有某些地方叫阅历很深的凯奥看了喜欢。他的一举一动天真得几乎近于孩子气;但是他那份冷静淡漠的神气又像是饱经沧桑、老于世故的人。不论是制服或头衔,官样文章或外国语言,山岳或海洋,他都不在乎。他是一个望族的后裔,大勒斯堡的阿特伍德;他心里的每一个念头,你都猜得出来。

---

① 蒙哥马利,阿拉巴马州的城市名。

盖台到领事馆来,把领事的职务和工作做了一番解释。他跟凯奥两个人尽力把政府期望这位新任领事担负起来的工作形容得使他发生兴趣。

"行,行,"约尼躺在吊床上说,他安置了这张吊床,好在办公时躺躺,"假如发生了什么必需办的事,我就让你们来办。你可不能指望一个民主党人执政初期就投身工作。"

"你最好看一看这些项目,"盖台建议道,"这些是你得登账的各种出口货物。水果要分类;还有贵重的木材、咖啡、橡胶——"

"末一项听上去倒不坏,"阿特伍德插嘴说,"好像有些伸缩性。我要买一面新国旗、一只猴子、一个吉他和一桶菠萝。橡胶项下能不能支付这些东西?"

"那只是统计上的问题,"盖台微笑着说,"你需要的是费用账。这大概有一点伸缩性。'文具'那一个子目,国务院往往审核得很马虎。"

"我们真是在浪费光阴,"凯奥说,"这个人生来就是个管理人才。他那敏锐的眼睛只消看上一眼,就看透了这门艺术的底细。真正的政治天才从他说的每一句话里都看得出来。"

"我接受这个职务的时候并不打算做什么工作的,"约尼懒洋洋地解释道,"当初我只想找一个听不到人家谈论农场的地方安身。这儿没有农场,是吗?"

"有是有的,不过不是你所知道的那种农场,"前任领事答道,"这儿没有所谓农业的艺术。在安楚里亚国境里面,从来就没有一把犁或者一架收割机。"

"这就是合我心意的国家。"领事喃喃地说,话刚说完,已经呼呼地睡着了。

这个愉快的铁板照相师竭力笼络约尼,也不顾人家公开指责,说他这样做是为了要在领事馆后面令人眼红的走廊上抢先占据一个座位。不管凯奥的企图是为个人打算,还是纯粹出于友谊,他终究获得了那个可羡的特权。他们两人几乎每晚都坐在走廊上乘凉,脚搁在栏杆上,雪茄烟和白兰地近在手边。

一天傍晚,他们这样坐着,两人都不大说话,因为这个不寻常的夜晚的一片寂静,弄得他们也不想开口。

月亮又大又圆;海面活像珍珠贝。空气几乎不在流动,一切都静悄悄的;整个镇子躺在那儿喘气,等待夜晚凉下来。维苏威公司的水果船安大多尔号装满了货,停泊在海面上,定于明早六点钟启程。海滩上没有闲荡的人。月光非常明亮,两个人望得见海滩上给碎浪打湿的、闪烁的小鹅卵石。

后来,海面上有一艘小小的单桅帆船,紧靠着岸慢慢地驶来,白色的帆篷活像一只雪白的海鸟。它的航线离风向不到二十方位①;因此它抢风行驶,一会儿向岸边、一会儿朝海里,缓慢从容的样子活像一个优美的溜冰人。

船上水手凭借他们的技术又把船驶近了岸,这一次几乎驶到了领事馆对面;这时候船上传来一阵清晰而奇怪的乐调,就像是魔窟的号角声。或许也像是仙境的喇叭声,甜蜜、圆润而奇突,活泼地奏着那支"可爱的家庭"的熟悉的调子。

这是给安乐乡安排的一个布景。海洋和热带的威力、来历不明的神秘的帆船、漂荡在月光反映的水面上的音乐的力量,这一切给景色平添了一种抚慰的魅力。约尼·阿特伍德陶醉了,他想起了大勒斯堡;当凯奥对这支逍遥自在的独唱曲得出一个结论时,他跳到栏杆边,他那震耳欲聋的怪叫声像一发大炮似的打破了柯拉里奥的沉寂。

"曼—林—格,喂!"

---

① 一方位等于十一又四分之一度。

这时候,单桅船已经驶向外面;但是那儿传来了一声清楚的回答:

"再见,比来……回家去啦——再见!"

单桅帆船朝安大多尔号驶去。毫无疑问,准是一个乘客从北边什么地方取得了航行许可证,坐了帆船,要赶上就要回去的定期水果船。小船像一只美丽可爱的鸽子,一忽儿偏左一忽儿偏右地前进着,最后,它的白帆衬在水果船的船舷上,看不出来了。

"那是老荷·比·曼林格,"凯奥又倒在椅子里,解释道,"回纽约去啦。他原是这个国家的已故的逃亡总统的机要秘书,人家管这个国家叫做杂货水果摊。现在他的职务已经结束;我相信老曼林格一定很高兴。"

"为什么他临走的时候,像那个妖后苏苏一样,要用音乐伴奏呢?"约尼问道,"是不是要让人家知道,他丢了这份差使并不在乎?"

"你听到的声音是留声机发出来的,"凯奥说,"留声机是我卖给他的。曼林格过去在这个国家里玩了一场世上独一无二的把戏。那架嘟嘟响的玩意儿一度救了他,后来他不论到哪儿,总是把留声机随身带着。"

"是怎么一回事,告诉我。"约尼很感兴趣地要求说。

"我不大会讲故事,"凯奥说,"我能够用语言来说话;可是赶上叙说一件事的时候,我的话就随口而出,因此说出来的话也许头头是道,也许莫名其妙。"

"我要听听关于那场把戏的事,"约尼坚持说,"你没有权利拒绝。我已经把大勒斯堡的每一个男人、女人、芝麻绿豆的事情①全都告诉你了。"

---

① 原文是"hitching post",拴马的柱子。

"我要告诉你的,"凯奥说,"我刚才说,我讲起故事来结结巴巴。你别当真。我既然学到了许多美德和学问,这一门当然也没有疏忽。"

第六章　留声机与把戏

"这场把戏是怎么回事？"约尼问道，像所有听故事的人那样，急于要晓得下文。

"先把这个告诉你是违反艺术和哲学原则的。"凯奥安详地说，"讲故事的艺术在于不泄漏听众所要知道的任何事情，而是先把你自己特别喜爱的、与本题无关的见解发表出来。一个好故事就像一粒苦丸，只是原该包在外面的糖衣给裹在里面罢了。如果你不在意的话，我要从乞罗基族①里的钟表生意讲起；以留声机发出的一支敦品励行的曲子作为结束。

"这个国家里的第一架留声机是我跟亨利·豪斯柯拉带来的。亨利是个混血儿，有四分之一②的乞罗基血统，在东部学到了足球的术语，在西部学会了私酒生意，又像你我一样，是位高尚人物。他的态度既随便又活泼；身长六英尺左右，行动起来像车胎那样敏捷。对，他是个大概五英尺五英寸，或者五英尺十一英寸高的、个子不大的人。也就是你们所谓中等高个子、普通小身量的人。亨利出过一次大学，出过三次摩斯考其监牢——那是由于在准州地区③输入并推销威士忌的缘故。亨利·豪斯柯拉一向不需

---

① 乞罗基族，北美印第安一族。现多半居住在俄克拉何马州。
② 原文为"quarter-back"（橄榄球赛中的四分卫），"quarter"一字作"四分之一"解，作者信手拈来，并无特殊用意。
③ 尚未被认为州的地方。

要任何雪茄烟铺子出来支持他。他不是那种印第安人①。

"亨利和我在塔克沙加那碰了头,并且策划了这场留声机的把戏。他手头有三百六十块钱,这是美国政府分配给土人的田地上的收益。我在小石城②的街上看到一幕伤心的场面,因此就离开那地方,来到了塔克沙加那。有一个人站在箱子上,拿出一些金表给周围的人群传看,金表是螺旋盖子、转柄式、非常精致的爱尔琴厂出品。这种表在店里要卖二十块钱。那个人只要三块钱,大伙儿当然抢购。那人碰巧有着满满一提包的这种金表,他一只只地递给买客,就像把刚出炉的饼干放在碟子里那样。表壳旋得很紧,不容易拧开,买客们便把耳朵贴在表上听,滴嗒滴嗒的走得很不错。那一大堆表里只有三只是真货,其余都是骗人的东西。呃?就是在空表壳里装一只那种绕着电灯光乱飞乱撞的黑色小甲虫。这些小虫在里面不断地、美妙地发出一分一秒的声音。因此,我讲的这个人捞到了二百八十八块钱;随后就走了,因为他知道,等到小石城的人要上表的时候,他们就得找一位昆虫学家,而他对昆虫学并无研究。

"因此,就像我所说的,亨利有三百六十块钱,而我有了二百八十八块。把留声机介绍到南美洲去是亨利出的主意;不过我也十分赞成,因为我对任何机器都很感兴趣。

"'拉丁民族,'亨利用他在大学里学来的术语流利地解释说,'特别容易迷上留声机。他们性好艺术。他们热爱音乐、色彩和欢乐。他们宁可欠几个月杂货铺和面包果的账,而把他们的贝壳数珠③花在杂耍场里听手摇风琴,看四条腿的小鸡。'

"'那么,'我说,'我们给拉丁人运罐头音乐去;不过我记得裘

---

① 美国的雪茄烟铺子门口通常安放着一个木制的印第安人,当做商标。
② 小石城,阿肯萨斯州地名。
③ 贝壳数珠,前北美印第安人的货币或装饰品。

利亚·恺撒先生说过的、有关这帮人的说:"Omnia Gallia in tres partes divisa est;"也就是说,"我们要厚着脸皮、抹煞良心,才想得出办法,逼得他们那帮人走投无路。"①'

"我原不喜欢卖弄学问;但是我可不愿意让一个印第安小子在修辞学上压倒我,我们美国人除了占据了他那个种族的土地之外,并不欠他的情。

"我们在塔克沙加那买了一架上好的留声机——一架最上等的货色——和整整半箱的唱片。我们收拾好行李,乘上火车,朝新奥尔良出发。再从这个以糖蜜和黑奴歌曲著名的地方转乘轮船,直奔南美洲。

"我们在离这儿以北四十英里的索立塔斯上岸。那地方看上去很合人意。房屋干净洁白;看到这种疏疏落落散布在树木中的房屋,使人不由得联想到搁在莴苣上的煮老的鸡蛋。郊外有一排静静的矗入云霄的高山,好像是蹑手蹑脚来到那儿,看守着这个镇子似的。海水在沙滩上发出'唏—唏—唏'的声音;不时有一只熟椰子噗的一声落在沙滩上;除了这些声响之外,四周一片寂静。是的,我认为这个镇相当静。我想,到了加百列②吹过了他的号角,车辆开动起来,费城攀着车上最后一根吊带,松谷和阿肯萨斯挤在车后踏板上,那时候,这个索立塔斯镇才会醒来,问谁讲过话来着。

"船长跟我们一道上岸,自动替我们领路,他好像爱把这叫做丧礼③。他把我和亨利介绍给当地的美国领事和一个头发灰白的人,从他门口的牌子上知道他是'唯利是图、性好淫佚部'④的

---

① 上面一句是拉丁文,意谓"全高卢分为三个部分"。作者用了一些读音相近的字,译成下面一句意义完全不同的英文。
② 加百列,安慰人类并向人类报告好消息的天使,据说"最后审判日"时,由他吹号角。
③ 原文是"obsequies",和"obsequious"(巴结)读音相近。
④ 指安楚里亚政府。

首长。

"'我一星期之后还要来这儿。'船长说。

"'到那时候,'我们告诉他,'我们会带着歌剧女演员的唱片和绍沙①乐队的毫发不爽的翻版,从一个锡矿出发,在内地市镇里开拓一条累积财富的道路。'

"'你们不会的,'船长说,'你们到那时候全给催眠了。观众有哪一位先生愿意走上台来,仔细看看这个国家,他的心理就会起变化,把自己当做掉进爱尔琴乳酪厂里的苍蝇了。那时候,你们两个会站在海浪没膝的沙滩上等我,你们用至今还受人尊重的音乐来换取汉堡牛排的机器会在一边放送"可爱的家庭"的曲子。'

"亨利从他那卷钞票里抽出二十块钱,在'图利淫佚部'领到了一纸盖有红火漆印的证明文件,一个子儿的找头都没有。

"然后我们把领事灌饱红酒,请他替我们卜卜前途的凶吉,他是个瘦子,年纪还轻,我想总有五十岁出头了吧;性情像是法籍爱尔兰人,满肚子牢骚。没错儿,他是那种颓丧的人,酒到肚子里就停住不动了,他有发胖和忧伤的倾向。是的,我想他是那种态度非常忧郁,又非常和蔼的德国人。

"'这个叫做留声机的奇妙的发明,'他说,'从没到过这一带地方。这儿的人从没听见过。他们即使听到了也不会相信的。他们是一些心地单纯的自然之子,他们还没有进化到把这种开罐头的声音当做前奏曲的程度;爵士音乐却可能使他们激动得来一场流血的革命。你们不妨试验一下。你们放送音乐的时候,如果这些老百姓还没有醒过来,就算你们的运气了。他们可能有两种反应,'领事说,'他们也许会如痴如醉地全神贯注着,就像一个亚特

---

① 绍沙(1854—1932),美国乐队指挥及作曲家,以进行曲著称,作品有《星条旗长在》《船长》等。

兰大的上校倾着听"进军佐治亚"那样①,他们也可能给弄得兴奋起来,拔出斧头改变了音乐的调子,并且把你们赶进地牢里去。在第二种情况下,'领事说,'我会尽我的职责,发电报给国务院;在你们被枪杀后,用星条旗把你们裹起来,还要恫吓他们一番,声明世界上黄金输出额最大、金融准备金最雄厚的国家是有仇必报的。我们那面旗现在已经弹痕累累了,'领事说,'就是在那种情况之下给打穿的。有两次,'领事说,'我打电报给我们的政府,第一次是要求他们派遣两艘炮舰来保护美国公民。国务院送来了一双橡胶靴②。第二次是因为一个名叫皮斯③的人将在这儿给处死了。他们却把那份呼吁电转交给农业部去办理。让我们现在打搅一下酒吧后面的先生,请他再给我们添点儿红酒吧。'

"索立塔斯的领事就这样自言自语地对我和亨利·豪斯柯拉谈着。

"但是,尽管这样,我们当天下午还是在沿岸的天使街上租下了一个房间,把我们的箱子安顿在那儿。那是一个大号的房间,光线黯淡,很舒适,就是小了一点。那条街上千变万化,有各式各样的房屋和热带草木。城里的土佬儿在两排人行道中间美丽的草地上来来往往。他们真像加伏兹鲁姆皇帝进场时的歌剧合唱队。

"我们正在房里抹拭留声机,准备第二天开始营业,这时候,一个长得高大漂亮、穿着白衣服的白种人在我们门口站住,朝房里张望。我们请他进来,他就走了进来,并且把我们打量了一番。他衔着一支长雪茄,眯着眼睛,显出沉思的样子,很像一个姑娘在赴宴之前,拿不准该穿哪一件衣服似的。

---

① 这里指美国南北战争的事迹,联邦休曼将军于1864年率领大军向佐治亚州推进,将同盟军截为两段,十月占领亚特兰大。
② 原文"gunboats"(炮舰)和"gum boots"(橡胶靴)读音相似。
③ 原文"pease"与"peas"(豌豆)同音。

"'从纽约来的吗?'他终于开口问我了。

"'生长在纽约,来来往往总在那儿,'我说,'现在还看得出来吗?'

"'讲出来是再简单不过的。'他说,'是从合身的坎肩看出来的。除了纽约之外,任什么地方剪裁的坎肩式样都不好。上衣也许还可以,坎肩可不成。'

"那个白种人瞅着亨利·豪斯柯拉,显出迟疑的神情。

"'印第安人,'亨利说,'开化的印第安人。'

"'我叫曼林格,'那个人说——'荷马·比·曼林格。老弟,你们给征用了。你们是丛林中的孩子,既没有保护人,又没有仲裁人,我有责任来发动你们。我要敲掉支架①,稳稳妥妥地把你们送进这个热带泥潭里的清彻的矿泉。你们还得举行命名礼,要是你们跟我来,我要循规蹈矩、正正式式地②拿一瓶酒在你们船头上打碎。'

"此后,荷马·比·曼林格尽了两天地主之谊。这个人在安楚里亚很有办法。他真了不起。他就是加伏兹鲁姆皇帝。如果我跟亨利是丛林中的孩子,他就是从树梢上飞下来的红胸知更鸟③。他、我和亨利·豪斯柯拉三个人臂挽着臂,把那架留声机搬来搬去,到处参加宴会痛饮,做了种种娱乐。我们中要看到有打开的门就走进去,把留声机开起来,曼林格就叫大家来听奇妙的音乐,还

---

① 指造船时船身周围的支架,造好的船在离坞下水之前,先要把支架卸除。
② 原文是"according to Hoyle"(根据荷尔的规则),荷尔(1672—1769)是英国牌戏专家,他的惠斯特牌戏规则盛行一百余年。
③ 英国传说,知更鸟能衔树叶掩覆无人埋葬的尸体,英国汤麦斯·蒲西主教所编的《英国古诗拾遗》中,一首题名为《丛林中的孩子》的民谣这样说:
    "这对小孩子,无人来掩埋,
    红胸知更鸟,衔叶飞相盖。"
再,"丛林中的孩子"亦指头脑简单、容易受骗的人。

把他的生死之交,两位美国先生介绍给他们。歌剧合唱队给捧得兴高采烈,跟着我们串门儿。我们每放一支曲子,就有一种不同的酒喝。土人在喝酒方面有一种可爱的才艺,叫你难以忘怀。他们把青椰子的一头切掉,把法国白兰地和别的作料灌进椰子汁里。我们喝这种酒,还吃别的东西。

"我和亨利的钱都不能用。一切花费都是荷马·比·曼林格负担的。那个人能够从身上各个地方抽出一卷卷藏着的钞票,那些地方,就连魔术大王赫尔曼都没法变出一只兔子或者一个菜肉蛋卷来的。他的钱多得可以创办几所大学,收集大批兰花,剩下来的还足以收买他那个国家的全部黑人的选举票。他究竟有什么办法赚到那么多钱,亨利和我都觉得纳闷。有一晚,他告诉了我们。

"'老弟,'他说,'我骗了你们。你们以为我是个有闲阶级;其实我是这个国家里最勤劳的人。我十年之前来到这儿;两年之前打中了这个国家的要害。是的,我相信只要趁我高兴,我可以在任何一个回合中打垮这个跟姜汁饼干一样的国家。虽然你们用最不堪入耳的音乐侵袭了我看中的这块土地,我还是信任你们,因为你们是我的同胞,又是我的客人。

"'我的职务是这个共和国总统的机要秘书;我的责任是管理这个国家。我虽然没有出头露面,却是凉拌菜作料里的芥末①。没有我荷马·比·曼林格筹划布置,就没有一条法律会提交国会通过,没有一种特权会获得批准,也没有一项进口税能够征收。在办公室的前厅里,我做的工作是灌满总统的墨水缸,搜查前来谒见的官员,看他们身上有没有匕首或炸弹;可是在后房里,我做的工作却是左右政府的政策。你们绝对猜不出我是怎么获得这种权力的。这种玩意儿是独一无二的。我要讲给你们听听。你们可记得

---

① 原文为"mustard in the salad dressing",意即主要成分。

习字簿上头一行的那句老话——"诚实乃是上策"？就是这个。我老老实实的干这件事。这个共和国里只有我一个人是诚实的。政府了解这一点；老百姓也了解；收贿的人了解；外国投资者也了解。我使政府保守信用。如果答应替一个人谋事，差使准能到手。如果外国的资本买下一项特权，货色也准能到手。我在这儿经营了一项老少无欺的垄断事业。没有竞争。如果狄奥奇尼斯①上校打了灯笼在这个地区一晃，不出两分钟，人家就会把我的住址告诉他。这项买卖赚不了大钱，可是十拿九稳，叫人高枕无忧。'

"荷马·比·曼林格就这样给我和亨利·豪斯柯拉上了一堂大课。过后，他又说了这番话：

"'两位老弟，今晚我要请一帮社会贤达来举行一个晚会，我需要你们协助。你们把留声机带来，这样，外表上有个交代。现在有一件很重要的工作，可是不能露出马脚。我不妨告诉你们。我已经苦恼了好几年，因为没有吹牛夸口的对象。有时候我很想念家乡，我愿意把我的全部薪津换取一个钟点，让我在三十四街上哪一家铺子里尝一尝鱼子酱三明治，喝一壶啤酒，再站在街上看看来往的电车，闻闻老朱塞佩水果摊上的炒花生的香味。'

"'对啦，'我说，'比来·兰弗罗咖啡馆里的鱼子酱好极了，就在三十四街和——'

"'天晓得，'曼林格插嘴说，'要是你早告诉我，你也认得比来·兰弗罗，我会想出许许多多叫你快活的方法。比来是我在纽约的老搭档。这个家伙从不知道邪恶是怎么回事。我在这儿老老实实地尽我的责任，那个人却为了老实遭受损失。他妈的！这个国家常常叫我心烦。一切都糟透了。上至政府长官下至采咖啡豆

---

① 狄奥奇尼斯（公元前412—公元前323），希腊哲学家，住在桶中，白昼点灯找寻正人君子。

的人,都是满肚子阴谋诡计,互相倾轧,还想剥朋友的皮。如果一个骡伕向一个官员脱帽行礼,那个官员就得意忘形,自以为深得民心,着手煽动革命来推翻政府。作为机要秘书,我的种种杂差中有一项就是要侦查这些革命,在革命没有爆发之前及时把它镇压下去,不让政府受到丝毫损害。这就是我如今到这个发霉臭的沿海镇上来的缘故。这一省的总督和他的部下正要阴谋暴动。我已经掌握了全部名单,今晚荷马·比·曼林格要把这些人都请来听留声机。这就是我要把他们一网打尽的办法,眼看他们就要大难临头了。'

"我们三个人坐在净圣酒店里,曼林格斟了酒,神色有点困惑,我沉思着。

"'他们全都狡黠得很,'他有几分急躁地说,'一个企图垄断橡胶的外国辛迪加替他们出资本,他们口袋装得满满的准备行贿。滑稽歌剧叫我厌烦透了。'曼林格接下去说,'我要闻闻东江①上的气息,再要背上吊带。有时候我真想撒手不干了,可是有时候我也够傻的,竟为这个职业多少感到自傲。"瞧,那个曼林格,"本地的人这么说,"天哪!你拿一百万块钱都打不动他。"总有一天我要把这个记录带回去给比来·兰弗罗看看,其实我瞧见什么有油水东西,只消使一个眼色,就可以把它圈进栏栅里去,然后丢掉我自己的差使。可是一想到要把我的记录带给兰弗罗看,我马上就控制住自己。哼,他们可不能玩弄我。他们自己也明白。我的钱都是老老实实赚来的,也由我自己受用。我总有一天要赚它一大堆,回老家跟比来吃鱼子酱去。今晚我要让你们见识见识,我怎么对付一批腐化堕落的家伙。我要给他们瞧瞧,机要秘书曼林格扯破脸皮的时候是说一是一、说二是二的。'

---

① 东江,连接长岛海峡和上纽约海湾的海峡。

"曼林格有了几分酒意,他的杯子砸在酒瓶颈上打碎了。

"我对自己说:'白种人,如果没有看错的话,饵物已经布置好了,你眼睛一瞟就看得到。'

"那晚上,按照预定的计划,我和亨利把留声机搬到一幢土砖屋子里的一个房间里去,这幢屋子是在一条野草没胫的很肮脏的小街上。房间是长长的,点着几盏冒烟的油灯。房间里有许多椅子,一头有张桌子。我们把留声机搁在桌子上。曼林格早来了,正来回踱着,显出心神不定的样子。他咬着雪茄,又吐出来,再啃啃左手的大拇指甲。

"不一会儿,应邀参加音乐会的客人都成双配对、三三五五的进来了。他们的肤色深浅各各不同,最浅的像抽过三天的海泡石烟斗,最深的像漆皮鞋油。他们全都毕恭毕敬,兴高采烈地向曼林格先生道晚安。我懂得他们的西班牙话——我以前在一个墨西哥银矿里管过两年抽水机,把这种语言学得烂熟——可是我从没让人知道。

"陆陆续续来了五十来个客人,都就了座,这时候,蜂王——这一省的总督——进来了。曼林格到房门口去迎接他,陪他走到上座。我一看到那个拉丁人,就晓得机要秘书曼林格今晚可不容易应付。他是个魁梧肥壮的人,肤色跟橡胶套鞋那样,眼神像侍者领班那样锐利。

"曼林格用纯粹的西班牙话流利地解释说,能把美国最伟大的发明,时代的奇迹,介绍给他的贵客,他心里非常高兴。亨利得到暗示,放了一张出色的军乐唱片,盛会就此开始了。这位总督懂得一点英文,在音乐停下来的时候,他说:

"'好极啦。谢谢,美国先生们,音乐好极啦。'

"桌子很长,亨利跟我坐在桌子靠墙的那头。总督坐在另一头。荷马·比·曼林格站在桌子旁边。我正在纳闷,不知道曼林格要怎么对付这一群人的时候,那位本地的杰出人物突然说起话来。

"那个总督的确是个适于起义、适于搞政治的角色。我看出他是那种不慌不忙、胸有成竹的人。是的,他非常机警敏捷。他把双手搁在桌子上,侧过脸来朝着那位秘书。

"'这两位美国先生懂西班牙话吗?'他用土话问道。

"'他们不懂。'曼林格说。

"'那么听着,'那个拉丁人很快地接下去说,'音乐的确不坏,然而不是非听不可的东西。让我们来谈正经事吧。我看到我的同道们也在这儿,我很明白是什么道理了。曼林格先生,关于我们的计划,你昨天听到了一言半语。今晚上我们打开天窗说亮话吧。我们知道你是支持总统的,也知道你是个有权有势的人物。这个政府要更换一下。我们知道你的帮助是很有价值的。我们很尊重你的友谊和帮助,所以——'曼林格举起手来,可是总督不让他开口,'别说话,先让我把话说完。'

"总督从口袋里掏出一个纸包,放在曼林格手旁的桌子上。

"'那里面有五万元贵国的纸币。虽然你没法阻止我们的行动,我们送你这份礼也还值得。回首都去,听从我们的指示。现在收下那包钱。我们信任你。纸包里还有一张纸,上面详详细细地说明了我们希望你替我们办的一些事。不要拒绝,那不是聪明人做的事。'

"总督停住了,眼睛盯着曼林格,表情热切,全神贯注。我望了望曼林格,心想幸亏比来·兰弗罗没看到他这时候的情景。他的额头上汗珠直冒,站在那儿呆若木鸡,指尖轻轻地敲着那个小纸包。这伙圆滑老辣①的家伙在他面前耍起把戏来了。他只要改变

---

① 原文是西班牙文"colorado-maduro",均指雪茄烟而言,"colorado"指颜色适中、烟味和醇,"maduro"指颜色深黑、烟味浓烈。

一下政见,就可以伸出五个手指,再往内衣口袋里一塞。

"亨利跟我打了个耳语,问我大家为什么都静了下来。我低声回答他:'他们要贿赂荷马·比,数目之大连贿赂参议员也不过如此,而且曼林格给这帮黑人弄得有点动心了。'我看见曼林格的手在挪动,渐渐靠近那个纸包了。'他软化了,'我悄悄地告诉亨利。'我们来教他想起纽约三十四街上炒花生的机器。'亨利说。

"亨利弯下腰,从我们带来的篮子里拿出一张唱片,搁在留声机上放起来。那是个乐号独奏,非常清晰优美,名称是'可爱的家庭'。乐声传出来的时候,房间里五十来个人都一动不动,总督的眼睛盯住曼林格,毫不放松。我看见曼林格的头慢慢地抬了起来,他的手渐渐从纸包旁移开。唱片放完之前,谁也没有动弹。这时候荷马·比·曼林格抓起那包贿赂,使劲朝总督脸上扔去。

"'那是我的答复,'机要秘书曼林格说,'明天早上还有话跟你说。至于你们的阴谋,每个人的证据都在我手里。现在没事了,各位先生。'

"'还有一件事,'总督插进来说,'我想你是总统雇来抄写和开门的人员。我呢,是这儿的总督。先生们,我以革命的名义请你们把这个人逮住。'

"那一群驳杂的阴谋者把椅子朝后一推,声势汹汹地蜂拥而上。我发现曼林格失策了,他把他的敌手集中在一起,以致造成了这个心惊肉跳的场面。我想他还有一个失策的地方;不过那个我们不必提了。曼林格对于玩把戏的看法跟我不同,因为我们的估计和观点根本不同。

"那个房间里只有一扇窗和一个门,而且都在前面的一头。这儿有五十多个拉丁人蜂拥上来,要阻止曼林格的行动。你可以说我们这边有三个人,因为我和亨利不约而同地宣称纽约市和乞罗基族是支持弱者的。

"接着,亨利·豪斯柯拉激动到极点,采取了行动,充分显示了在美籍印第安人天赋的智力和纯洁的本性的基础上加了教育是多么了不起。他站起来,抬起两手顺一顺两边的头发,小女孩玩耍的时候也就这样摸她们的头发。

"'你们两个都站到我背后去。'亨利说。

"'干什么呀,老大?'我问。

"'我要带球冲锋了,'亨利用橄榄球的术语说道,'他们那批人里面没有一个拦得住我,紧跟着我,冲过球门去。'

"接着,那个有教养的印第安人嘴里发出各种声音,弄得那个拉丁集团停住了,考虑着,踌躇着。他发出的声音就像是球场上加里斯来学院①学生的呐喊和乞罗基大学生的鼓噪。他朝那个咖啡色的队伍冲去,活像小孩玩的吹管里射出来的豆子。他的右手拐儿把总督撞昏在球场上,在人群里打开了一条宽阔的路,即使一个女人搬了一架坐梯走过去,也不会碰到什么东西。曼林格和我什么也不用操心,只消跟在他后面。

"我们只花了三分钟,就离开了那条街,赶到陆军司令部,曼林格在那儿就可以发号施令。一个上校率领一营赤脚的步兵出动了,跟我们回到那个举行音乐会的场所,可是那帮阴谋者全都溜跑了。我们收复了那架留声机,浩浩荡荡地掉转头回营房去,一路上,留声机还放着'在我看来,黑人都一模一样'的调子。

"第二天,曼林格把我跟亨利拉过一边,开始一五一十地数钞票给我们。

"'我要买那架留声机,'他说,'我喜欢晚会上最后演奏的那支曲子。'

---

① 加里斯来学院,1879年前后,美国宾夕法尼亚肯勃兰郡有加里斯来学院,学生多为印第安人。

"'那架留声机并不值这么多钱啊!'我说。

"'这项开支是政府负担的,'曼林格说,'政府出的钱,这笔交易还是上算的。'

"我跟亨利很清楚。我们明白,在他的把戏几乎要玩输的时候,那架留声机救了他;不过我们始终没让他晓得我们心里是明白的。

"'现在,你们最好到南方去避避风头。'曼林格说,'等我收拾了这批家伙,你们再来。你们如果不避开,他们准会找你们的麻烦。还有,万一你们在我之前看到比来·兰弗罗,请你们告诉他,等我规规矩矩地弄到了一笔钱之后,马上就回纽约。'

"于是我跟亨利躲了起来,一直等到那艘轮船回来。当我们望见船长的舢板靠拢沙滩的时候,我们就走过去,站在岸边。船长瞧见我们,咧开嘴直笑。

"'我早说过你们会等我来的,可不是吗,'他说,'那架换汉堡牛排的机器到哪儿去啦?'

"'留下来了,'我说,'留下来演奏"可爱的家庭"。'

"'我原是这么说的,'船长又说,'上船来吧。'

"就是这样,"凯奥说,"这就是我跟亨利·豪斯柯拉把留声机介绍到这个国家来的经过。亨利回美国去了,我就此留在热带,东钻西钻的一直到今天。听说打那会儿起,曼林格不论到什么地方,总是把他的留声机带在身边。我相信,每当他瞧见那诱人的行贿者拿着贿赂,朝他使眼色的时候,留声机就叫他想起他的职责。"

"我想他把留声机带回家去做纪念啦。"领事说。

"不会当做纪念品藏起来的,"凯奥说,"他在纽约会需要两架,日夜开放着。"

第七章 钱 谜

安楚里亚的新政府兴高采烈地就了任,掌握了大权。新政府的头一项决议案,是派一个代表,到柯拉里奥去执行一个紧急命令:在可能范围内,设法取回那个倒霉的米拉弗洛勒斯从国库里盗走的款子。

新任总统洛沙达的机要秘书艾米里奥·法尔康上校,从首都给派出去执行这个重要的使命。

热带国家的总统的机要秘书担负的责任是非常重大的。他必须身兼外交官、间谍、统治者、长官的保镖,还必须善于侦察种种阴谋和正在酝酿的叛变。他往往是幕后的有力人物,政策的决定者;因此总统挑选机要秘书时,比挑选妻子还要郑重十几倍。

法尔康上校是个俊俏、优雅的绅士,具有卡斯蒂利亚人的礼貌和温文的风度,他到柯拉里奥来探寻有关这笔失款的难于捉摸的线索。当地的军事当局已经奉到命令,要协助他调查这件事,他跟他们进行了会谈。

法尔康上校把他的总部设在褐宫的一个房间里。他在这里开了一星期非正式的法庭——仿佛他本人就是一个意见一致的大陪审团一样——凡是能提出证据,使这个财政悲剧明朗化的人,都给传了来,前任总统的死亡是和这个财政悲剧同时发生的,不过他的死亡却不怎么重要。

有两三个人给这样传来审问过了,其中有一个就是理发匠艾斯台班。他们声称,在死者给埋掉之前,他们已经认出死者确实是前任总统。

"千真万确,"艾斯台班在这位了不起的秘书面前证实说,"是他,总统本人。想想看!我能替一个人刮胡子而不看到他的脸吗?他把我叫到一个小房子里去替他刮胡子。他的胡子又黑又密。你问我以前见过总统吗?怎么没有?有一次,我在索立塔斯看他下轮船,乘上马车。我替他刮好胡子之后,他给了我一个金币,吩咐我不要声张。但是我是个自由党员——我忠于祖国——因此我把这一切都告诉了古德温先生。"

"据说,"法尔康上校温和地说,"已故的总统生前随身带着一只美国手提皮包,里面有一大笔钱。你有没有看见这样的一只手提皮包?"

"说真的——没有看见,"艾斯台班回答道,"那个小房间里只点着一盏小灯,在那种灯光下面,我替总统刮胡子都看不大清楚。房间里也许有这样一件东西,我可没有看见。没有。房间里当时还有一个年轻女子——一个非常漂亮的小姐——在那么暗的灯光里,我倒看得很清楚。可是那笔钱,先生,或者装那笔钱的东西——我并没有看见。"

司令官和别的军官们供述,他们怎样从睡梦中给外宾旅馆里的枪响惊醒。为了维持共和国的治安和尊严起见,又怎样急急忙忙地赶到出事地点,他们发现一个人死在那儿,手里还紧握着一支手枪。一个年轻女子在他身边痛哭。他们走进房间时,古德温先生也在那儿。可是他们没有看见那只装着款子的手提包。

旅馆老板娘蒂莫戴·奥狄斯太太讲起那两个客人怎样到她店里来投宿,这场"早晨的狐狸"的游戏就在她的旅馆里结束的。

"他们到我店里来,"她说——"一位年纪不很大的先生,一位非常漂亮的小姐。他们什么也不吃,什么也不喝——连我的白兰地也不想尝一尝,那是再好也没有的货色了。他们上楼到各自的房间里去——九号和十号房间。之后古德温先生来了,他上楼去跟他们谈话。接着我便听见一个响声,像开炮那样响,他们说可怜的总统自杀了。好吧。我没看见什么钱,也没看见你说他装着钱的那个所谓手提包的东西。"

法尔康上校不久就得到了一个合理的结论:如果柯拉里奥有谁能对这笔款子的下落提供线索的话,那只有弗兰克·古德温了。不过这位聪明的秘书用了另一种方法向这个美国人探询。古德温是新政府的一个有力的朋友,无论拿他的诚实或者胆量来说,都不是容易对付的。即使总统的机要秘书都不敢把这位橡胶巨头兼桃花心木大王当做一个普通的安楚里亚市民那样,传到自己面前来问话。因此他给古德温写了一封词藻华丽的要求谒见的信,每一个字里都滴得出蜂蜜来。古德温的答复是邀请上校到他家里去晚餐。

约会的时间还没有到,这个美国人就踱到褐宫去,友好而率直地向他的客人致了意。然后宾主两人在下午凉爽的空气中漫步走到郊外古德温的邸宅。

这个美国人把法尔康上校引进一个阴凉的大房间,细工镶嵌的地板擦得亮晃晃的,任何美国百万富翁看到这种房间也会称羡不止。主人说是要失陪几分钟,告了罪,就让客人独个儿待在房间里。古德温穿过一个布置得很精致的凉篷和树木覆盖着的后院,走进对面边厢里一个长房间。这房间面临海洋,宽阔的百叶窗敞开着,轻柔的海风汇成一股看不见的凉爽清新的气流,一阵阵的吹进屋来。古德温的妻子坐在一个窗口前,正在画一幅午后海景的水彩写生。

她看上去是一个很幸福的女人。还不止幸福呢——她显得很满足。如果一个诗人有了灵感,要把她的美貌做一番恰当的描写,诗人一定会把她那双眼白清彻、眼珠青灰的大眼睛比做牵牛花。有眼光的打油诗人绝不会把任何一个仙女跟她相比,尽管那些仙女的妩媚已被公认为绝顶完美典雅。她的美丽只在伊甸乐园里才有,在奥林匹斯①是找不到的。要是你能想象出那个给上帝逐出伊甸、诱惑了浑身发出烈火的战士们、从容地重回乐园的夏娃,你就把她的模样儿想象得差不离了。古德温夫人仿佛既有人性,同时又跟伊甸园非常协调。

她的丈夫走进房间时,她抬起头,嘴唇一弯,绽了开来;她的眼睑霎了两三下——这个表情(请诗人不要见怪!)使人联想到一只忠心的狗在摇尾巴——接着她身子微微一动,就像给一阵轻风拂过的垂柳那样。每逢古德温走近来时,她总是用这副神情招呼他,即使一天见面二十次,她也是这样。柯拉里奥人有时候在喝酒的当儿,信口谈着关于伊莎白·姬尔勃放浪经历的饶有风趣的老故事,如果那天下午能够看到弗兰克·古德温夫人处在这种幸福而可敬的气氛中,他们也许就不再相信,或者不再想起那个女人的动荡的身世;为了她,他们的总统甚至抛弃了荣誉,丢掉了江山。

"我带了一个客人来吃晚饭,"古德温说,"从圣麦台奥来的法尔康上校。他是办公事来的。我想你不会愿意见他,所以我已经替你想出一个很方便的、无可非议的借口,说是你有点头痛。"

"他是来调查那笔不知下落的款子的,是吗?"古德温夫人问道,一面继续画画。

"猜得对!"古德温承认道,"他把本地人审问了三天。在他的证人名单上,现在轮到我了,不过他不敢把一个美国公民传到他面前去,所以采取了社交形式作为掩护。他要一面吃我的喝我的,一

---

① 奥林匹斯,希腊北部塞沙利和马其顿交界处的高山,希腊神话中诸神居住之地。

面拷问我呢。"

"他有没有查出有谁看见过那个装钱的手提包？"

"一个也没有。连税务人员都难逃过她眼睛的奥狄斯太太，都记不得有什么手提行李了。"

古德温夫人放下画笔，叹了一口气。

"弗兰克，他们为了那笔钱这样麻烦你，我真过意不去。"她说，"可是我们又不能让他们知道，是吗？"

"除非我们把自己当做大傻瓜，"古德温笑着说，耸了耸肩膀，这是他不知不觉从本地人那儿学来的，"如果他们知道我们拿了那只手提包，尽管我是个美国人，他们在半小时之内就会把我请进监狱。不；我们一定要装得跟那些柯拉里奥的蠢货一样，对那笔钱表示一无所知才行。"

"你想他们派来的这个人会不会怀疑你？"她问道，微微皱起眉头。

"他还是不要怀疑我的好，"这个美国人漫不经心地说，"幸亏只有我一个人看见那只手提包。开枪的时候，我既然在房间里，他们自然要仔细调查我跟这件事的关系。可是也不必惊慌。这位上校已经注定要在这儿大吃一顿，还有美国式的'虚张声势'作为饭后的点心，我看这件事就会不了了之。"

古德温太太站起来，走到窗前。古德温跟了上去，站在她身边。她靠在他身上，让他有力的身躯庇护着；自从那个暧昧的夜晚，他开始成为她的避难所以来，她常常靠着他的身子。他们这样站了一会儿。

窗外蓊郁的热带树木和蔓藤给巧妙地修剪成一条林荫路，直通到柯拉里奥空旷的郊外红树沼地旁的堤岸上。他们望得见在这条空中隧道的那一头的坟墓，也望得见墓上那块烙着不幸的米拉弗洛勒斯总统的姓名的木板。遇到下雨天不能到户外去的时候，古德温太太常常从窗子里望着这座坟墓;遇到明朗的日子,古德温太太常常站在她丈夫丰饶土地的青翠荫翳的斜坡上,望着这座坟墓,在这些时候,她总感到一阵轻微的哀伤,但是这种哀伤现在几乎丝毫不影响她的幸福了。

"我真爱他,弗兰克!"她说,"即使经历了那次凄惨的逃亡和那可怕的收场,我还是爱他。你又待我这么好,使我这么快活。这一切都成了一个奇怪的谜。如果他们发现我们拿到了钱,你想他们会逼着你把钱还给政府吗?"

"他们当然要试试看,"古德温答道,"你说得对,整个事情就像是一个谜。在事情没有自然解决之前,对于法尔康和他所有的同胞说来,它将永远是个谜。你和我比谁都清楚这件事,但也只明白真相的一半。关于这笔钱,我们千万不可以吐露口风。让他们认为总统逃亡时,把那笔钱藏在山里什么地方,或者在到达柯拉里奥之前,已经设法运到国外去了。我看法尔康不至于怀疑我。他奉命来做一次仔细的调查,但是他查不出什么来的。"

他们就这样谈着。在他们谈论着这笔安楚里亚政府遗失的款子时,如果有谁无意中听到或者看到他们,又会有另一个谜产生出来了。因为从他们的脸色和态度上(如果可以相信脸色的话)可以看出撒克逊的诚实、自尊和崇高的思想。古德温沉着的眼神和坚决的容貌,跟他所讲的话并没有矛盾的地方,而这样的眼神和容貌又是他内心的温柔、宽厚和勇敢的具体表现。

至于他的妻子,即使在他们做着这种不可告人的谈话时,她的容貌还是于她有利的。她的风度高贵,她的眼神纯洁。从她流露出来的热情中,连一个女人偶尔出于伟大的爱情、分担了丈夫的罪孽的情绪都看不出。不,在这儿,眼见与耳闻的事情有些不合拍。

古德温跟他的客人在后院里花木荫翳的地方进晚餐。这位美国人向显赫的秘书道了歉,说他的太太身体不适,有点头痛,不能出来相陪。

饭后,他们根据当地的风俗,仍旧坐在餐桌边,悠闲地喝着咖啡,抽着雪茄。法尔康上校带着道地的卡斯蒂利亚礼貌,等他的主人开口谈起他们在这次约会中所要讨论的问题。他可没有等很久。他们的雪茄刚点上,那个美国人就直截了当地开了头,问他在镇里调查过后,有没有发现那笔失落的款子的线索。

"还没有,"法尔康上校承认道,"我还没有找到一个看见过那只手提包或者那笔钱的人。可是我还是要干下去。首都方面已经证实,米拉弗洛勒斯总统在圣麦台奥动身时,从国库里拿走了十万块钱,还带了歌剧演员伊莎白·姬尔勃小姐一道走。政府根本不愿意相信,也不愿意公认,"法尔康上校微笑着说,"我们那位已故的总统会把他逃亡时所带的两件可爱的东西当做超额行李,在中途丢掉任何一件;根据他的个性,他绝对不肯那样做的。"

"我想你会愿意听听我对这件事的意见,"古德温开门见山地说,"用不了几句话就说完啦。"

"我们早已接到我们驻首都的一个领袖,安格哈特,用美国密码拍来的电报,知道总统逃亡了,所以那晚上我和当地的一些朋友就警戒着等总统到来。在十点钟左右,我看见一对男女在街上匆匆走着。他们走进外宾旅馆,租了房间。我吩咐我在路上碰到的艾斯台班留在旅馆门外看守,自己跟着他们上楼。那个理发匠告诉过我,那天晚上他替总统刮过胡子;所以我走进房间的时候,已经知道总统的脸一定很光洁。当我以人民的名义逮捕他的时候,他立即抽出手枪自杀了。不一会儿,房间里就来了许多官员和老百姓。以后的事,我想人家大概都告诉你了。"

古德温停了下来。洛沙达的代表仿佛以为他还要讲下去,仍旧保持着等待的神情。

"现在,"这个美国人坚定地盯着对方的眼睛,从容不迫、一字一字地着重说，"请你留心听着我要补充的话。我没有看见手提包或者任何可以装东西的器具，也没有看见什么属于安楚里亚共和国的钱。如果米拉弗洛勒斯总统逃亡时带走了一笔钱，不管这笔钱属于这个国家的国库，或者属于他自己，或者属于无论哪一个人，我都没有看见。不论在那个房间里或者任何别的地方，不论在那天晚上或者任何别的时候，我都没有看见。这个说明是不是已经全面答复了你要向我提出的问题？"

法尔康上校鞠了一个躬，夹着雪茄的手划了一个优美的圈子。他的任务算是完成了。古德温是无可非议的。他是政府的忠心耿耿的支持人，新总统绝对信任他。他的正直是他在安楚里亚发财的资本，正如米拉弗洛勒斯的秘书曼林格的正直就是他赚钱的"诀窍"一样。

"我很感谢你，古德温先生，"法尔康说，"你说得很直率坦白。你这些话在总统面前也交代得过去了。不过，古德温先生，我是奉命来追究这件案子里所有的线索的。有一个线索我还没有开始调查。先生，我们的法国朋友有一句俗语说，你碰上一件茫无头绪的神秘案子时，只有着手'找女人'。不过拿我们的情况来讲，却不需要找。跟已故的总统一道逃亡的那个女人一定——"

"我得打断你的话，"古德温插嘴道，"我走进旅馆，企图拦截米拉弗洛勒斯总统的时候，的确看见房间里有一位女人。我要请你记住，那位女人现在就是我的妻子。我可以代她发言，就跟发表我自己的意见一样。你在找的那只手提包或者那笔款子，她是一无所知的。请你转告总统先生，我替我妻子担保。法尔康上校，我想我不需要告诉你，我不希望她受到讯问，或者打搅。"

法尔康上校又鞠了一个躬。

"当然啦，不需要的！"他嚷道。接着，为了表示审问已经结束，他又添上一句："现在，先生，请你带我到你的走廊上去看看你提起过的海景。我极爱海景。"

天黑不久,古德温陪他的客人走回城里去,在大街拐角上和客人分了手。他掉头回家时,有一个叫做"瘟神"①布力斯的人,从一家酒店门口满怀希望地迎上来,这个人身上固然破破烂烂,脸上却是一副不可一世的神气。

为了说明布力斯的一落千丈,人家给他取了个"瘟神"的绰号。以前在一个遥远的"失去的乐园"里,他曾经跟好多有钱有势的人交往过。但是命运把他倒栽葱似的扔在热带里,此后他心头的一股烈火始终没有熄过。在柯拉里奥,人家管他叫海岸瘪三;其实他却是个不折不扣的理想家,拼命借白兰地和蔗酒来改变沉闷的人生真理。正如瘟神在掉进万劫不复的地狱时,无意中可能紧紧抓住了他的竖琴或者冠冕,因此与他同名的这个人也坚守着他的金丝边眼镜,作为他那失去的身份的惟一纪念品。他在海岸上逛来逛去,向他的朋友们要买路钱的时候,就戴着这副那么独特而且引人注目的眼镜。他那张带着酒意的红脸总是修得光光的,至于用什么办法才能这样,那只有天知道了。此外,他遇到什么人总是漂漂亮亮地敲一笔竹杠,够他经常保持醉意,白天不致流浪街头,夜间不致随处露宿。

"喂,古德温!"这个流浪汉眉开眼笑地嚷道,"我正想找你。我特别要找你。让咱们找个地方谈谈吧。你一定知道这儿有个人在调查老米拉弗洛勒斯掉落的那笔钱。"

"我知道,"古德温说,"我刚跟他谈过。我们到那家斗牛士去坐坐。我可以跟你待上十分钟。"

两人走进酒店,在一个小桌子旁边蒙皮的凳子上坐下来。

"喝点什么吗?"古德温问道。

---

① 此处原文为"Beelzebub",本指巴勒斯坦西南岸非利士古国所信奉的邪神。

"只怕他们拿得不够快,"布力斯说,"我从早晨起就渴得要命。嗨——伙计!给这儿来些白兰地。"

"讲吧,你找我有什么事?"古德温问道,这时候他们要的酒已经拿来了。

"哎呀,老兄,"布力斯懒洋洋地说,"你干吗要先谈正经事,糟蹋这样宝贵的时光呢?我要找你——唷,还是这个要紧。"他一口气把那杯白兰地喝了下去,还恋恋不舍地盯着空酒杯。

"要不要再来一杯?"古德温建议说。

"你我都是上等人,"这个落魄的贵人说,"我可不喜欢你说'再来一杯'。这样说法不大文雅。不过这句话所代表的具体内容倒不讨厌。"

酒杯又给斟满了。布力斯眉飞色舞地一口口呷着,他开始逐渐进入道地的理想家的境界。

"一两分钟之内我就得走了,"古德温暗示道,"有什么特别的事情要跟我谈吗?"

布力斯没有立即回答。

"那个从国库里偷走一手提包现款的人,"他终于说道,"准会给老洛沙达弄得像是热锅上的蚂蚁,在这个国家里待不下去,你说对不对?"

"不用说,他准会这样的,"古德温镇静地同意说,一面从容地站了起来,"我要赶回家去了,老兄。古德温太太没有伴呢。你没有什么要紧的话,是吗?"

"我要讲的都讲了,"布力斯说,"只是请你在临走以前吩咐酒吧间再送一杯酒来。老斗牛士已经把我的账目结掉,转到损益项下去啦。请你行个好,把账付掉,行不行?"

"好,"古德温说,"再会。"

"瘟神"布力斯继续喝他的酒,同时掏出一块不很体面的手绢擦着眼镜。

"我以为我办得到,其实还是不成,"过了一会儿,他咕咕哝哝地自言自语说,"大丈夫跟人家一块儿喝过酒,就不作兴再敲诈他啦。"

第八章　海军上将

安楚里亚的政府并不十分惋惜泼翻了的牛奶①。乳汁的来源多的是;而时钟的指针一直停在可以挤奶的时刻上。那个走上邪道的米拉弗洛勒斯,从国库里撇掉一层稠厚的奶油,也没有使这批新近就任的爱国志士枉自痛惜,浪费时间。政府冷静地着手弥补亏空,一面提高进口税,一面"建议"富裕的老百姓量力捐输,这是爱国的表现,义不容辞的。在新任总统洛沙达的领导下,国家准会昌盛起来。那些失势的达官贵人和陆军红人组织了一个新的"自由"党,开始布置,企图卷土重来。于是,安楚里亚的政治把戏又像中国的谐剧一样,慢条斯理地一本本展开。司笑的神道时不时打舞台边厢那儿露一露脸,给华丽的台词添上几分光彩。

总统和他的内阁举行了一次座谈会,消耗了十几夸特②香槟酒,得出建立海军和委任费立贝·加列拉为海军上将的结论。

这次委任首先得归功于香槟酒,其次要归功于最近实授的军政部长堂沙巴斯·柏拉西多了。

总统召开内阁会议的目的,是讨论政治问题和处理某些例行的军国大事。会场的空气沉闷得出奇,议程和酒特别乏味。生性幽默、爱弄玄虚的堂沙巴斯,突然情不自禁地在正经的国家大事中

---

① 英文成语有"泼翻了牛奶哭也没用",这里指前任总统的卷逃。
② 一夸特是一加仑的四分之一,约合 1.14 公升。

间插进一个滑稽有趣的玩笑。

冗长的议事日程中间夹着海岸省来的一纸呈文,报告柯拉里奥镇的海关人员缉获一条名叫夜星号的单桅帆船以及船上所载的呢绒、成药、砂糖和三星白兰地。还有六杆马提尼枪①和一桶美国威士忌酒。根据法律,当场缉获的走私船只,连船带货,都成了共和国的财产。

税务司打报告的时候,竟然破了常规,建议政府把那条充公的船改装一下,归国家使用。那条船的缉获是海关十年来破天荒的第一功。税务司抓紧机会,替他自己的部门吹嘘了一番。

常有这种情形:政府官员需要从沿海的一地到另一地,可是多半没有交通工具。此外,帆船上还可以由政府委派船员,作为取缔走私恶习的海岸警备队。税务司还不揣冒昧,荐举了一个住在柯拉里奥的名叫费立贝·加列拉的小伙子,说是可以放心托他照应帆船,不过事先必须声明,他不太聪明,可是相当忠诚,并且是沿海一带头挑的水手。

军政部长灵机一动演出了一出少见的谐剧,使那次枯燥乏味的行政会议生色不少。

在这个出产香蕉的滨海小共和国的宪法里,原有一项设置海军的条款,可是早给忘了。这项条款——当然还有许多别的更贤明的条款——自从共和国成立以来,就给搁过一边,没有起过作用。安楚里亚没有海军,也用不着什么海军。愉快、博学、异想天开、玩世不恭的堂沙巴斯表现了他的特点,居然惊动了这个积尘盈寸、酣睡多年的条文,逗得他的宽容的同僚们微微一笑,因而给世界增添了幽默。

军政部长带着有趣的假正经,提议建立一支海军。他力陈海

---

① 从前英国陆军用的步枪,亦称亨利来复枪。

军的需要以及它可能达到的辉煌成就,说得那么有声有色、娓娓动听,以致这篇幽默的歪论,使那位皮肤黝黑、道貌岸然的洛沙达总统也不禁笑了起来。

香槟酒正在那伙喜怒无常的政治家的脉管里翻腾作怪。安楚里亚严肃的执政们开会时本来没有喝香槟酒的风气,因为这种饮料容易弄坏正经事。酒是维苏威果品公司的代理人为了表示公司对安楚里亚共和国的友好——同时为了某些已经成交的生意——而送的一种亲切的礼物。

玩笑开得有始有终。一件堂皇的公文给预备好了,加上彩色的火漆印和漂亮的丝飘带更显得落落大方,最后由政府大员签上花哨的姓名。这件公文委任堂费立贝·加列拉先生为安楚里亚共和国的旗舰海军上将①。这一来,不出几分钟,在十几夸特"特纯"好酒的支配之下,这个国家便在世界海军强国里占了一席地位,费立贝·加列拉不拘什么时候进入海港,就有十九发礼炮向他致敬。

对于自然赋予的缺陷和不幸,南方人倒没有那种幸灾乐祸、引以为快的幽默感。由于这个资质上的缺欠,他们看到残疾、低能和癫狂的人,不会像他们北方②的同胞们那样呵呵大笑。

费立贝·加列拉生来只带着一半的理智。所以,柯拉里奥的人民管他叫做"El pobrecito loco"——"可怜的小白痴"——并且说,上帝只把他的一半送到世上来,扣留了其余的一半。

费立贝是个阴郁的青年,经常锁着眉头,极少开口说话,所以只能算是个消极的"痴子"。在岸上,他通常不跟人家打交道。他仿佛知道,陆地需要了解的门道是那么多,他是处在非常不利的地位的。可是一到水上,他惟一的本领便使他跟大多数人不相上下

---

① 这是一个不伦不类的称号,英美海军将领的头衔只有海军元帅、海军上将、海军中将和海军少将。

② 这儿的南北方是指南北美洲。

了。上帝小心而周到地造就的水手中间,几乎没有人像他那样善于驾驶船只。行驶帆船时,他能比最出色的水手出风边多拨五个方位①。当风雨交作、别人吓得抖抖缩缩的时候,费立贝的缺陷仿佛倒无足轻重了。他虽然不是一个十全十美的人,却是一个十全十美的水手。他自己没有船,专在那些沿海航行的单桅或多桅帆船上打打短工,那些帆船在没有港口的地方替停泊在海里的轮船驳运水果。一则为了他大名鼎鼎的海上技能和勇敢,二则可怜他不健全的神经,税务司才荐举他,作为保管那条缉获的帆船的适当人选。

当堂沙巴斯的小玩笑的后果,通过堂皇而荒谬的委任状的形式而到达的时候,税务司笑了。他当初没有想到他的保举会得到这样迅速、这样优渥的答复。他马上派了一个小厮去请那位未来的海军上将。

税务司在他的办公室里等候。他的办公室设在大街上,海风习习,成天打窗口吹进来。税务司穿着白麻布衣服和帆布鞋,心不在焉地翻弄着一张古色古香的写字台上的文件。一只歇在笔架上的鹦鹉喊出一连串纯粹的卡斯蒂利亚的诅咒,给沉闷的办公室添上一点妙趣。税务司的办公室和两个房间相通。一间里面有几个肤色深浅不一、气派十足的年轻书记,正在办理他们各自的职务。从另一间的打开的房门望进去,可以看见一个一丝不挂的古铜色的娃娃,在地板上打滚玩耍。一个淡黄皮肤的瘦女人靠在草编的吊床上,自得其乐地在微风中摇摇晃晃,弹着吉他。在这种环境之中,这边办着非同等闲的例行公务,那边呈现着称心如意的天伦之乐,如今又有权力使那个"天真"的费立贝飞黄腾达,税务司觉得

---

① 航海罗盘共有三十二个方位,"在风边行驶船只"是英文成语,意谓"处在危险的地方"。

非常高兴。

费立贝来了,站在税务司面前。他是个二十岁的小伙子,长得并不难看,不过脸上的神气老是心不在焉,呆呆迷迷的。他下身穿着白棉布裤,裤缝上缀着红布条,大概算是模仿军服的装饰。上身穿着一件薄薄的蓝衬衫,领口敞开;光着双脚;手里拿着一顶粗劣透顶的美国货草帽。

"加列拉先生,"税务司一本正经地说,一面拿出那张富丽堂皇的委任状,"我奉了总统的命令,请你到这儿来。我递给你的这件公文,是要将这个伟大共和国的海军上将的官衔授给你,而且授你以我们国家所有海军和舰队的绝对指挥权。你可能认为,费立贝老弟,我们没有海军——但是不然!我手下的英勇的弟兄们打海洋私贩子那儿缉获的夜星号帆船,现在拨给你统率。那条船将专为你的祖国服务。你得随时准备,遇有政府官员出差的时候,载送他们到沿海各地。你还得担负海岸警备的任务,尽你的力量去防止不法走私。你得发扬祖国在海洋上的光荣和声誉,竭力使安楚里亚列入世界上最荣耀的海军强国。这都是你的任务,军政部长希望我转告你。天晓得!我可不明白这一切怎么才能完成,因为他的来信里面,关于船员或者给养问题,一句也没提起。或许,你得自行招募船员,海军上将先生——我可说不上来——但是说到头,国家给你的光荣真是了不起。现在,我把委任状交给你。等你准备好了,我就发布命令,把那条船拨归你管。我接到的指示都传达完了。"

费立贝接过税务司递给他的委任状。他打那扇开着的窗子里向大海凝视了一会儿,神情跟往常一样,仿佛深深思索,其实恍恍惚惚。接着,他一言不发,转过身去,踏着街上的热沙飞快地走了。

"可怜的小白痴!"税务司叹了一口气说;笔架上的那只鹦哥尖声怪气的叫道,"白痴!——白痴!——白痴!"

隔天早晨,一个怪模怪样的行列穿过街道,直闯税务司的办公室。为首的正是海军上将。费立贝不知道打哪儿七拼八凑地弄到了一套可怜相的、算是军装的行头——一条红裤子、一件蓝里泛黑的短夹克,稀稀拉拉的镶着许多金穗子,一顶萎靡不振的旧鸭舌帽,想必是英国士兵在贝利塞扔掉,费立贝在沿海航行时捡到的。腰上挎了一口古老的海上用的弯刀,那是面包师彼得罗·拉斐德捐助的配备,彼得罗常常夸耀,这口刀是他祖上那位赫赫有名的海盗①留传下来的。跟在海军上将背后的是他最近招募的船员——三个笑嘻嘻黑晃晃的加勒比人,赤着上身,光着脚,跳跳蹦蹦地踢起一蓬蓬灰沙。

费立贝神气十足、直截了当地要求税务司把船只移交给他。这时候,又有一个新的荣誉等待着他。税务司的太太虽然成天价靠在吊床上弹弹吉他,看看小说,她那宁静的黄色胸脯里却藏着不少异想天开的念头。她在一本古书里找到一幅据说是安楚里亚海军旗的图案。建国的人当初也许是为海军设计的,但是海军始终没有建立,那面旗也就湮灭不闻了。税务司的太太费了好大劲,亲手依照图案绣成了一面锦旗——蓝白两色的底子上绣上一个红十字。她赠旗给费立贝的时候说了下面这番话:"勇敢的水手,这面旗代表你的祖国。你得真心诚意,用生命去保卫它。愿上帝与你同在。"

自从受命以来,海军上将破题儿第一遭流露了一点儿激动。他接过那面锦旗,虔诚地用手在上面抚摩了一下。"我身为海军上将。"他向税务司的太太说。因为待在陆地,他力不从心,无法使用更华丽的辞藻来表达他的心情。到了海里,当那面旗子升上他的军舰的桅顶之后,他也许能说出几句真情毕露的话来。

---

① 指让·拉斐德,见第 7 页注①。

海军上将率领他的船员匆匆走了。之后三天,他们忙着把夜星号重新漆白,加上一道蓝边。费立贝又在帽子上插了一把鲜艳的鹦哥羽毛,作为装饰。他又带着他的忠诚的船员,走到税务司的办公室,正式通知他,帆船的名称已经改为"国家号"。

　　在以后的几个月里,海军很有些不顺遂的事儿。如果没有命令指示的话,做海军上将的也要觉得为难,不知道该怎么办。可是命令始终不来。薪饷也没有着落。国家号抛了锚,无聊地在水上打转。

　　当费立贝的数目不大的存款用光时,他跑去找税务司,提出了财务上的问题。

　　"关饷!"税务司举起手喊道,"啊呀!七个月来,连我自己的薪水也一个子儿没领到。你是问海军上将的薪俸吗?谁知道呢?似乎不该少于三千个比索①吧?等着瞧吧!这个国度里不久会有一次革命,你等着吧。政府一个劲儿要比索、比索、比索,同时一个比索也不肯拿出来,形势就不妙了。"

　　费立贝离开税务司的办公室时,他那张阴郁的脸上带着几乎可以说是满意的神情。革命意味着打仗,那时候政府就需要他卖力气了。做了海军上将,没有一点任务,却有一伙嗷嗷待哺的船员,老是钉在后面,讨几个里亚去买香蕉和烟草,真是有点儿丢人。

　　当他回到那些无忧无虑的加勒比人等候着的地方时,他们照他平日训练的花样,跳起来行礼。

　　"走吧,孩儿们,"海军上将说,"看来政府穷得要命。没有钱给我们。我们自己来挣钱活命吧。我们那样也是替政府出力。不久,"——他呆滞的眼睛几乎闪出了光芒——"它会乐意找我们帮忙的。"

---

　　① 比索,西班牙、菲律宾以及拉丁美洲各国的货币名。

此后,国家号就跟别的沿海船只一起出动,自力更生了。水果轮船不能靠岸,都停在一英里以外,由驳船把香蕉橘子驳运过去,国家号便跟它们一起工作。毫无疑问,一支自给自足的海军,不拘在哪个国家的预算里,总是值得大书特书的。

驳运货物挣来的钱,足够维持他自己和船员们一星期的伙食之后,费立贝就把海军抛了锚,去待在小电报局里,像是一个不卖座的滑稽歌剧班里的演员,死乞白赖的不肯离开戏院老板的内室似的。费立贝老是希望首都可能有命令下来。没有让他尽尽海军上将的职分,很伤了他的自尊心和爱国心。每次到电报局,他总是一本正经、满怀希望地打听有没有电报。报务员假装着翻寻了一会儿,然后回答:

"看来还没有到,海军上将先生——总该快啦!"

外边,在菩提树的荫翳下面,船员们不是啃甘蕉,就是打瞌睡,他们替这样一个要求不高的国家效劳,觉得非常满意。

初夏的某一天,税务司预言过的革命突然爆发了。它已经酝酿了好些时候。一听到警报,统帅海军和舰队的海军上将赶忙驶到邻近一个共和国的大海港,把匆匆收来的一批水果,换了价值相等的子弹,配备了海军可以夸耀的惟一武器——六杆马提尼来复枪。然后海军上将飞快地奔到电报局去。他穿着那套快要报废的军装,一屁股蹲在他心爱的角落里,把他那口巨大的弯刀安顿在两条红裤腿之间,等候耽搁了很久而现在即将来到的命令。

"还没有,海军上将先生,"报务员招呼他——"总该快啦!"

听到这句回话,海军上将噗通坐了下去,刀鞘碰得咔嗒咔嗒直响,等着桌上那只小电报机不常有的滴嗒声。

"准会来的,"那是他不可动摇的答复,"我是海军上将哪。"

第九章　至高无上的旗子

带领叛党造反的是南方共和国的赫克托和博学多才的底比斯人①堂沙巴斯·柏拉西多。他一身兼为游历家、军人、诗人、科学家、政治家以及收藏家——叫人奇怪的是，他竟能满足于本国的穷乡僻壤的无聊生活。

"柏拉西多玩政治把戏，"一个很了解他的人说，"不过是逢场作戏罢了。这跟他偶然碰到新的乐谱、新发现的杆菌、新上市的香水、新诗韵或者新炸药一样，并没有什么区别。他要把这次革命玩个畅快，玩得索然无味才肯罢休，过了一星期就把它忘得干干净净，乘上他的双桅帆船，周游世界去增添他那已经闻名的珍藏了。哪一类的珍藏？天哪！从邮票到史前的石像都在收藏之列，什么都有。"

但是，作为一个逢场作戏的票友，这个风流倜傥的柏拉西多闹的乱子可不小。人民景仰他；他们被他多才多艺的本领吸引住了，并且因为他关心到他自己的那么一个蕞尔小国，觉得脸上有了风光。他们响应了他的在首都的帮手们的号召，可是（不知怎的，没有打点妥帖）首都方面的军队却仍旧忠于政府。沿海市镇倒也掀起了挺热闹的小接触。谣传说，支援革命的是维苏威果品公司，也就是那个永远挂着呵责的笑容、举起手指来管束安楚里亚做个乖

---

① 赫克托是希腊传说中特洛亚国王的儿子，在特洛亚战士中算是最勇敢（见荷马史诗《伊里亚特》二十二卷）。底比斯为古希腊都市国家之一，这里是说堂沙巴斯像底比斯人那么有学问。

孩子的权威。大家都知道,公司的两条轮船旅行者号和萨尔瓦多号,在沿海各地装运叛军。

柯拉里奥却还没有什么实际行动。施行戒严令之后,暂时把动乱压住了。不多久,消息传来说,革命党处处失败。总统的军队在首都大获全胜;还有谣言说,造反的领袖们不得不逃,军队则在穷追猛赶。

柯拉里奥的小电报局里老是有一群官员和忠心的市民,等着从政府所在地发来的消息。一天早晨,电报机的键盘开始滴滴嗒嗒地响了起来,歇不多久,报务员高声喊道:"海军上将堂费立贝·加列拉先生有封电报!"

海军上将窸窸窣窣地爬了起来,铁皮刀鞘咔嗒咔嗒地直响,从原来等着的地方一个箭步穿过屋子来领电报。

电报递给了他。他慢慢地一个字一个字地念了出来,这是他第一次接到的正式命令——内容如下:

> 船即驶至鲁伊斯河口;装运牛肉粮食,前往阿尔福兰军营。
>
> 马尔提尼斯将军令

祖国第一次给他的这件任务,固然不是什么了不起的荣耀。但是任务终于来了,海军上将心里涌起一阵欣喜。他把那条挂弯刀的皮带收紧了一个扣子,喊醒那些正在打盹的船员,一刻钟之内,国家号便乘着吹向陆地的劲风,沿岸疾驶而去。

鲁伊斯河是柯拉里奥以南十英里的贯注入海的小河。那一带的海岸荒凉隐蔽。凛冽翻腾的鲁伊斯河冲过连山中的峡谷,经过一片冲积土的沼地,最后舒舒畅畅地流入大海。

隔了两个钟头,国家号驶进了河口。两岸满是密密层层的树木。热带繁密的莽榛蔓草遮没了土地,一直扩展到黄澄澄的水里。

帆船静悄悄地开了进去,周围更加静谧了。绿叶、红花和赭石,五色缤纷的烘托着阴森森的鲁伊斯河口,除了贯注入海的河水潺潺流过船头之外,没有别的声息或响动。到那样荒凉岑寂的地点去接运牛肉和粮食,仿佛是希望渺茫的事儿。

海军上将决定抛锚停泊,锚链的响声顿时引起森林中喧嘈的回音。鲁伊斯河口只是在打个早盹罢了。鹦鹉和狒狒在树上尖叫喧哗;一阵呼呼、嗤嗤、隆隆的响声说明动物都苏醒了;一个深蓝色的庞然大物突然掠过,原来是一头吃惊的貘在蔓藤中间拼命逃窜。

海军奉命在小河的河口等了好几个钟头。船员们开饭,吃了鱼翅汤、香蕉、蟹肉羹和酸葡萄酒。海军上将托起三英尺长的望远镜,密切注视着五十码以外的浓枝密叶。

快到太阳落山的时候,他们左边的森林里传来了一个飘荡起伏的"喂——嗨!"声。这边答应了;三个骑着骡子的人横冲直撞地从纠缠的热带树林里跑到离岸十来码的地方。他们在那儿翻鞍下骡;一个人解开束腰的皮带,用剑鞘在每头骡子身上重重地抽了一下,那些牲口便蹶起脚蹄,回头冲进森林里去了。

来人的样子很古怪,不像是运输牛肉和粮食的人。一个人身材高大,器宇轩昂,动作非常灵活。他是最纯粹的西班牙人的典型,一头拳曲夹白的黑发,蔚蓝的眼睛闪闪发光,神气十足是个大贵人。另外两个却很矮小,紫糖面孔,穿着白色军装和高统马靴,还佩着剑。三个人的衣服都湿透了,溅满污泥,并且给乱丛棵子扎得破破烂烂。一定有火烧眉毛的事情把他们赶得昏头晕脑,在大水、泥沼、林莽中狼奔豕突。

"嗨,海军上将先生,"大个子喊道,"劳驾把你的划子摇过来。"

划子放了下来,费立贝和一个加勒比人向左岸划过去。

大个子站在河边,下半身陷在绕缠的蔓藤里。当他看到船尾上那个衣衫褴褛的人的时候,他那张感情丰富的脸上流露出非常快活的神情。

几个月来,一没有关饷,二没有人理睬,海军上将的风采早已打了折扣。他的红裤子满是补丁,不像样了。夹克上的闪亮的纽扣和黄色的穗带大都早已不知去向。那片撕豁了的帽舌几乎压到他的眼睛上面。海军上将的一双脚是赤裸的。

"亲爱的海军上将,"大个子喊道,他的嗓子响得像是喇叭,"我向你致敬了。我早知道你是坚贞不渝,值得信赖的。你接到了我们的电报——马尔提尼斯将军发的。劳驾把你的船再摇过来一点,亲爱的海军上将。我们站在这些劳什子的蔓藤上,摇摇晃晃,非常危险。"

费立贝傻里傻气地瞅着他。

"装运牛肉粮食,前往阿尔福兰军营。"他引用电报上的原文说。

"牛肉没有在这儿等你,倒不是屠户们的过失,我的海军上将。可是你来得正是时候,可以搭救几条黄牛。先生,快接我们上船吧。各位大人,你们先请——越快越好。回头再来接我。划子太小了。"

划子把两个军官送上帆船,又回来接大个子。

"好心的海军上将,你这儿有没有那种充饥的俗东西?"他上了帆船喊道,"或许还有咖啡?牛肉和粮食,真是的!老天爷呵!拉斐尔上校,假如再多饿一会儿,我们大可以把你刚才那么多情地用剑鞘跟它们告别致敬的骡子吃掉一头。给我们来点吃的;然后开船——到阿尔福兰军营去——呃?"

那些加勒比人准备了饭菜,国家号的三个乘客带着饥不择食的好胃口吃了一顿。黄昏时分,风照例转了方向,从山里反吹下来,又凉爽又稳定,带来了汇集在低地上的死水湖和红树沼地的气息。船上的大帆扯了起来,给风吹得鼓鼓的,那当儿,他们听到岸上丛林深处有呼唤和逐渐响亮的吆喝声。

"那是屠户们,我亲爱的海军上将,"大个子含笑说,"想来宰牛,可惜太晚了。"

海军上将除了向船员们发号施令之外,一句话也不说。中桅帆和船首三角帆都展开了,帆船驶出河口。大个子和他的同伴在光秃秃的甲板上尽可能替自己弄得舒服一些。起先使他们忐忑不安地是设法离开危机四伏的河岸;现在危险既经大减,他们的念头又转到前途的安危上面去了。当他们看到帆船沿着海岸乘风破浪,往北疾驶的时候,他们又松了一口气,对海军上将采取的航线深为满意。

大个子消消停停地坐着,他的精神饱满的蓝眼睛在打量海军司令官。他想把这个阴郁、古怪的小伙子估计一下,小伙子莫测高深的麻木煞是令人费解。尽管自己是一个亡命者,随时有丧命的危险,尽管失败之余又是何等愤慨,可是他看到新奇的事物,马上转移心思去研究它,这便是他的特色。再说,想出这种疯狂的孤注一掷的计划,把一切都寄托在它上面——打电报给一个穿着奇形怪状的军装、拥有滑稽透顶的头衔、驾驶帆船的可怜的白痴——也只有他才办得到。他的同伴们已经智穷计尽;逃走仿佛毫无希望了;而他们原认为是疯狂危险的计划现在居然奏了功效,真叫他高兴。

热带的短促的黄昏,似乎转眼便成了珍珠色的月夜。现在,柯拉里奥的灯火在他们右面的逐渐昏暗的海岸上纷纷亮了起来。海军上将静悄悄地站在舵柄那儿;那些加勒比人拉着帆脚索,在上将的简短的命令之下,活像黑豹子那样,没声没息地跳来跳去。三个乘客凝神注视着面前的大海,最后,当他们望见一条泊在离城一英里的地方、灯光直射海水的大轮船时,他们忽然凑在一起,滔滔不绝地低声商谈起来。帆船看来是在轮船和海岸之间疾驶过去。

大个子突然离开他的同伴,向舵柄旁边的那个衣衫褴褛的人走去。

"我亲爱的海军上将,"他说,"政府做事太粗枝大叶了。我真替它惭愧,只能说它因为不了解你服务得这样忠诚,所以没有来照顾你。真是一个不可饶恕的疏忽。不久一定要另拨给你船只、制服和船员,一切都得跟你的忠诚相称。但是眼下,亲爱的海军上将,我们有重大的公事要办。泊在那边的轮船是萨尔瓦多号。我和我的朋友们希望上那儿去办办政府的公事。请你调整一下航线,朝那个方向驶去。"

海军上将没有回答,厉声发了一个命令,把舵柄转向左舷。国家号晃了一下,箭头似的一直向海岸驶去。

"至少劳驾你,"大个子有点儿不耐烦地说,"明白表示一下,有没有听到我说的话。"他想这家伙不但理智有毛病,器官可能也有问题。

海军上将迸出了一声呱呱的干笑,开腔了。

"他们会叫你,"他说,"脸冲着墙壁,把你枪毙掉。那是他们处决卖国贼的办法。你一踏上我的船,我就认出来了。我在一本书里看见过你的照相。你是沙巴斯·柏拉西多,背叛你的祖国的反贼。你的脸冲着墙壁。你就那么回老家去。我是海军上将,我要把你引渡给他们。你脸冲着墙壁。是的。"

堂沙巴斯侧过身子,朝着和他一起出奔的两个人扬一扬手,哈哈大笑。"两位大人,那一次会议上,我们颁发了那个荒谬绝伦的委任状,我已经告诉过你们了。老实说,我们开的玩笑害了我们自己。瞧我们竟弄出一个弗兰肯斯坦的怪物①来了!"

---

① 弗兰肯斯坦的怪物,弗兰肯斯坦是英国诗人雪莱的续弦夫人玛丽·雪莱(1797—1851)所著同名小说的主人公,一个医科学生,他从坟墓和解剖室里搜集死人肢体,做成了一个怪物,终为怪物所害。

堂沙巴斯朝岸上眺望了一下。柯拉里奥的灯火逐渐接近了。他能看到海滩、国营酒栈的仓库、士兵驻扎的狭长低矮的营房,以及营房后面浸浴在月光中的一堵土砖高墙。他见过好多人面墙而立,给枪毙掉。

他又跟那个站在舵柄旁边的荒唐可笑的人攀谈起来。

"不错,"他说,"我正想逃出国外。但是,不是夸口,我什么事都不放在心上。任什么地方的官场军队都欢迎我沙巴斯·柏拉西多。好吧!这样一个鼹鼠窝似的小共和国——这样一个蕞尔小国——对我这种人又算得上什么?我是一个四海为家的人。无论在罗马、伦敦、巴黎、维也纳,你都会听到人家说:'堂沙巴斯,欢迎你回来。'来吧!——傻瓜——小狒狒——海军上将,随你高兴怎么称呼,把你的船调过来吧。送我们上萨尔瓦多号去,这儿是你的酬劳——五百个美国比索——你那个撒谎的政府在二十年内发给你的总数,都抵不上这笔钱。"

堂沙巴斯把一只鼓鼓的钱袋塞到那小伙子的手里。海军上将不去理会这番话,也不理会塞过来的钱袋。他掌住舵柄,对准海岸直驶而去。他仿佛想起了一些足以自负的事情,沾沾自喜,因而他那张迟钝的脸几乎变得解事的样子,又鹦哥学舌似的格格地说出几句话来。

"那就是他们为什么要那么做的道理,"他说——"不让你看到枪口。他们一开枪——砰!——你就倒下死掉。你脸冲着墙壁。是的。"

海军上将突然向他的船员吆喝了一个命令。那些矫捷而不声不响的加勒比人缚住帆索,从舱口溜下船舱。等最后的一个进去了之后,堂沙巴斯像一头棕色的大豹子似的跳了过去,把舱口盖上拴紧,然后站起来笑了一笑。

"请了,亲爱的海军上将,最好不要动枪,"他说,"有一次,我忽然高兴,编了一本加勒比文的字典。所以,我懂得你吩咐他们的话。现在你或许可以——"

他收住话头,因为他听到了铁摩擦铁皮的沉闷的"唰"的一声。海军上将已经抽出彼得罗·拉斐德的弯刀,正朝他冲过来,刀锋落下来了,大个子全凭出奇的矫健身手才躲过这亮晃晃的一刀,只在肩头上受了些轻伤。他纵开去时拔出了手枪,说时迟,那时快,砰的一枪把海军上将打倒了。

堂沙巴斯弯下身去看看,又站直了。

"打中心脏,"他简单地说,"先生们,海军撤销啦。"

拉斐尔上校跳过去掌住舵柄,另一个军官连忙解开大帆脚索。下桁扭了过来;国家号掉转方向,抢风朝萨尔瓦多号驶去。

"把那面旗子扯下来,先生,"拉斐尔上校说,"轮船上的朋友们看到我们扯着那面旗行驶,会觉得莫名其妙的。"

"说得对,"堂沙巴斯喊道。他走到桅杆底下,把旗子降到那个过于忠实地卫护旗子的人躺着的舱面上。这么一来,军政部长一手造成的饭后小谐剧还由他亲手闭了幕。

突然间,堂沙巴斯欢呼一声,在倾斜的舱面上奔到拉斐尔上校身边。他把那已经废除的海军的旗子搭在胳膊上。

"瞧呀!瞧呀!先生。天呵!我现在仿佛就可以听到那个大块头的奥地利人在嚷嚷:'好家伙,真有你的!'①瞧呀!你听到过我谈起我那位朋友,维也纳的格隆尼茨先生。那位先生为了丰富他的著名的收藏品,不惜跑到锡兰去找一种兰花——到巴塔戈尼亚去找一个头饰——到贝拿勒斯去找一双拖鞋——到莫桑比克去找一支矛头②。你知道,拉斐尔老哥,我也是古董收藏家。我所收

---

① 原文是德文。
② 锡兰1972年建立共和国,更名为斯里兰卡;巴塔戈尼亚在南美阿根廷南部;贝拿勒斯在印度东北部;莫桑比克原系葡萄牙东非洲殖民地,1975年独立。

藏的世界各国的海军战旗,到去年为止,已经是当今最完备的了。可是去年格隆尼茨先生觅到了两面,啊呀,稀罕的珍品。一面是巴巴里①诸国之一的,一面是非洲西岸叫做马加罗罗斯的部落的。那些旗子我没有,但是总可以弄到手的。可是这儿的一面旗子,先生——你知道是什么!老天哪!你知道吗?瞧瞧蓝白两色底子上的那个红十字!你从没见识过吗?当然没有。它是你祖国的海军旗呀。瞧呀!我们脚底下的这个破盆便是你祖国的海军——横在那儿的死掉的红鹦鹉便是海军司令——弯刀一挥,手枪一响,便是一场海战。话虽不错,一切只是荒唐的儿戏——可是实有其事。这样的一面旗子以前没有,以后也不会有。不会有的。天下只此一面。是的,想想看,对一个旗子的收藏家说来,这有多大的意义!你知不知道,我的上校,格隆尼茨先生情愿出多少钱来收买这面旗子?很可能出一万元。可是十万元也休想买到。美丽的旗子!盖世无双的旗子!呵呵!你这个海外的老贫嘴呀。你等堂沙巴斯再上王后街来。他会让你跪下,准许你用一个指头触摸旗子的边缘。呵呵!你这个戴眼镜的不可一世的老搜集家呀!"

这次先天不足的革命、一切危险、一切损失以及失败招来的苦恼全给忘掉了。他充满了收藏家的漫无止境和无可比拟的热情,他用一只手把那面盖世无双的旗子按在胸口,在小小的舱面上走来走去。他得意扬扬地朝东方打了一个榧子。他扯着响亮的嗓子歌颂他的战利品,仿佛要让老格隆尼茨在他海外的霉臭的内室里听到似的。

萨尔瓦多号的人等着欢迎他们。帆船靠拢轮船,为了便于装载水果,轮船的侧舷几乎和下甲板相平。萨尔瓦多号的水手钩住帆船让它靠在那边。

---

① 巴巴里(Barbary),北非伊斯兰教地区。

麦克里奥船长在船舷上探出身子。

"啊,先生,我听说玩儿完啦。"

"玩儿完啦?"堂沙巴斯一时摸不着头脑,"哦,对的——你是说那次革命!"他耸一耸肩膀,不谈这件事了。

船长听到了他们逃亡的经过和帆船船员给关在舱里的情形。

"加勒比人吗?"他说,"他们不会伤害人。"他跨进帆船,踢开舱口盖。那些黑家伙跌跌撞撞地爬了上来,满头大汗,可是咧着嘴在笑。

"嗨!黑孩子们!"船长用他自己造出来的方言说,"你们听好,赶快开船,回到原来的地方去。"

他指指他们,又指指帆船和柯拉里奥,他们看明白了。"是啰,是啰!"他们喊道,嘴咧得更大,不住地点头。

堂沙巴斯、两个军官和船长四个人离开帆船。堂沙巴斯稍微落在后面,看看那个摊在舱面上一动不动的、穿戴得那么褴褛的前海军上将。

"可怜的小白痴。"他轻声说。

他是个才气纵横、四海为家的人,又是个地位崇高的鉴定家;但是,说到头,他毕竟跟这地方的人民是同一种族,同一血统,同一天性的,柯拉里奥的老百姓这么说过,堂沙巴斯自己也这么说。他不带笑意地看了一眼说:"可怜的小白痴!"

他弯下腰,扶起那个瘫软的肩膀,把那面独一无二、价值连城的旗子一半填在肩膀下面,一半盖住胸口,又从自己上衣的领子上取下一枚圣卡洛斯星状钻石勋章别在上面。

他跟上其余的人,和他们一起站在萨尔瓦多号的甲板上。这时候,钩住国家号的水手们把它一送。那些叽叽喳喳的加勒比人张起帆来;帆船便向岸边驶去。

格隆尼茨先生收藏的海军旗仍旧是世界上最出色的。

第十章 酢浆草和棕榈树*

有一晚,空气纹丝不动,柯拉里奥仿佛比任何时候更接近了地狱①的格子门,五个人聚在凯奥和克兰赛的照相馆门口。在世界上最富于异国情调的炙人的地方,高加索人②做完了一天的工作后,就这么聚在一起,造谣中伤地谈着外国事物,充分保持着他们的本性。

约尼·阿特伍德,像加勒比人那样光着身子,直躺在草地上;有气没力、唠唠叨叨地讲着在家乡大勒斯堡可以喝到的、从木兰木的抽水机打出来的凉水。格雷格大夫,人们一则尊敬他的络腮胡子,二则希望他闭口不谈那些一触即发的医疗事迹,让他独享那个挂在门柱和葫芦树之间的吊床。凯奥搬了一张小桌子到外面草地上来,桌上安着一架给洗好的照相上光的机器。这群人中间只有他在忙碌。上光机的卷筒中间源源不绝地吐出了柯拉里奥市民的完美的相片。那个法国矿师勃兰查,穿着凉爽的麻布衣服,戴着眼镜,安详地瞅着他的香烟雾,对于酷暑满不在乎。克兰赛在阶磴上抽着他的短烟斗,他很想聊聊天;其余的人给燠热搞得懒于开口,

---

* 指本章两个主角,一个是爱尔兰人,一个是南美人;因为酢浆草是爱尔兰的国花(据说是爱尔兰守护神圣帕特里克选定的,向爱尔兰人说明圣父圣子圣灵三位一体的教义),而南美盛产棕榈。

① 原文是"Avernus",意大利那不勒斯附近一个含硫磺的湖泊,古人把它当做地狱的入口。

② 指白种人。

只有听人讲话的份儿。

克兰赛是原籍爱尔兰的美国人,倾向于世界大同的观念。他干过许多事业,但是没有长性。他生平喜欢奔波劳碌。他想干的事情多得很,铁板照相不过是其中之一罢了。有时候,只要稍加怂恿,他就会把他经历的奇闻轶事讲述一下。今晚,他就有讲述的兴致。

"现在正是英雄用武的好时光,"他主动说,"我不由得想起了我那次从暴君的魔掌中解放一个国家的艰苦奋斗的情形。工作可不轻松。害得我腰酸背痛,胼手胝足。"

"我从不知道你曾经拔剑帮助过一个被压迫的民族。"阿特伍德在草地上喃喃地说。

"可不是吗,"克兰赛说;"而且他们把宝剑变成了犁头。"

"哪一个幸运的国家竟能得到你的帮助呢?"勃兰查笑眯眯地问道。

"堪察加在哪儿?"克兰赛前言不搭后语地问道。

"哟,大概在北极圈西伯利亚的什么地方吧。"有人犹豫不决地回答。

"我想那地方是冷的,"克兰赛满意地点点头说,"我老是把两个地名混淆不清。那么,我的用武之地一定是危地马拉——那地方是热的。你们在地图上找得到那个国家。它在所谓热带的地区。老天有先见之明,把它放在海边,以便绘制地图的人把市镇的名字写到水面上去。名字都是西班牙文,有一英寸来长,用的还是小号铅字,捏造的方法,依我看来,跟那次炸沉曼恩号①的一模一样。是的,我单枪匹马跑去,想把它从一个暴虐的政府底下解放出

---

① 曼恩号是美国军舰,1898年在古巴哈瓦那海港炸沉,原因不明,美国硬说是西班牙人的阴谋,发动了美西战争。

来的正是那个国家,我用的武器是一把没有装子弹的单筒十字锹。你们听了当然不明白。这句话需要好好地解释一下。

"那大约是六月一号早晨的事,地点在新奥尔良;我站在码头上闲眺着河上的船只。停泊在我面前的一条小轮船好像快要启碇。烟囱喷着烟,一伙搬运工人在把码头上的一堆木箱扛上船去。木箱纵深约莫二英尺,长四英尺,仿佛非常沉重。

"我装出漫不经心的样子走到那堆木箱前面。看到其中有一只在搬运时给砸开了。我出于好奇,扳起那个松动的盖子,看了一看。里面装满了温切斯特①来复枪。'原来如此,'我暗忖道,'有人曲解了中立法。有人运军火去帮助人家。我倒想知道这些枪支是运到哪儿去的?'

"我听到有人咳了一声,就转过身去。站在那儿的是一个滚圆的小胖子,棕色面孔,白色衣服,一个仪表非凡的小家伙,手指上戴着一只四克拉的钻戒,眼睛里闪出毕恭毕敬的询问神色。我判断他是个外国人——俄罗斯或者日本或者多岛海②的人氏。

"'咝!'那个滚圆的人带着诡秘的神情吞吞吐吐地说,'先生发现了什么东西,千万别漏风声,千万别告诉船上的人,好不好?先生是个忠厚君子,无意中发现的事,一定不会讲出去的。'

"'先生③,'我说——因为我断定他是个法国人了——'请你放一百二十个心,在下詹姆士·克兰赛决不多嘴漏你的底。我还可以进一步说,自由万岁——万万岁。你多咱听到人家要颠覆当权的政府,而姓克兰赛的竟会从中捣蛋,你就来找我好啦。'

"'先生真好,'黑胖子说,他那丛黑色的络腮胡子里藏着笑,'请你上船,跟我喝杯酒。'

---

① 美国制造家温切斯特(1810—1880)在1866年左右发明的一种连发猎枪。
② 多岛海,希腊与小亚细亚之间的海洋。
③ 原文为法文。

"作为一个克兰赛,不出两分钟,我同那个外国人就在轮船舱房里的一张桌子旁边坐下来,中间放了一瓶酒。我听到沉甸甸的木箱卸到船舱里的声音。我推断那批货至少有两千支温切斯特枪。我和那个棕色家伙喝完了一瓶,他叫侍者再去拿一瓶来。你把一个克兰赛和一瓶酒结合起来,事情就大了。关于那些热带地方的革命的事情,我听到过许多,当时也想搞它一下。

"'你打算在贵国发动发动,是不是,先生?'我对他眨眨眼睛说,表示我肚里有底。

"'是的,是的,'小个子说,用拳头往桌子上一拍,'不久就要有大变动了。人民只听到了许多诺言,可从来没有看到它们兑现,实在忍受得够长久啦。非干些大事业不可了。是的,我们的队伍很快就要开到首都啦。他妈的!'

"'真他妈的,'我说,酒越喝越多,热心越提越高,'兄弟方才说的万岁也非常恰当。希望祖国的酢浆草——我是指横遭压迫的贵国的标志,不管它是芭蕉叶子也好,大黄也好,希望它永远飘扬。'

"'多谢你的善颂善祷,'那个滚圆的家伙说,'我们的事业最需要肯做工作的人去推动它。啊,兄弟特·维加将军只要有一千个结实的好汉帮忙,就能把成功和光荣献给祖国!艰巨得很——啊,要找好汉来帮忙真是一件艰巨的工作。'

"'先生,'我说,隔着桌子去握他的手,'我不知道贵国在哪儿,可是我为它痛心极了。作为一个克兰赛,看到饱受压迫的民族,决不肯袖手旁观。克兰赛一族天生就爱打抱不平,爱做外国人。如果你老兄用得着詹姆士·克兰赛一臂之力和满腔热血,去把贵国从暴君的枷锁中解放出来,请你尽管吩咐。'

"特·维加将军快活得无以复加,接受了我对他的阴谋把戏的拥护。他想隔着桌子来拥抱我,但是他肥胖的身体和喝下去的酒使他力不从心。我就这样被欢迎到国外去参加好汉的行列。接着,那个将军告诉我,他的国家名叫危地马拉,四海之内以它为最大。他噙着眼泪瞅着我,不时嚷道,'啊,结实勇敢的大汉!我们国家就需要这种人。'

"那个自称为特·维加将军的家伙掏出一张文件要我签字,我就照办,把最后的一个'赛'字签得龙飞凤舞。

"'你的船费,'将军一本正经地说,'将来从你的薪水里扣除。'

"'那倒不必,'我凛然说,'船费我自己来付。'我的口袋里装着一百八十块钱,我不是一个普普通通为了衣食才去革命的人。

"轮船两小时内就要启碇,我上岸去采办一些必需的东西。我回到船上时,得意扬扬地把那套服装拿给将军看。一件漂亮的栗鼠皮大衣、北极的毡靴、带有耳罩的皮帽子、精致的羊皮里子的手套,还有羊毛围巾。

"'他妈的!'那个小胖子将军说,'到热带去怎么用得上这种衣服?'接着,那个浑小子哈哈大笑,把船长叫了来,船长把事务长叫了来,他们又叫了大车①上来,大伙儿围着舱房,对着克兰赛带到危地马拉去的行头大笑特笑。

"我认真地想了一下,再问将军,他的国家到底叫什么名字。他告诉了我,我才知道缠错了另一个地方——堪察加。打那时起,我老是分不清楚那两个国度的名称、气候和地理上的位置。

"我付了船费——头等舱,二十四块——跟那些高级船员同桌吃饭。底舱是一批二等客人,约莫有四十来个,都像南欧人②一类的路数。我不明白他们这许多人出门去干什么。

"有话即长,无话即短,转眼三天,我们到了危地马拉。它是

---

① 轮船机器间的领班。
② 南欧人,指西班牙人、葡萄牙人或意大利人,有轻蔑意。

个青翠碧绿的国家,地图给它涂上的黄颜色是错的。我们在一个滨海的市镇上岸,一条小得可怜的窄轨铁路上有几节车厢等着我们。轮船上的木箱给搬上岸,装进火车。那伙南欧人也上了车,将军和我待在前面一节。是的,火车驶出港市的时候,我和特·维加将军就走上了革命的道路。火车的速度跟警察走去弹压暴动的步子差不多。它进入一个在地理书上从来看不到的昏昏沉沉的境界。我们七个钟头之内走了四十英里路,火车停了下来。前面没有铁路了。湿漉漉的、凄惨的蛮荒山谷里面,有着类似帐篷的设备。他们在森林里一面砍树,一面平土,继续铺设铁路。我心下想道,'这儿才是革命家的传奇式的藏身之处。在这儿,克兰赛凭了他优越的民族传统和孜孜不倦地学到的芬尼安①策略,就要大张旗鼓,为自由而斗争了。'

"他们把那些木箱卸下火车,动手撬开箱盖。我看到特·维加将军从第一只打开的箱子里取出温切斯特来复枪,分给一队死样怪气的士兵。其余的箱子依次打开来了,信不信由你,可是一杆枪也没有了。那一批木箱满是铲子和十字镐。

"接着——欺人太甚的热带呀——志高气傲的克兰赛和那些丢人的南欧人,不分彼此,都得扛起铲锹,开步去铺设那条臭铁路。是的;装运南欧人来到这儿就是为这件事,想来闹革命的克兰赛签的字也是为这件事,虽然他当时并不知情。后来我才搞明白。情形大概是招募筑路的人手非常困难。当地明道识理的土人爱耍懒骨头。的确,那些圣贤人很明白,工作是多余的。他们只消伸出一只手,就能摘到最可口最名贵的水果,伸出另一只手,就能一下睡好几天。听不到七点钟的工厂汽笛声,也听不到收租人上楼梯的

---

① 芬尼安(Fenian),1856年爱尔兰人在美国纽约组织了芬尼安会(Fenian Brotherhood),策划爱尔兰的独立。爱尔兰本土有一个新芬党(Sinn Fein),亦以争取独立为目的。

脚步声。所以,轮船经常开到美国去勾引工人。一般说来,那些输入的扛铲汉子喝了煮得过分开的水,吸收了浓烈的热带景致,两三个月之内便都完了蛋。所以,他们雇用那些可怜鬼时便勒令签上一年合同,又派了武装的警卫防止逃亡。

"由于祖传的短处,老是爱到穷乡僻壤去自找麻烦,我就那么钻进了热带的圈套,栽了跟斗。

"他们给我一把十字锹,我接过来,打算就地发动一次叛变;但是那些警察满不在乎地拿着温切斯特枪,我想了一想,即使在闹革命的时候,郑重还是上勇。我们一起去做工的人有百来个,开步的命令已经发出了。我跨出行列,走到特·维加将军面前,他正在抽雪茄,心安理得、得意扬扬地欣赏着眼前的场面。他朝我笑笑,很客气,也很可怕。'结实的大汉到危地马拉来,'他说,'不愁没有工作。是的,每个月三十块钱。好工钱。啊,是的。你这个结实、勇敢的人。我们很快就要把这铁路修通到首都去。他们现在要你去干活了。再会吧,好汉。'

"'先生,'我说,想再逗留一下,'你肯不肯告诉一个可怜渺小的爱尔兰人:我踏上你的肮脏的轮船,一面喝你的酸酒,一面发泄自由和革命的理想时,你以为我的阴谋只是到你这条卑不足道的小铁路上来扛十字锹吗?你答复一套慷慨激昂的话,再加上美国式的自由的颂赞时,你是不是已经盘算好,要把我的身份降到掘树桩的南欧人一样,一起弄到你这个罪恶无耻的国家,来做链锁囚徒①吗?'

"那个将军挺起他滚圆的身子,笑得前仰后合。是的,他笑得喘不过气来,而我,克兰赛,站着等候。

"'滑稽的汉子呀!'他最后喊了出来,'你真滑稽,害我肚肠都

---

① 链锁囚徒,美国南部弗吉尼亚、北卡罗来纳、佐治亚、佛罗里达和亚拉巴马五州强迫囚犯劳动,为了防止逃亡,在他们右脚踝上扎住五磅重四英尺长的铁链。

要笑断了。是的,要找勇敢结实的汉子,来帮助我的国家,的确不大容易。谁说革命来着?难道我说过革——革——革命?一个字也没提起。我说的是,危地马拉需要结实的大汉。只有那句话。只好怨你自己。你只看到一箱警卫用的枪支,就以为所有的箱子里都是枪支吗?不是的。

"'危地马拉没有战争。至于工作呢?有的是。很好。每个月三十块钱。先生,你得扛起十字镐,为了危地马拉的自由和繁荣去挖地。警卫在等你。快去干活吧。'

"'你这臃肿的小狮子狗般的棕色人,'我说,外表很安详,肚子里却非常愤恨,'你会遭到报应的。或许不在眼前,但是等我詹·克兰赛一想出回报的办法,就有你的好看。'

"工头吆喝我们去干活。我跟着南欧人走了,走去的时候,还听到那位显赫的爱国志士兼绑票专家在纵声大笑。

"这是个伤心的事实,我替那丧尽天良的国家修筑铁路有八星期之久。我的用武之地是每天拿起沉重的铲子和十字镐干上十二个钟头,砍伐铁路线上繁茂的树木。我们在沼泽里工作,那里臭气熏天,仿佛煤气管子有了漏洞似的。脚下净是各式各样琪花瑶草和最名贵的温室菜蔬。这儿的热带风光连最异想天开的地理学家也想象不到。树木都有摩天大楼那么高;乱丛棵子满是荆针棘刺;猴子蹦来蹦去,鳄鱼和粉红色尾巴的模仿鸟到处乱窜,你站在齐膝深的腐臭的水里,为了解放危地马拉而拔草掘树。到了夜晚,我们升起熏火来撵走蚊子,坐在乌烟瘴气的帐篷里,警卫在我们四周迈方步。在铁路上做工的人有两百个——大多数是南欧人、黑人、西班牙人和瑞典人。爱尔兰人有三四个。

"有一个名叫哈洛兰的上了岁数的人——他有海贝尼亚[①]的

[①] 海贝尼亚原文为拉丁文,即爱尔兰。

性格和审慎作风——把情况告诉了我。他已经在铁路上做了一年工。大多数人做不到半年就送命了。他浑身干瘪,只剩一层皮包骨头,三日两头浑身发冷。

"'初来时,'他说,'你总想赶快脱身。但是他们扣住你第一个月的工钱不发,抵偿你来这儿的船费,过了一个月,你已经给热带紧紧绊住了。猖獗的林莽围住了你,那里面满是狰狞可怖的野兽——狮子啦、狒狒啦、蟒蛇啦——窥伺着机会来吞噬你。毒辣的太阳晒得你焦头烂额,把你的骨髓都烤酥了。你仿佛变成了诗本子里所说的吃黄油果子的人①。你忘了人间一切崇高的事物,譬如爱国啦、报仇啦、轰轰烈烈的事业啦、安分守己的职位啦,等等。你干活做工,你胡乱吞咽南欧厨子喂你的带着火油味、橡皮烟斗杆似的食物。你点上烟斗,对自己说:"下礼拜我一定开溜。"说罢纳头睡觉,暗下埋怨自己撒谎,因为你明知道你是不会走的。'

"'这个自称特·维加将军的家伙到底是什么路数?'我问道。

"哈洛兰回答说:'是个竭力想完成铁路的人。铁路本来由一家私营公司承办,但是公司破产,再由政府接收过来。特·维加是个大政客,一心想做总统。人民希望铁路早日完工,他们受不了修铁路所引起的横征暴敛。这个特·维加拿这件工程作为政治资本,急着想把它办好。'

"'我一向没有跟谁过不去,'我说,'可是这个修铁路的家伙和詹姆士·奥道特·克兰赛之间倒有一笔账要清算清算。'

"'我当初也这么想来,'哈洛兰长叹了一声说,'可是后来我成了一个吃黄油果子的人。毛病出在热带。它把人弄得筋麻骨软。在这个地方,诗人说过:"人们老像是饭后那么懒洋洋的。"我

---

① 哈洛兰原意要说"lotus-eaters"("吃忘忧果子的人"),可是说成了"lettuce-eaters"("吃莴苣的人"),这里译作字音相近的"黄油果子"。

干干活,抽抽烟,睡睡觉。归根结底,人生本来就是这么回事。不用多少时候,你也会变成这样的。别枉费心机,打什么主意啦,克兰赛。'

"'我可不成,'我说,'我憋了一肚子心事。我老老实实到这个不见天日的国家来革命,替它争取自由、光荣和种种名堂①;他们不叫我做这些工作,反而委屈我去砍树拔草,非让那个将军受受罪不可。'

"在铁路上干了两个月之后,我才有了逃走的机会。一天,我们有一伙人给派往已经完工的铁路的起点,把一批送到巴里奥斯港②去磨快的十字镐领回来。它们是装在手摇车里给带回来的,我临走时注意到,那辆手摇车还留在轨道上面。

"那天晚上,约莫半夜光景,我弄醒哈洛兰,把我的计划告诉了他。

"'逃走吗?'哈洛兰说,'老天哪,克兰赛,你真有这个打算吗?唉,我可没有这种勇气。寒气太重,我还困得慌。逃走吗?我早跟你讲过,克兰赛,我已经吃了黄油果子啦。我泄了气。这要怪热带。像诗人说的那样:"我们忘了留在故乡的朋友;待在空虚的安乐乡里快活优游。"你自己请吧,克兰赛,我想我还是留下来算啦。时间太早,寒气太重,并且我还困得慌。'

"我不得不留下哈洛兰。我悄悄地穿上衣服,溜出帐篷。警卫走近时,我用一只预备好的生椰子兜头一下,打得他人事不省,倒在地上,然后直向铁路跑去。我跳上手摇车,飞也似的往前摇去。那会儿离天亮还有不少时候,我看到了约莫一英里路外的巴里奥斯港。我留下手摇车,徒步走到市里去。我小心谨慎地走进

---

① 原文是"silver candlesticks"(银烛台),从"silver plate"(银盘子)衍化而来,后者则是由法文"S'il vous plaît"转成的美国俚语,意谓"请便"。
② 危地马拉东滨加勒比海的港市。

市区。危地马拉的大军我倒不怕,可是一想到要跟职业介绍所的人短兵相接,就不禁胆寒起来。这个国家雇用人手的时候非常爽气,用上之后就拖住不放。我猜想美国夫人和危地马拉夫人准会在一个宁静的良宵,隔着山岳聊天。'啊呀,亲爱的,'美国夫人会说,'我最近又在雇人,真叫我烦死了,太太。''有这样的事吗!'危地马拉夫人说,'不至于吧,太太!我的佣人永远不想离开我——嘻——嘻!太太。'危地马拉夫人吃吃笑着。

"我盘算怎样才能逃出热带,不至于再受雇用。天色虽黑,我却看得见一条轮船停泊在港口,烟囱正在冒烟。我穿过一条通向海岸的、长满青草的小巷。走到海边,我发现一个矮小的棕色家伙正坐在小艇里,把小艇撑出去。

"'等一等,三保①,'我说,'懂得英国话吗?'

"'懂的,懂很多。'他愉快地笑着说。

"'那一条是什么船?'我问他,'到哪儿去的?有什么好消息、好新闻、好风光?'

"'轮船叫康吉太,'那个棕色人态度和蔼从容,一边说一边在卷纸烟,'它从新奥尔良来装香蕉。昨晚装好。俺想,它一两个钟头以内就要开走。明儿天气一定很好。你听说起打大仗吗?你想会抓住特·维加将军吗,先生?是吗?不是吗?'

"'怎么一回事呀,三保?'我说,'大仗?打什么仗?谁想抓特·维加将军?我在内地采了两个月金矿,什么新闻也没听到。'

"'哦,'那个黑家伙会说英语非常得意,'一礼拜前,危地马拉闹了一场大大的革命。特·维加将军,他想做总统。他搞了一支一千——五千——一万人的军队,去打政府。政府派了五千——四万——十万大兵,去弹压革命。他们昨儿在山里十九——五十

---

① 三保,黑人的绰号。

英里的洛马格兰德打了一大仗。政府大兵打垮了特·维加将军——哦,打得好凶。他手下有五百——九百——两千被杀掉了。革命闹不成啦——完啦——快当得很。特·维加将军弄到一头大骡子飞——飞——飞逃了。是的,他妈的!将军自己飞——飞——飞逃了,他的军队给杀掉了。政府大兵,他们非常想抓特·维加将军。他们要抓他来枪毙。你想他们抓得到将军吗,先生?'

"'上天帮忙,非抓住他不可!'我说,'他迫使克兰赛这样一个顶天立地的好汉扛着锹子铲子到热带来开路,得到这种报应,真是天有眼睛。但是目前且不谈造反的事情,我的小伙计,要紧的是雇人的问题。我急于要辞掉你这伟大而堕落的国家的清道夫部门里一个重要的职位。借用你的小船把我驳上轮船去,我给你五块钱——辛格比杀——辛格比杀①。'我说,把我出的价钱换成了热带的方言和币值。

"'五个比索,'小个子照样说了一次,'你给五块钱吗?'

"小个子不能算坏。开头有点儿迟疑,说是旅客离开国境,需要公事和护照,最后还是把我送到了轮船旁边。

"赶上我们靠拢时,天刚刚破晓,船上一个人影也没有。海上风平浪静,为了便于装载水果,轮船的侧舷跟下甲板相平,黑家伙助了我一臂之力,我就在这儿爬了上去。舱口开着,我望进去,看见里面堆满了香蕉,离舱口不到六英尺。我暗自想道,'克兰赛,你最好做个偷搭的乘客。这样比较安全。轮船上的人看到你的话,可能把你交还给职业介绍所。你一不留神,克兰赛,热带就会把你抓住。'

"我毫不费事地跳到香蕉堆里,弄了一个洞躲在香蕉中间。约莫过了一个钟头,我听到引擎开动,觉得轮船摇晃起来,我知道

---

① 西班牙文"cinco pesos"("五个比索")的讹音。

我们已经出洋了。他们敞开舱口,流通空气,不久舱里就亮得可以看清一切了。我肚子有点儿饿,心想来些水果,当做小吃,倒也合适。我打自己挖的洞里爬出来,伸伸懒腰。那当儿,我看到十英尺开外有另一个人爬了起来,伸出手,摘了一只香蕉,剥掉皮,塞进嘴里。这是一个邋里邋遢的人,黑脸膛,面目可憎,衣服破烂。是的,那个家伙活像滑稽画报里的胖子游民。我再看一看,发现他就是那位将军大爷——特·维加,那个雄才大略的革命家、骡子骑士兼锹子铲子的进口商人。将军看到了我,怔了一怔,嘴里塞满了香蕉,眼睛睁得像椰子一般大。

"'嘘!'我说,'千万别响,不然的话,他们会轰我们,叫我们走路的。"自由万岁!"'我加上一句,然后向喊出这个口号的嘴里塞进一只香蕉,抑制心头的高兴。我准知道,将军不认识我。热带已经在我身上逞凶肆虐,弄得我面目全非,我脸上长满了半英寸长的灰胡髭,我身上穿的是一条蓝色工装裤和一件红色衬衫。

"'先生,请教你是怎样上船的?'将军定一定神,然后开口说。

"'后门进来的——嘘!'我说,'我们为自由作了一次光荣的斗争,'我继续说,'可是敌人以多为胜,把我们打垮了。胜败乃兵家常事,我们不要放在心上,再来一只香蕉吧。'

"'先生,你也参加那场争取自由的战斗来着?'将军一边说,泪水一边滴在舱里的货物上。

"'战斗到最后一分钟,'我说,'奋不顾身地向暴君的狗腿子发动最后一次冲锋的,就是我。可是那一下子把他们气疯了,我们不得不退。弄到那头骡子让你逃走的,将军,也是我。那一串香蕉熟一点,将军,能不能请你把它推过来一点?我够不着。好,谢谢。'

"'敢情是这样的吗,勇敢的爱国志士?'将军声泪俱下地说,'啊,天哪!我现在没有力量来酬报你的忠诚。我只是逃出了一条性命。他妈的!那头骡子真是个孽种,先生!我骑在上面,就像是坐着船待在风浪滔天的海上似的。我身上全给荆棘蔓藤擦破剐烂了。该死的孽畜专往树上撞磕,少说也有百来次,晦气的是我的两条腿。夜里,我到了巴里奥斯港。我赶快跟那头大骡子分手,直奔海边。我发现了一条小船。我上了船,摇到轮船旁边。轮船上没有人,侧舷挂着一根绳子,我爬了上来。这样,我就躲在香蕉堆里。毫无疑问,我知道,船长如果看见我,一定会把我送还给那些危地马拉的家伙。那样一来可不妙。危地马拉准会枪毙特·维加将军。所以,我一声不响,躲了起来。性命本身是了不起的。自由固然很好;可是我以为还是性命要紧。'

"我刚才说过,到新奥尔良有三天路程。将军和我成了莫逆之交。我们吃的都是香蕉,一直吃到看见香蕉就头痛,尝到香蕉就反胃,可是能填饱肚子的却只有香蕉。夜里,我小心翼翼地爬到下甲板去,弄一桶清水喝喝。

"特·维加将军满肚子废话,总想一吐为快。他兀自说个不休,使得无聊的海程更加烦闷。他满以为我是他同党的革命者,据他说,他手下还有许多美国人和别的外国人。他尽管自命为英雄,其实只是一个吹牛大家,自高自大、厚颜无耻的碎嘴子。他计划失败,怨天尤人,尽说些关于自己的话。其余的投错主子、跟他一起革命的白痴们,不是劳瘁而死,就是惨遭枪毙,这个狂小子却绝口不提。

"航程的第二天,他忘了自己是个偷搭轮船的阴谋家,靠着一头骡子和偷来的香蕉才得活命,居然神气活现,大吹大擂起来。他把自己负责修建的那条伟大铁路的情形告诉了我,又提起一件他认为滑稽透顶的事情,说是把一个傻里傻气的爱尔兰人从新奥尔良骗到他那条窄轨的陈尸所去扛十字镐。听到这个矮胖邋遢的将军不三不四地说他怎样不费吹灰之力,把那有勇无谋的克兰赛骗上手,真叫人怄气。他乐不可支,哈哈大笑。这个无家可归、无国可投的黑脸膛的叛徒兼亡命者,站在齐脖子深的香蕉堆里,笑得前仰后合。

"'啊呀,先生,'他吃吃笑着说,'那个滑稽透顶的爱尔兰人真要叫你笑死。我跟他说:"危地马拉非常需要结实的大汉。"他说:"我要为你横遭压迫的国家卖力气。""你准能如愿以偿。"我告诉他。呵呵,真是个滑稽的爱尔兰人。他在码头上看到一只盖子松开的箱子,里面装的是警卫用的几支枪。他以为所有的箱子里都是枪。其实净是些铲子和十字镐。是的。呵呵!先生,可惜你没看到那爱尔兰人给叫去干活时的那副面孔!'

"职业介绍所的前任头子,就那样用笑话和故事来增添海程的无聊。他偶尔在香蕉堆上挥泪陈辞,哀悼自由运动的失败和骡子的损失。

"轮船到了新奥尔良,碰上码头的响声真是好听。我们很快就听到几百只光脚板啪哒啪哒走路的声音。一伙卸水果的南欧人跳上甲板,下了舱洞。我和将军开头帮忙传递香蕉,他们以为我们也是干活的人。过了一个钟头光景,我们想法子溜下轮船,上了岸。

"名不见经传的克兰赛,居然有机会来招待一个伟大国家的革命领袖,真是了不起的荣幸。我先为将军和自己买了许多酒和香蕉以外的食物。将军一步不离地跟着我,一切由我安排。我领他走到拉斐德广场,叫他坐在小花园里的长凳上。我已经给他买了香烟,他活像一个吃饱了饭的矮小肥胖的浪人,耸肩拱背地坐着。我看了他坐在那儿的样子,觉得非常满意。他生就的棕色皮肤,现在又加上了尘埃。由于那头骡子的功劳,他的衣服扯得破破烂烂,不成样子。是的,将军的外表很合克兰赛的心意。

"我旁敲侧击地问他有没有偶然在危地马拉捞了些外快来。

他叹了一口气,肩头往长凳上一靠。分文没有。好吧。他告诉我,热带那面的几个朋友过后也许会寄些经费给他。看来,将军眼前分明是个穷光蛋。

"我叫他不要离开长凳,然后走到波特拉斯-加朗特勒特的拐角上。那一带是丹奈·奥哈拉巡逻的地段。不出五分钟,奥哈拉来了,他是个红脸膛的漂亮大个子,纽扣雪亮,手里挥旋着警棍。危地马拉划归奥哈拉的势力范围之内才叫好呢。如果丹奈每星期有一两次机会,运用他的警棍去镇压革命和造反作为消遣,那才合他的心意。

"'五〇四六是不是继续有效,丹奈?'我迎上去说。

"'有效得很,'奥哈拉狐疑地打量着我,回答说,'你想尝尝它的滋味吗?'

"五〇四六是一条鼎鼎有名的市府法令,根据这条法令,犯罪在逃的人可以随时加以逮捕、判罪、拘禁。

"'难道你不认得詹美·克兰赛了吗?'我说,'你这个红脸的怪物。'当奥哈拉从热带赐给我的肮脏外表下面把我认了出来之后,我把他推到一个人家的门口,告诉他我要什么,为什么要。'好吧,詹美,'奥哈拉说。'回到长凳那儿去把他稳住。十分钟之内,我一准来。'

"十分钟之内,奥哈拉踱到拉斐德广场,看到两个游民辱没煞人地坐在一条长凳上。再过十分钟,詹·克兰赛和前危地马拉的总统候选人,特·维加将军,到了警察局。将军吓得要死,叫我宣布他显赫的身份和地位。

"'这个人,'我对警察说,'从前是干铁路的。现在落魄了。因为丢了生意,他稍微有点儿神经。'

"'他妈的!'将军说,气得七窍生烟,'先生,你在敝国跟着我的队伍打过仗。干吗要撒谎呢?你老实说,我是特·维加将军,一

个军人,一个贵人——'

"'干铁路的,'我一口咬定说,'现在做了叫花子。不是好东西。三天来都靠偷来的香蕉过日子。看他那副嘴脸。还不够吗?'

"法官给他的判决是,罚款二十五元或者拘禁六十天。他身边分文无着,只好坐牢。他们释放了我,我早知道他们会这样做的,因为我拿得出钱来证明,奥哈拉又替我说了好话。是的;他判了六十天。我替那个伟大的堪——不是,替那个伟大的危地马拉扛十字锹,恰恰也是六十天。"

克兰赛收住话头,在亮晶晶的星光之下,他那张饱经忧患的面孔,显出一种缅怀往事、志得意满的神情。凯奥从椅子上凑过身来,在克兰赛穿着单衫的背上拍了一下,声音好似浪涛拍沙。

"你这魔鬼,告诉他们,"他吃吃笑着,"你怎样运用你那把地的策略,跟那位热带的将军算清了旧账。"

"他缴不出钱,"克兰赛兴冲冲地总结道,"他们派他做工折抵罚金,叫他跟教区监狱的一批囚犯打扫乌苏林斯街。街角上有一家饮食店,摆着适意的电风扇和清凉的食品。饮食店成了我的司令部,每隔十五分钟,我走过去,看看那个用耙铲当做武器的小胖子。天气也像今天一样闷热。我不时招呼他,'喂,先生!'他怒目攒眉地瞪着我,他的衬衫给汗水东一块西一块地粘在身上。

"'新奥尔良这个地方,'我对特·维加将军说,'需要结实的胖子。是的。大事业必需有人推动才成。他妈的! 爱尔兰万岁①!'"

---

① 原文是爱尔兰文。

第十一章　残余的面子[*]

　　柯拉里奥的人十一点钟才吃早饭。因此,他们上市场的时候相当晚。木架搭成的小市场设在一块修剪得很短的草地上,青翠碧绿的面包果树的枝叶笼罩在上空。

　　一天早晨,小贩们带着货色悠悠闲闲地集合拢来。市场建筑的四周有一道六英尺宽的走廊,也有人称它为平台,突出的茅草屋檐为它遮去了中午的日头。小贩们就在平台上摆出他们的货物——新宰的牛肉、鱼蟹、当地的水果、木薯①、鸡蛋、蜜饯,以及堆得高高的、摇摇欲坠的本地薄饼,像西班牙大公戴的帽子一般,又大又圆。

　　但是今天早晨,一向占据市场面海部分的小贩们,没有把货物陈列出来,却凑在一起叽叽喳喳,指指点点。因为在他们的地盘上趴手趴脚地躺着那个不大雅观的"瘟神"布力斯。他身下垫着一条破烂的椰叶席子,外表比任何什么时候都更像一个堕落的天使。他的污秽的粗麻布衣服乌七八糟地裹着他的躯体,线缝都绽裂开来,浑身千揉百皱,简直不成样子,就像被人开玩笑装束起来的木偶,玩腻了之后,又给扔在地上。但是那个人的高鼻梁上还安安稳稳地架着一副金丝边眼镜,作为他往昔阔绰时代的剩余的标志。

---

　　* "面子"的原文是"The Code"即"Code of Honour",指西方社交礼法,或决斗惯例。这儿指本章主角布力斯死要面子。
　　① 木薯:美洲热带地方和非洲海岸所产的一种植物,其根可以制粉做面包。

荡漾的海水反映出来的闪烁的阳光,射到了他的脸上,再加上市场小贩的说话声,把"瘟神"布力斯惊醒了。他一骨碌坐了起来,眨眨眼睛,往市场的板墙上一靠。他从口袋里掏出一条五痨七伤的丝手绢,辛辛苦苦地把他的眼镜打磨了一番。他在做这件事的时候,觉察到他的寝室已经受到侵犯,那些礼貌周全的棕色黄色的人在央求他腾出地方,好让他们陈列货物。

先生能不能劳驾——这样惊动非常不好意思——但是主顾不久就要来购买当天的菜蔬——这样打搅真是非常对不起!

他们用这种方式做了暗示,使他觉得非走不可,别再拖住生意买卖的后腿。

布力斯带着亲王离开云盖御床似的神气,跨下了平台。即使落到最潦倒不堪的地步,他始终没有丧失那种神气。很明显,敦品励行的讲座未必一定设立在教授优良礼节的大学门墙之内的。

布力斯挥了挥他那可怜相的衣服,慢腾腾地踏着火热的沙路,往大街走去。他毫无目的地走去。这个小市镇有气无力地苏醒过来,准备再混一天。金黄肤色的娃娃在草地上满处打滚。海风给他带来了胃口,却没带来满足胃口的东西。柯拉里奥到处都是早晨的气息——热带花草的浓烈香味、户外泥灶烘制面包的味道,以及灶里冒出来的无孔不钻的烟子。烟雾过处,透明的空气,加上一点心理作用,仿佛把山岳移到了海边,使山岳和海洋靠得那么近,以至山腰上的林中空地几乎都数得出来。跳跳蹦蹦的加勒比人飞快地奔到海边去干活。香蕉丛林中的小径上已经有一队队的马帮在缓缓行动,除了摆摇的马头和吃力的马脚之外,全身都被一堆堆青黄色的香蕉遮没了。女人坐在门槛上梳理黑色的长发,隔着狭隘的街道互相招呼。柯拉里奥一片太平气象——虽然贫弱,枯燥;毕竟算是太平。

那一个明朗的早晨,当造化仿佛用黎明的金盘托出忘忧果的时候,"瘟神"布力斯已经落到水尽山穷的田地。比眼前再落魄似乎是不可能的。昨晚露天睡了一夜已经够他受的。只要他头顶上还有一片瓦,一位大爷跟林莽的野兽和空中的飞禽之间就还有不可逾越的距离。那只抽抽噎噎的牡蛎,被带到南海沙滩,给狡猾的海象(环境)和毫不容情的木匠(命运)吃掉①,布力斯的处境和牡蛎比起来,也好不了多少。

对布力斯说来,现在钱财只成了记忆中的事物。他的朋友在交情范围以内所能办到的事情,已经给他勒索光了;他们的慷慨也给他榨得一滴不剩;临了,他又像亚伦②一般,在他们铁石心肠上挤出了几滴零零落落、很不体面的布施。

他的信用已经彻底破产,连一个里亚尔的账也赊不到了。作为一个不顾羞耻的食客,他特别精明,找到空子就钻,柯拉里奥有什么地方可以骗得一杯酒、一顿饭,或者一点钱,他都知道得清清楚楚。他把每一个可以吃白食的地方,都在心里排比一番,饥渴促使他十分彻底和仔细地去盘算这件事情。这会儿他的乐观心理任怎么也不能从那些理想的糟粕里打出一颗希望的谷粒。他已经山穷水尽啦。露宿一夜使他的神经起了变化。在那一晚以前,他尽管厚颜无耻,多少还有一丁点儿借口,可以要求他的邻居们帮衬帮衬。如今,他只有求乞的份儿,借贷的话提也不用提了。任谁丧心病狂,胡说乱道,也不能把鄙夷地扔给一个睡在市场光板上的海岸瘪三的铜子儿,称做好听的"借贷"。

但是今天早晨,没有一个花子会比他更感激地接受一枚布施的银钱,因为魔鬼般的酒瘾已经掐住了他的喉咙——醉鬼没有到

---

① 这里引用了《镜中奇遇》的故事。
② 亚伦,摩西之兄,曾在埃及法老前广行奇迹,并降十大灾殃。见《旧约·出埃及记》。

达火焰地狱①之前,每天清早的还魂酒是非喝不可的。

布力斯慢腾腾地走上街道,留心老天会不会降下一个奇迹,在他漂泊荒野的时候,撒下一些灵食②。赶上他走过伐斯盖斯夫人的大众食堂时,夫人的客人们恰好坐定,预备大吃新出炉的面包、鳄梨、菠萝,以及香气随风飘扬、足以保证质地的上好咖啡。夫人正在上菜;她的羞怯、鲁钝、忧郁的眼睛向窗外瞟了一下;看到布力斯,她的神情显得更羞怯、更窘迫了。"瘟神"欠她二十个比索。他朝她打了一躬,像以前朝那些没有银钱来往的、也不那么窘迫的女人鞠躬一般,然后走了过去。

商店老板和他们的伙计正在打开结实的木门。当布力斯带着残余的旧日的气派、心虚胆怯地走过时,他们向他身上投过客气然而冷淡的眼光;因为他们几乎都是他的债权人。

到了广场的小喷泉那儿,他打湿手绢,敷衍了事地盥洗一下。开阔的广场对面,监狱囚犯的愁眉不展的亲友们站成一排,替那些关在里面的人送早饭来。他们手里的食物引不起布力斯的渴望。他一心只想喝酒,或者弄些买酒的钱。

他在街上碰到许多旧日的朋友和身份相等的人,他们的耐性和慷慨早已给他陆陆续续地消耗光了。威拉特·盖台和葆拉每天骑马郊游,当他们沿着那条印第安旧路小跑回来,经过布力斯时,只是极冷淡地点了点头。在另一个转角上,他碰上了凯奥,凯奥愉快地吹着口哨,拿着几个给自己和克兰赛当做早饭的新鲜鸡蛋。这个快活的财迷,在布力斯吃白食的对象当中,最肯掏腰包。但是现在凯奥似乎也打定主意,不再让人侵袭了。他的草率的招呼和

---

① 原文"Tophet"(陀斐特)是耶路撒冷南面的山谷,古时在谷中焚献儿童以祭火神。见《旧约·列王纪下》第 23 章第 10 节。
② 灵食,摩西率领以色列人逃出埃及,在荒野中漂泊了四十年,饥饿时上帝撒下食物。见《旧约·出埃及记》第 16 章第 14—35 节。

灰色大眼睛里不祥的光芒,促使那个走投无路、几乎想再开口试一次"借贷"的"瘟神"加快步子,往前走去。

之后,这个孤苦无告的人一口气跑了三家酒店。在这三家酒店里,布力斯的钱财和信用早就消耗得一干二净,人家早就不欢迎他了;但是那天早晨,他只要一杯白兰地进口,即使在仇家面前,也肯低头服小。两家酒店非常客气地拒绝了他的勇气十足的请求,简直比破口骂他还要难受。第三家已经学到一些美国的方式;在这家,他被人家兜头一把,摔倒在门外地上。

肉体上的耻辱,在他心里产生了奇特的变化。他爬起来走开的时候,脸上浮起一种如释重负的神色。原先刻画在上面的虚情假意的笑容,现在已经换成了一副安详而奸险的样子。体面的世界把"瘟神"抛进了险恶的茫茫人海,让他握着一条细细的救命绳索,随波浮沉。他一定感到,最后这一次震惊把这条绳索绷断了,他也一定体会到一个即将没顶的游水者不再挣扎时的快感。

布力斯走到另一个街角,站在那儿掸掉衣服上的沙土,重新擦擦眼镜。

"我非干不可啦——唉,我非干不可啦,"他失声说道,"只要有一夸特蔗酒,我自信还可以拖延下去——至少拖延一个短时期。但是,'瘟神'——人家这样称呼我——再也弄不到酒了。凭地狱的火焰来赌咒!即使大爷坐到魔王的右手边,也得有人来支付大爷的花费。弗兰克·古德温先生呀,你得破费破费啦。你是个好人;但是大爷给踢到阳沟里啦,实在咽不下这口气。敲诈不是好听的名词,但是大爷下一步就要干这件事了。"

布力斯迈着坚定的脚步,迅速地穿过滨海的近郊,往市区走去。他穿过穷苦黑人的污秽的住家和更穷苦的混血儿的富于画趣的窝棚。他一路走过的地方,有好几处可以从荫翳的林中空地望到屹立在树木繁茂的小山上的弗兰克·古德温的屋子。他跨过礁湖上那座小桥时,看到印第安老头儿加尔韦斯,在洗擦那块烙上米拉弗洛勒斯名字的木板。过了礁湖,古德温的土地逐渐高了上去。两旁长着绚烂的热带花草的青草路,从外围的香蕉林边缘弯弯曲曲地通到那座屋子。布力斯踏着坚定的大步子,走上这条路。

古德温坐在走廊上最凉爽的地方,向他的书记,一个血色不好然而很能干的本地青年,口述信件。这儿治家墨守美国成规;早餐已经在一个钟头左右之前吃过了。

那个光棍走上台阶,扬一扬手。

"早呀,布力斯,"古德温抬起头来说,"请进来坐坐。有什么地方要我效劳的吗?"

"我想跟你私下谈谈。"

古德温朝他的书记点点头,书记便踱了出去,到一棵芒果树下抽纸烟去了。布力斯就坐在那只空出来的椅子里。

"我要一点钱。"他直截了当地说。

"对不起,"古德温也直截了当地说,"不能再给你啦。你不顾死活地喝酒,简直要送命了,布力斯。你的朋友都想尽方法,帮助你重新做人。你却不自爱。给了你钱,你就自寻死路,那又何必。"

"好朋友,"布力斯说,他往后一靠,使椅子的前脚略微离了地,"目前不是个社会经济的问题。那个阶段已经过去了。我很看得起你,古德温;可是现在要对不起你了。今天早晨,斗牛士酒店把我轰了出来;我的尊严受了损伤,社会得赔偿我的损失。"

"我并没有轰你。"

"不错;但是广义地说,你代表社会;狭义地说,你代表我最后的机会。我落到了非干不可的田地,老兄——一个月前,洛沙达的人在这儿张罗的时候,我就想干;但是那时分我还狠不下心。眼下情况不同了。我要一千块钱,古德温;你非给我不可。"

"上个星期,"古德温笑着说,"你开口要的只不过是块把钱。"

"这就可以证明,"布力斯轻轻巧巧地说,"虽然在重重压迫之下,我还是个君子人。罪恶的工价①应该比一个只值四十八分美金的比索高些。我们来谈谈正经的吧。我是戏文里面第三幕露面的恶棍;我分内应得的风光非弄到手不可,管它是不是只图个目前。我亲眼看见你拿到那位过世的总统的一箱赃款。喔,我知道这是敲诈;可是我开的价钱非常公道。我知道我是个胃口不大的恶棍——一个草台戏里的角色——不过你是我最要好的朋友之一,我不愿意赶尽杀绝。"

"姑且请你把细情说一说。"古德温建议道,同时镇静地整理桌上的文件。

"好的,""瘟神"说,"我佩服你的镇静工夫。我最厌恶做作;那么,就请你听我细细道来,不要冒火,也不要嚷嚷。

"那位夜奔的大人先生到达镇上的一晚,我喝得酩酊大醉。请你原谅我说这话时的得意;说实话,我要喝到那种称心的程度确实不是一件容易的事儿。奥狄斯夫人的旅馆院子里,有人在橘树底下摆了一张榻床,忘记收进去。我翻过墙头,往那上面一躺,就睡着了。树上掉下一只橘子,打在我鼻子上,把我弄醒了;我躺了一会儿,咒骂伊萨克·牛顿爵士②,或者不管哪一个发明万有引力的家伙,为什么不把他的原理只限于苹果。

"随后那位把国库装在手提包里逃跑的米拉弗洛勒斯先生和他的情人来了,他们进了旅馆。之后,你来了,跟那个理发匠商谈了一下,他喋喋不休的谈着他的本行生意。我想再睡一会儿;但是

---
① 原文出自《新约·罗马书》第 6 章第 23 节:"……因为罪恶的工价乃是死……"
② 伊萨克·牛顿(1642—1727),英国物理学家,看到苹果从树上掉下,悟出万有引力的定律。

我的睡觉又被打搅了——这回却是楼上的枪声。之后,那只手提包啪哒一声落到我头顶的橘树上面;我不知道还有几只大皮包要落下来,连忙从卧榻上爬起来。等那些赶忙把勋章奖牌别在睡衣上、拔出短刀的士兵和警察纷纷来到时,我爬到一株香蕉树下,没有被人发现。我在那儿待了一个钟头,那时候,骚扰平息了,人们也散了。接着,我亲爱的古德温——真真对不起——我看到你溜回去,从树上摘下那个又熟又多汁的手提包。我跟着你走,看你把它带回家去。一株橘树一季有十万元的收成,真可以打破水果业的记录了。

"我当时还算是上流人物,自然从没有向任何人提起这件事。但是今早晨,我给一家酒店轰了出来,我的面子完全拉破了,我为了三个指头①的白兰地,愿意出卖我老娘的祈祷书。我并不想逼人太甚。那晚上出事的时候,算我睡在榻上没有醒,也没看见什么,你出一千块钱应该是值得的。"

古德温又打开了两封信,用铅笔批了几个字。然后向书记喊道:"曼纽尔!"书记敏捷地走了过来。

"水精号——几时开?"古德温问道。

"先生,"那个青年回答,"下午三点。它往南开到本达·沙尔达特去装完水果,马上从那儿直放新奥尔良。"

"好!"古德温说,"这些信件暂时可以不办。"

书记又回到芒果树下去抽纸烟。

"大致算起来,"古德温面对着布力斯说,"从我这儿'借去'的款子不算,你在镇里欠下了多少钱?"

"约略估计一下——五百块钱。"布力斯轻轻松松地说。

"到镇里什么地方去开一张欠债的清单,"古德温说,"过两个

---

① 西人斟酒用手平握杯子,以手指的数目代表杯内酒的多少。

钟头再回到这儿来,我会派曼纽尔带着钱去代你还掉。我还会替你预备一套像样的衣服。三点钟你搭水精号动身。曼纽尔送你上船,在那儿付给你一千块现钞。我想我们不必谈到你该怎样报答的问题上去。"

"我懂得,"布力斯愉快地接口说,"我睡在奥狄斯夫人的橘树底下的榻上,通宵没醒过;从此我跟柯拉里奥一刀两断。大丈夫做事光明磊落。我不想再吃忘忧果啦。你的提议错不了。你确实是好人,古德温;说起来,我也是从轻发落的。一切我都同意。但是目前——我酒瘾发得难过,老朋友——"

"一个子儿也没有,"古德温坚持说,"等你上了水精号再付钱给你。如果你现在有了钱,不消半个钟头,你就喝醉了。"

但是他注意到"瘟神"的眼球满布血丝,浑身有气没力,双手颤颤抖抖的;他便跨过矮窗,走进餐厅,拿了一只杯子和一瓶白兰地回来。

"好吧,你临走之前先喝一杯提提神。"他建议道,说话的口气就像招待朋友似的。

"瘟神"布力斯一看到他心向神往的慰藉品,眼睛就亮了起来。今天,他破题儿第一遭弄不到对症的药来镇定他中了毒的神经;神经的抗议使他越来越难受。他抓住酒瓶,玻璃瓶口在他颤抖的手里把杯子碰得格格直响。他倒满了一杯,站直身子,把杯子举得高高的。一刹那间,他在那个深渊的溺人的波浪里冒出头来,大方地对古德温点点头,高举起泼泼满的杯子,喃喃地说了声当年在他的失乐园里人们常用的"祝你健康"。说时迟,那时快,他手突然一晃,泼出了白兰地,又把酒杯搁到桌子上,一口没尝。

"过两个钟头再来。"他翕动干燥的嘴唇喃喃地向古德温说,说罢跨下台阶,直向镇里走去。

"瘟神"在阴凉的香蕉林边停了下来,把他的皮腰带勒紧了一个扣孔。

"我不能那么做，"他狂热地冲着摆动的香蕉树叶解释道，"我想那么做，可是不能。大丈夫可不能跟一个让他敲诈了的人一块儿喝酒。"

第十二章 鞋 子

约翰·特·格拉芬里德·阿特伍德把忘忧果的根、茎、花一股脑儿吃了下去。这个热带地方把他囫囵吞掉了。他全心全意地干着一件事,就是想办法忘掉萝西。

吃忘忧果的人没有不用作料的。作料就是一种穷凶极恶的调味品;制造它的人就是酿酒商。在约尼的菜单上,它的名称是"白兰地"。晚上,他和比来·凯奥拿了一瓶酒,坐在小领事馆的走廊上,高声唱着粗野的歌,路过的本地人赶快溜开,耸耸肩膀,暗地里骂一声"Ameicanos diablos(美国鬼子)"。

一天,约尼的仆人把邮件送进来,撂在桌子上。约尼从吊床上欠起身子,颓丧地翻翻四五封信。凯奥坐在桌沿上,用一把裁纸刀懒洋洋地剁着一条在文具堆里爬动的蜈蚣的脚。约尼这会儿正是浑浑噩噩的时候,觉得世上任什么东西都枯燥乏味。

"又是老一套!"他抱怨说,"傻瓜写信来了解这个国家的情况。他们要知道有关种植水果的一切,要知道不花劳力就可以发财的法子。有一半人甚至连回信的邮票都没附来。他们以为领事除了写信之外就没有旁的事似的。替我把那些信拆开来,老兄,看他们要什么。我实在懒得动。"

凯奥已经习惯了这地方的水土,再也不会有不乐意的时候。他那粉红色的脸上浮起顺从的笑容,把椅子拖到桌子跟前,动手拆信。有四封是合众国各地的公民写来的,他们仿佛把柯拉里奥领事当做一部万宝全书。他们问了一长串编了号码的问题,都是关于这个国家的气候、土产、前途、法令、生意机会和统计资料,因为领事代表合众国政府驻在这个国家。

"请你回个信给他们,比来,"那个不爱动弹的官员说,"写一句话就成啦,叫他们参看最近的领事汇报。告诉他们,国务院乐于提供那些绝妙文章。签上我的姓名。别让你的笔刮着纸头,比来;那种声音吵得我睡不着。"

"你别打呼噜,"凯奥和气地说,"我就替你做。总之,你需要一个师团的助理。我不明白你怎么搞出一份报告来的。别马上就睡!——还有一封信——并且是从你家乡大勒斯堡寄来的。"

"是吗?"约尼咕哝着说,他为了敷衍起见,不得不表示一点兴趣,"讲些什么呀?"

"是邮政局长写的,"凯奥解释道,"信上说,镇里有个公民要从你这儿打听一些事情,请教请教。又说这位公民打算上你这儿来,开一家鞋店。他要知道你认为这门生意能不能赚钱。他听说这一带海岸最近非常繁荣,也想赶来发个利市。"

尽管天气炎热,尽管情绪不好,约尼还是笑得使吊床摇来摆去。凯奥也笑了;待在书柜顶上的一头驯猴,看见大勒斯堡的来信遭到这种挖苦,也跟着叽叽呱呱地尖叫起来。

"天哪!"领事嚷道,"开鞋店!我不知道他们还要问些什么。我猜大概是大衣厂吧。我说,比来——你猜猜我们这儿三千个居民中间,有几个生平穿过鞋子?"

凯奥郑重其事地考虑了一会儿。

"唔——有你和我和——"

"没有我,"约尼不顾文法对不对,飞快地打断了他的话,抬起一只穿着不登大雅的鹿皮靴子的脚,"我已经有好几个月没受鞋子的罪啦。"

"不过你总算是穿的,"凯奥接着说,"还有古德温、勃兰查、盖台、老鲁茨、格雷格大夫、那个代理香蕉公司的意大利人、老台尔加多——不;他是穿凉鞋的。哦,对啊;还有旅馆老板娘奥狄斯太太——那晚她参加舞会时穿了一双红便鞋。再有她的女儿巴莎小姐——她上北美念过书,带回来一些鞋子之类的文明东西。司令官的妹妹每逢节日佳期也把脚上打扮一下——盖台太太穿着一双卡斯蒂利亚式高鞋面的三十三号的鞋子——女人中间穿鞋子的差不多都齐全了。唔——营房里的士兵是不是——不,是这样的情形:他们行军时才准穿鞋。在营房里是打赤脚的。"

"差不多啦,"领事同意说,"这三千个居民里面,脚上接触过皮革的人不到二十个。哦,不错;柯拉里奥这个市镇确实可以大张旗鼓地开家鞋店——只是别想销出货色。不知道老柏特逊是不是开我玩笑!他所谓的笑话多的是。给他回个信,比来。我念你写。我们也回敬他一个小小的玩笑。"

凯奥拿起笔来蘸了墨水,照约尼口授的写着。他们停顿了许多次,一会儿抽抽烟,一会儿举瓶斟酒,终于诌出了下面一封给大勒斯堡的回信:

阿拉巴马州,大勒斯堡
奥巴地·柏特逊先生

　　谨复者:七月二日来信收悉,承询之事,据我的看法,世界上再没有别的地方比柯拉里奥镇更明显地需要一家第一流的鞋店了。当地居民有三千人之多,可是鞋店却一家没有!这种情形不说自明。这一带海岸正在迅速地成为雄心勃勃的商业人士的目标,可是不幸得很,鞋子生意却没有人注意,或者给忽略掉了。总之,目前我们的公民实际上多半没有鞋子。

　　除上所述的需要之外,这里还迫切需要啤酒厂、高级数学专科学校、堆煤场和健康而有意义的木偶戏。

美国驻柯拉里奥领事,

约翰·特·格拉芬里德·阿特伍德谨启

又及:哈罗!奥巴地老伯。我们那个老镇搞得怎么样啦?如果政府没有你我的话该怎么办?你的老朋友不久就要给你寄一只绿头鹦鹉和一串香蕉。

约尼

"我添上了那段又及,"领事解释说,"奥巴地大伯就不会为这种官样文章的口吻生我的气啦!比来,你把那些信弄好,派潘佐送到邮局去。如果那批水果今天装完的话,阿里亚奈号明天就带了邮件启航。"

柯拉里奥晚上的消遣是一成不变的。人们的娱乐既沉闷又平淡。他们光着脚板,漫无目的地东逛西荡,客气地聊着天、抽着雪茄或者香烟。假如你居高临下望着这些灯光暗淡的街道,就仿佛看到一串和疯狂的萤火虫纠缠在一起的黑发鬼怪。某些屋子里传出了哀怨的吉他声,使得忧郁的夜晚更形凄凉。巨大的树蛙在浓密的叶子里面高声鸣叫,正像一个江湖音乐班里最后一个人敲的"响板"。一到九点钟,街上差不多就没有人了。

领事馆里的节目也不常更换。凯奥每晚都上那儿去,因为官邸面海的小走廊是柯拉里奥惟一凉爽的地点。

白兰地酒瓶忙个不停;没到午夜,那位自我流放的领事心里就起了波澜。接着,他就会把自己的早已结束的恋爱史讲给凯奥听。凯奥每晚不厌其烦地听着,随时表示永不枯竭的同情。

"但是你千万别误会,"——约尼总是用这句话来结束他的伤心的故事——"别当我为那个姑娘伤心,比来。我已经忘了她。我再也没有想过她。即使她现在打那扇门进来,我的脉搏也不会多跳一下。早就完事大吉啦。"

"难道我还不明白?"凯奥总是这么回答,"你当然忘了她。该这么做。她不应当听信那个——呃——那个丁克·鲍生一劲儿损你的怪话。"

"品克奈·道生!"——约尼的声调里充满了鄙夷——"可怜的白种贱民!他正是那种家伙。他大不了有五百英亩农田;那是他占便宜的地方。有朝一日,我也拿点厉害给他看看。道生一家没有什么了不起。可是阿拉巴马的人都知道阿特伍德。我说,比来——你可知道我母亲是特·格拉芬里德的族人吗?"

"哦,不知道,"凯奥会这么说,"真的吗?"其实他听了不下三百遍。

"千真万确。汉柯克郡的特·格拉芬里德一族。我不再想那个姑娘了,是吗,比来?"

"绝对不想,老弟。"这是那个征服爱神的人听到的最后一句话。

这时候,约尼迷迷糊糊地睡着了,凯奥就荡到广场旁边葫芦树下他自己的小屋子里去。

一两天以后,那两个流浪在柯拉里奥的人,已经把大勒斯堡邮政局长的来信和自己的回信忘得一干二净。可是七月二十六日,回信的果实却在事件的树上出现了。

定期来到柯拉里奥的水果船,安大多尔号,开到离岸不远的海面上,下了锚。岸上站了一排排看热闹的人,检疫所的大夫和海关工作人员乘了舢板去执行任务。

一个钟头以后,比来·凯奥吊儿郎当地走进了领事馆,他穿着一身干净凉爽的麻布衣服,像一条高兴的鲨鱼那样咧开嘴笑着。

"你猜怎么啦?"他问躺在吊床上养神的约尼。

"太热啦,懒得猜。"约尼懒洋洋地说。

"你的鞋店老板来啦,"凯奥说,舌头上还在卷动一块糖,"带来的货色足够供应从这儿直到火地的整个大陆。他们这会儿正在把他的货包运到海关去。驳到岸上来的已经有满满六船,他们又把船划回去装运剩下的货色。喔呵,真是活见鬼啦!等他搞明白了这个玩笑,跑来找领事先生谈谈,那才有意思呢!只要看到这一幕欢腾的场面,在热带待上九年也值得。"

凯奥笑起来也爱舒服。他在地席上挑了一块干净的地方,往上面一躺。他的笑声把墙壁都震动了。约尼转了半个身,眨巴着眼睛。

"天下不至于有这种傻瓜吧,"他说,"竟会把那封信当做正经事儿。"

"四千块钱的货色!"凯奥笑得上气不接下气地说,"简直是替纽卡斯尔①送煤炭来啦!他干吗不随手运一船芭蕉扇子到斯匹次卑尔根②去呢?我看到那个老家伙在海滩上。你可惜不在那儿,没有看到他戴上眼镜,扫视站在周围的五百来个赤脚公民时的那副神气。"

"你讲的是实话吗,比来?"领事没精打采地问道。

"谁说不是?你该看看那个上当的老先生带在身边的大闺女。哎呀!她一来,这儿的红褐色的小姐们都给比成黑娃娃了。"

"讲下去,"约尼说,"只是别再格格格地蠢笑啦。我最不爱看一个不折不扣的大人笑得像条鬣狗似的。"

"他姓汉斯特脱,"凯奥接下去说,"他是个——喂!你怎么啦?"

约尼身体一扭,从吊床里翻了下来,他那双穿鹿皮靴的脚砰的一声落到地上。

---

① 纽卡斯尔,英国诺森勃兰州的海港,是著名的煤炭输出港。
② 斯匹次卑尔根,挪威北部北冰洋中的群岛,气候严寒。

"起来,你这个傻瓜,"他厉声说,"不然我要用墨水瓶砸破你的脑袋啦。那就是萝西和她的父亲。天哪!老柏特逊真是个大笨蛋!起来,快,比来·凯奥,帮帮我的忙。我们究竟应该怎么办?难道大家全疯了吗?"

凯奥站起来,掸掸衣服。他勉强恢复了正经的样子。

"事情落到这个地步也得应付,约尼,"他总算能够认真地说话了,"你不讲,我根本不知道那就是你的心上人。第一件事是替他们找个舒服的住处。你到海滩上去挡一阵,我赶快跑到古德温家去,问问古德温太太愿不愿意留他们住。他们的屋子是镇上最像样的了。"

"你真够朋友,比来!"领事说,"我知道你不会撒手不管的。事情早晚要拆穿的,但是我们也许能拖它一两天。"

凯奥撑起阳伞,到古德温家去。约尼穿好上衣,戴上帽子。他拿起白兰地酒瓶,可是一口没喝又放了下去,一鼓作气地大踏步走向海滩。

在海关围墙的阴影底下,他看到汉斯特脱先生和萝西站在一群张口呆看的土人中间。海关人员在局促不安地点头擦脚,安大多尔号的船长在解释新来的人的营生。萝西看上去身体健康,神采奕奕。她很感兴趣地凝视着她周围的奇怪景色。她招呼旧情人的时候,她那丰腴的脸颊上泛起一阵淡淡的红晕。汉斯特脱先生非常亲热地跟约尼握握手。他比较老派,不切实际——也是一个那种永不满足、一直想换花样的、见异思迁的生意人。

"我见到你非常高兴,约翰——我不客气地称呼你的名字,好不好?"他说,"我得谢谢你这么快就回了我们邮政局长的信。他自动代我写了一封信向你了解情况。我正在四下里寻找一些利润丰厚的生意。我从报纸上看到,眼前投资家非常注意这一带海岸。我非常感激你劝我上这儿来。我变卖了所有的一切,把这笔钱买进一批北美市面上最好的鞋子。约翰,你们这个镇真美。我希望这儿的生意能像你信上叫我指望的那么好。"

凯奥的来到,缩短了约尼的苦恼,凯奥三步并作两步地跑来通知说,古德温太太很愿意腾出屋子来,欢迎汉斯特脱先生和他的小姐去住。汉斯特脱先生和萝西立即被引到那儿去休息休息,恢复海行的疲劳,约尼跑去照料那些鞋箱,看它们安安稳稳地堆进海关的仓库以便关员随后检查。凯奥像鲨鱼一般咧着嘴,东奔西跑地在找古德温,要想嘱咐他别在汉斯特脱先生面前泄漏柯拉里奥这个皮鞋市场的实情,先让约尼找个机会挽救当前的局势,如果还有机会的话。

当晚,领事和凯奥在领事馆的凉风习习的走廊上拼命商量。

"把他们送回家去吧。"凯奥猜测着约尼的心思,开口说。

"我也这么想,"约尼沉吟了一会儿说,"但是我以往一直对你撒谎,比来。"

"那倒无所谓。"凯奥和气地说。

"我已经告诉你几百遍了,"约尼慢腾腾地说,"说我已经忘了那个姑娘,是吗?"

"大概有三百七十五遍。"凯奥承认说,他的耐性可以立碑纪念。

"我每次都是撒谎,"领事重复说,"我一分钟也没忘记她。我真像头倔强的毛驴,她只说了一次'不',我就跑开了。而我又太傻气、太骄傲,不愿意回去。今晚我在古德温家跟萝西谈了几分钟。我发现了一件事。你记得那个一直追求她的庄稼汉吗?"

"可是丁克·鲍生?"凯奥问道。

"品克奈·道生。唔,她根本没有把他放在眼里。她说,品克奈·道生在她面前诽谤我的话,她一个字也不相信。可是我现在自讨没趣,比来。我们寄出的那封闹着玩儿的信,把我剩下来的机会全都毁啦。一个懂得规矩的小学生也不至于开的玩笑,我却开了,当她发现她的老父亲做了这个玩笑的牺牲品时,她准要恨我的。皮鞋!他即使在柯拉里奥这儿开上二十年鞋店,也卖不出二十双鞋子。你叫一个加勒比人或者棕色的西班牙人穿双鞋子,他会怎么样?他准会倒竖起来,乱叫乱嚷,把鞋子踢掉,才肯罢休。以前他们中间谁也没有穿过鞋子,以后也永远不会穿。如果我叫他们回家,就得把这件事和盘托出,他对我会有什么看法呢?我非常爱那个姑娘,比来,如今刚有希望,我却永远失去了她,只因为寒暑表到了一百零两度的时候,我瞎开玩笑。"

"别懊恼,"乐观的凯奥说,"让他们把鞋店开出来好啦。我今天忙了一个下午。无论怎样,我们还能在鞋子业中造成暂时的繁荣。店一开张我就去买六双。我跑遍了各个地方,看了所有的朋友,把这件祸事解释了一番。他们都会把自己当做百脚蜈蚣似的去买鞋子。弗兰克·古德温打算买它几箱。盖台夫妇俩大概要买十一双。克兰赛愿意把几星期积下来的钱全花在鞋子上,连格雷格老大夫也要三双鳄皮拖鞋,如果他们有十号尺寸的话。勃兰查已经瞥见了汉斯特脱小姐;作为一个法国人,他非买一打不可。"

"四千块钱的货色只有十来个主顾!"约尼说,"那怎么成。当前是个大问题,要好好琢磨。你回去吧,比来,让我独个儿研究研究。一人做事一人当,我得自己想办法。把那瓶三星白兰地带去——我不要了,老兄:合众国的领事一口酒也不喝啦。我今晚打算在这儿坐着过夜,好好地动动脑筋。这个问题里只要有一个空子,我就钻进去。如果没有,这片瑰丽的热带地方就会多出一个倒霉鬼。"

凯奥觉得自己无能为力,也就走了。约尼在桌子上放了一把雪茄,躺在一张帆布椅上。当天色突然破晓,把海上的微波染成银色时,他还坐在那儿。之后,他站起来,吹着一支小调,洗了澡。

九点钟,他走到肮脏的小电报局,在一份空白的电报纸上花了半小时。下面的一封电报就是他心血的结晶,他在上面签了字,破费了三十三块钱发了出去:

阿拉巴马,大勒斯堡,
品克奈·道生收

兹由邮局汇上一百元。即运五百磅干牛蒡。此间工业有新用途。市价每磅二角。嗣后可能源源订货。火急。

第十三章 船 舶

不到一个礼拜,他们在大街上赁了一幢合适的房子,汉斯特脱先生的那批鞋子就给排列在架子上。这家铺面的租金不大;整齐雪白的鞋盒陈列得很引人注意,煞是好看。

约尼的朋友们始终如一地支持着他。鞋店开张的第一天,凯奥差不多每隔一个钟头就若无其事地走了进去,买些鞋子。各种各样的鞋子他都买了一双——软底鞋、长统胶靴、有扣襻的山羊皮鞋、小牛背脊皮鞋、跳舞鞋、橡皮靴、颜色深浅不同的黄皮鞋、网球鞋和绣花拖鞋——之后,他找到了约尼,要约尼指点别种鞋子的名目,好让他再去买。别的讲英语的居民也毫无吝色地一再购买,豪爽地在这场戏中扮演一角。凯奥统筹全局,指派他们分别光顾,一连好几天,鞋店的生意相当兴隆。

到目前为止的营业数额很使汉斯特脱先生满意;但是他奇怪为什么土人们迟迟不来光顾。

"哦,他们非常害羞,"约尼神经紧张地擦着额头,解释说,"他们很快就会习惯的。他们不来则已,一来就是一窝蜂。"

一天下午,凯奥心思重重地咬着一支没有点上的香烟,来到了领事办公室。

"你有什么锦囊妙计吗?"他问约尼,"有的话,现在就该拿出来啦。如果你能像魔术家那样,向看客借一顶帽子,从里面变出许多主顾来买这批冷背货,你就别再卖关子啦。朋友们都囤足了鞋子,够他们穿上十年;这会儿鞋店里悠悠闲闲,没事可做了。我刚打那儿经过。你那位年高德劭的受难者站在门口,戴了眼镜望着打他店门口走过的光脚板。这儿的土人生性爱好艺术。今天早晨,我和克兰赛在两个钟头里面就拍了十八张相片。而今天一整天只卖出了一双鞋子。勃兰查进去买了一双镶毛皮的家常拖鞋,因为他认为自己看到了汉斯特脱小姐走进去。后来我眼看他把那双拖鞋扔进了池塘。"

"明后天莫比尔公司有一条水果船开到,"约尼说,"我们到那时候才有办法。"

"你打算怎么办——想创造一种需要吗?"

"政治经济学不是你的强项,"领事很不客气地说,"我们没法创造需要。但是我们能创造需要的条件。我就打算这么做。"

领事发出电报之后,过了两个礼拜,一条水果船给他带来一件庞大、神秘、棕色的邮包,里面不知道是什么东西。约尼在海关人员当中很吃得开,没有经过例行检查就领到了那包东西。他派人把它带到领事馆,安安稳稳地藏在后房里。

那晚上,他割开一角,拿出一把牛蒡。他细心察看着牛蒡,就像一个战士出发为自己的情人和生命战斗之前,察看自己的武器一样。那些牛蒡是八月里成熟的,跟榛子一般坚实,长满了钢针般的尖刺。约尼轻轻地吹着一支小调,出去找比来·凯奥。

那天深夜,柯拉里奥沉睡时,他和比来身上鼓得像气球似的,来到杳无人迹的街上。他们来来回回地走遍了大街,把尖角的牛蒡面面俱到地撒在沙上、狭窄的人行道上,以及寂静的房子之间所有的草地上。他们接着走遍了小路和巷子,一处不漏。凡是男人、女人、小孩可能落脚的地方都没有漏掉。他们又回到贮藏牛蒡的地点,往返走了许多次。快破晓的时候,他们像是根据修正的战略策划了一次胜利战役的大将军似的,安逸地躺下来休息,心里明白自己的工作像撒旦播种稗子那么精确,像保罗栽植麦子那般坚持。①

太阳上山的时候,卖果卖肉的小贩都来了,他们在小市场里里外外把货物陈列起来。市场在镇上另一头,靠近海岸;牛蒡没有撒播得那么远。往常开始交易的时间早过了,小贩们等着,可是没有顾客上门。"怎么啦?"他们沸沸腾腾地嚷开了。

每天这个时候,女人们从砖屋子、棕榈叶盖的茅舍、草棚子和黑暗的地窖里出来,她们的肤色各各不同,有黑色、棕色、柠檬色,也有焦茶色、黄色和褐色。她们上市场去买家用的木薯、香蕉、肉、飞禽和玉米面煎饼。她们只穿一袭长过膝盖的裙子,袒肩露胸,光着胳臂,赤着脚板。她们傻里傻气地睁着大眼睛,跨出门口,踏到狭窄的小路或者街道的软草上面。

最先出来的人一脚落地就含含混混地嚷起来,赶忙缩脚。再上前一步,她们就惊叫着坐落地上,急于摘掉叮痛脚丫子的怪虫。"扎人的鬼东西!②"她们彼此隔着狭窄的小路喊道。有几个人避开小路,想在草地上试试,可是也逃不掉那些奇怪的扎人的小球。她们噗的坐在草地上,跟沙地上的姊妹们一样,哀号起来。全镇都是喊痛的吱吱喳喳的女人声音。市场上的小贩还在纳闷,为什么顾客一个不来。

接着,那些当家人,男人们出来了。他们也开始蹦跳、舞蹈、跛行、谩骂。有的手足无措、莫名其妙的站着,有的弯下腰去摘除降临他们脚板和脚踝的灾殃。还有几个人大声说,这些害虫是一种不知名的毒蜘蛛。

---

① 典出《新约·马太福音》第13章第24节:"耶稣又设个比喻对他们说,天国好像人撒好种在田里,及至人睡觉的时候,有仇敌来,将稗子撒在麦子里,就走了。"

② 原文为西班牙文。

这时候,小孩们跑出来淘气了。于是,原先一片喧噪声中又加上了给牛蒡扎着的、一瘸一拐的小孩们的哭喊。在那一天里面,每一分钟都产生了新的受难者。

堂娜玛丽亚跟往日一样,跨出她高贵的门口,到对街的面包铺去买新鲜面包。她下身是绣花的黄缎裙子,上身是起皱的麻布衬衫,脸上蒙着西班牙出品的紫色面纱。她那双柠檬色的脚,可惜是精赤的。她仪态万方地走了出来,因为她的祖先岂不是阿拉贡①的贵族?她在天鹅绒般的草地上走了三步,便把她的高贵的脚跟踩在约尼撒的一堆牛蒡上。堂娜玛丽亚也顾不得什么仪态体统,野猫似的长嚎了一声。她一扭身,跌了个狗吃屎,手脚并用——哎,像一只野兽那样,手脚并用地爬回到她的高贵的门口。

体重二百八十磅的治安推事,堂伊尔台方索先生,想把他的贵躯搬到广场拐角上的小酒店那儿去,过一过早晨的酒瘾。他的不着鞋袜的肥脚刚踩上清凉的草地,就碰到了一枚隐藏的地雷。堂伊尔台方索像一座破败不堪的教堂那样坍塌下来,嚷说自己给毒蝎子咬了一口,恐怕性命难保。不穿鞋子的公民在各处跳跳蹦蹦、跌跌撞撞、一跛一拐,在他们的脚上摘去那些一夜之间飞来折磨他们的毒虫。

第一个想起补救办法的是理发匠艾斯台班·台尔加多,他跑过码头,有点知识。他坐在一块石头上,一面拔掉刺在脚丫里的牛蒡,一面大发议论:

"瞧哪,朋友们,这是魔鬼的甲虫!我知道得很清楚。它们像鸽子一样,成群结队的飞过天空。这些是晚上掉下来的死虫。我在尤卡坦②看到的有橘子一般大。是啊!它们像蟒蛇一样会咝

---

① 西班牙东北部的古代王国。
② 尤卡坦,墨西哥西南一州。

叫,像蝙蝠一样有翅膀。我们需要的是鞋子——对啊,鞋子!鞋子——我要鞋子!"

艾斯台班一瘸一瘸地拐到了汉斯特脱先生的铺子里,买了鞋子。他大模大样地走了出来,有恃无恐地走在街上,高声痛骂那些魔鬼的甲虫。还在受难的人们有的坐着,有的独腿站着,都看到了那个挨不着扎的理发匠。男人、女人和小孩立刻纷纷嚷了起来:"鞋子!鞋子!"

需要的条件已经创造出来了。接踵而来的就是需要本身。那一天,汉斯特脱先生卖脱了三百双鞋子。

约尼晚上过来帮他清理存货,他对约尼说:"真叫人吃惊,生意竟然这么好。昨天我只做了三笔交易。"

"我早对你说过,这儿的事情只要一开头,大家就争先恐后了。"领事说。

"我想再订十二箱货色,以免脱销。"汉斯特脱先生说,他的眼睛隔着镜片闪闪发光。

"换了我,目前暂时不订货,"约尼出主意说,"最好观望一阵子,看生意能不能维持下去。"

约尼和凯奥每晚播种的庄稼,到了白天就长成金钱。到了第十天,那批鞋子已经卖去三分之二;而那批牛蒡却用光了。约尼又给品克奈·道生打了电报,叫他再运五百磅来,价格跟先前一样,每磅两毛钱。汉斯特脱先生仔仔细细地拟好了一份订货单,向北美的几家公司配购一批价值一千五百元的鞋子。约尼待在铺子里,一直等他封好订货单准备寄发,然后没让它到达邮局就把它毁了。

那晚上,他把萝西带到古德温家的走廊跟前的芒果树下,向她坦白了一切。她盯着约尼的眼睛说:"你这个人真不老实。爸爸和我只好回家去。你说这只是个玩笑?我却认为大不应该。"

但是经过半个钟头的辩解之后,谈话转移到了一个根本不同的题目。他们俩在考虑结婚之后,阿特伍德家在大勒斯堡的殖民地式邸宅的糊墙纸,究竟该用淡蓝色的呢,还是用粉红色的。

第二天早晨,约尼把真相一五一十地告诉了汉斯特脱先生。这个鞋子商人戴上眼镜说:"这一来,你在我眼里成了一个最异想天开的小淘气鬼。假定我不用头等的眼光来经营这桩生意,我所有的货色可能全部损失。嘿,其余的鞋子你打算怎么办?"

当预订的第二批牛蒡运到的时候,约尼把它和卖剩的鞋子装上一条帆船,驶到阿拉桑海岸。

在那儿,他用了同样不可告人的、阴险毒辣的手段,也获得了成功;带回来一袋金钱,鞋子完全卖光了,连鞋带都一根不剩。

于是,他请求他那位蓄着一把飘拂的山羊胡须、穿着星条背心的大叔①,准他辞职,因为忘忧果再也迷不住他啦。他非常想念大勒斯堡的菠菜和水芹。

他建议由威廉姆·台仑斯·凯奥先生暂时代理领事的职务,政府也同意了,约尼和汉斯特脱父女便扬帆回到他的家乡。

凯奥满不在乎地挣得了这份美国领事的闲差使,即使爬上了这种高贵的地位,他的满不在乎的态度还是不改。那家铁板照相铺子不久便告结束,虽然它在宁静而听人摆布的西班牙海岸一带留下的穷凶极恶的照片是永远磨灭不了的。好动的合伙股东们又打算另谋发展,赶在按部就班的营利之徒前面。但是他们现在要分道扬镳了。有谣言说秘鲁很可能发生革命,好勇斗狠的克兰赛就想到那儿去冒冒险。至于凯奥呢,他早在心里和政府的公文纸上盘算着一个计划,如果拿他的老本行——在铁板上歪曲人类形象的艺术——和这个计划一比,简直像是小巫见大巫了。

---

① 即指美国政府。

凯奥常说:"生意买卖方面配我胃口的是一些变化多端的、长线放远鹞的事情——一些无伤大雅的骗局,函授学校还来不及用通讯方式来传授的那种骗局。我不抄短路;但是我希望,赢的机会至少要跟在外洋轮船上学打扑克的人,或者以共和党员身份去竞选得克萨斯州长的人一样多。并且当我把赢得的筹码收进来兑现的时候,我也不希望看到那里面有孤儿寡妇的钱。"

长着青草的世界,就是凯奥在上面赌博的绿绒台子。他赌的玩意儿是他自己发明出来的。他决不恋恋不舍地追求不义之财。他也不愿意赶尽杀绝地蛮干。他却爱用光彩夺人的鱼饵把钱财从异乡溪流的栖息处中哄骗出来。不过凯奥到底是个生意人;他的策略尽管特别,却仍然像建筑承包商的计划那样稳当妥帖。如果在亚瑟王朝,威廉姆·凯奥爵士早就成了圆桌骑士。① 在现代的日子里,他东奔西跑,不是在找圣杯②,而是在找欺诈的机会。

约尼离开之后过了三天,柯拉里奥海岸外边出现了两条小型帆船。耽搁了一阵子以后,其中的一条放下了一条舢板,把一个皮肤黝黑的小伙子送上了岸。这个小伙子的一双眼睛又机灵又精明,他看到这些陌生的景象很是惊异。他向海滩上的一个人打听了去领事馆的路;急煎煎地走去。

凯奥大模大样地坐在办公椅子里,正在一本公家的拍纸簿上画着他的山姆叔叔的头部。他抬起眼睛,望着来客。

"约尼·阿特伍德在哪儿?"皮肤黝黑的小伙子一本正经地问道。

"去啦。"凯奥回说,同时仔细地画着山姆叔叔的领带。

---

① 亚瑟是传说中六世纪时的不列颠国王,会议宴会时常和他的部下绕一大理石圆桌而坐,以后圆桌骑士就成为他部下骑士的统称。
② 圣杯,耶稣被钉十字架前与其门徒作最后晚餐时用的绿柱玉杯子,据说遇到不纯洁的人即自动失踪,后成为圆桌骑士追寻的目标。

"他就是这种脾气,"这个栗色皮肤的人靠在桌子上说,"他这个家伙老是不务正业,光爱东逛西荡,吊儿郎当。他就会回来吗?"

"不见得。"凯奥考虑了相当长久之后说。

"我想他又出去干他的无聊事了,"来客用着自以为是的口气猜测说,"约尼做什么事都没有恒心,不等成功又撒手不干。我真弄不懂,他既然老是不来照顾这儿的事务,怎么能够搞下去。"

"眼前由我照顾这儿的事务。"这位代理领事承认说。

"你就是——那么,请教!——工厂在哪儿呀?"

"什么工厂?"凯奥有些关注地、客气地问道。

"噢,就是那家要用牛蒡的工厂。鬼知道他们拿牛蒡来做什么!我把外面那两条船的底舱装足了牛蒡。这批货色我可以给你们便宜一点。大勒斯堡的男人、女人和小孩只要是没事做的,我都雇了来采牛蒡,足足采了一个月。我又雇了那两条船把它们运来。谁都以为我发疯了。现在,这批货色只要你一毛五分钱一磅,岸上交货。你再要的话,我想还可以到阿拉巴马去弄来供应。约尼离家的时候对我说,如果他在这儿碰到有钱可赚的机会,他一定通知我来插一脚。我要不要把船开进来,抛锚卸货?"

凯奥的红润的脸上显出了一种几乎难以想象的、极度的快活神气。他的铅笔从手里掉了下来。他转过眼睛望着这个皮肤黝黑的年轻人,眼睛里一半是高兴,一半是惟恐他的高兴竟成一场春梦的恐惧。

"看在老天的分上,请你告诉我,"凯奥诚诚恳恳地说,"你是不是丁克·鲍生?"

"我叫品克奈·道生。"那位牛蒡市场的垄断商说。

比来·凯奥喜不自胜地、轻轻地从椅子滑到他特别爱好的、那块铺着席子的地板上。

在那一个闷热的下午,柯拉里奥没有多少声响。已有的一些声响当中,值得一提的是一个仰天躺着的爱尔兰籍美国人所发的幸灾乐祸和喜出望外的哄笑,站在旁边看他的是一个眼光精明、皮肤黝黑、莫名其妙的年轻人。除了笑声之外,还有外面街道上许多穿着鞋子,"喀哒、喀哒"走路的脚步声。再有拍击在富于历史意义的西班牙海沿岸的单调沉闷的浪涛声。

第十四章 艺术大师

凯奥变魔术时开场用的魔杖,是一截两英寸来长的蓝铅笔。他在等美利坚合众国派人到柯拉里奥来继任阿特伍德辞去的职务,这期间,他用蓝铅笔在纸上涂满了图样和数字。

他在头脑里想的、他的勇气所坚持的、他的蓝铅笔所确定的新计划,是针对安楚里亚新任总统的特性和为人的弱点而设的。总统的这些特性,以及凯奥指望从中勒索一笔厚礼的局势,都值得记载下来,以便弄清大事的来龙去脉。

洛沙达总统——很多人管他叫"独裁者"——是个天才人物,可是他的天才却掺杂着别的卑微而富有破坏性的特点,否则即使他处在盎格鲁-撒克逊人中间,他的天才也可能使他崭露头角。他具有一些华盛顿的崇高的爱国主义(华盛顿是他最钦佩的人)、拿破仑的魄力,以及圣贤的智慧。他有了这些特点,原可以正正当当地自称为"显赫的解放者",可是除了这些特点,他还有大得惊人的虚荣心,使他不得不屈居在层次较低的独裁者之列。

话虽这么说,他对国家的贡献却很大。他用强劲的手腕,几乎一下子把他的国家从愚昧和怠惰的羁轭之下解放出来,摆脱了寄生在它身上的毒虫,几乎使他成为列强之一。他创办学校和医院,修建公路、桥梁、铁道和宫室,大量资助文艺和科学事业。他是人民的专制君王和崇拜对象。全国的财富像水一般流进他手里。别的总统都是毫无理由地贪得无厌。洛沙达虽然积聚了巨大的财富,但是他的人民也分享到了一点利益。

他的弱点就是永不满足地爱好各种表扬他的纪念碑和纪念物。他授意在每一个市镇里立了他的塑像,像座上还刻了赞美他伟大的铭文。每一座公共建筑物的墙上都挂了匾额,列举了他的显赫事迹和他的子民的感恩之情。全国各个大小房子里都有他的小型塑像和画像。他朝廷里有一个会奉承的人,把他画成圣约翰①的模样,头上有一个光圈,身后有一群全身披挂的侍从。洛沙达看不出这幅画里有什么不伦不类的地方,便把它张挂在首都的一座教堂里。他在一个法国雕刻家那儿定做了一座大理石群像,其中有他自己、拿破仑、亚历山大大帝②,以及其他一两个他认为值得享受这种荣誉的人物。

他在欧洲各地物色勋章,利用种种政治手腕、金钱和阴谋,从欧洲的帝王和君主那儿骗得他所垂涎的勋章。遇到国家大典的时候,他的胸前从这边肩膀到那边肩膀满挂着十字章、星章、金玫瑰③、奖牌和绶章。据说,只要谁能替他设计一种新的勋章,或者发明一种颂扬他伟大的新方法,谁就可以在国库里大大地捞一把。

比来·凯奥看中的就是这个人。这位斯文的海盗,看到恩宠像雨水似的洒到那些满足了总统的虚荣心的人身上,他认为不必撑起雨伞故意挡住四下飞溅的横财的水滴。

没有几个星期,新领事到任了,解除了凯奥的临时职务。他年纪轻轻,刚从大学毕业,好像单为植物学而活在世界上似的。他身为柯拉里奥的领事,有了研究热带植物的机会。他戴着一副茶晶眼镜,拿着一把绿色的阳伞。他在领事馆凉爽的后廊上摆满了各

---

① 圣约翰,耶稣的十二门徒之一。
② 亚历山大大帝(公元前356—前323),马其顿王,征服地中海各国,占有亚洲西部至印度各地。
③ 教皇在四旬斋赠给信奉天主教的君主的祓邪物。

种植物和标本,弄得连放酒瓶和椅子的地方都没有了。凯奥抑郁地瞅着他,可是绝没有怨恨的意思,动手拾掇他的手提皮包。因为他的针对西班牙海岸一带的沉闷而做的新计划,需要他到海外去一次。

不久,那条不定期的轮船加尔赛芬号又来了,准备收购一船椰子,运到纽约市场上去投一次机。凯奥订了一个回程的船位。

"是啊,我上纽约去,"一群同国人到海滩上给他送行的时候,他解释说,"但是在你们想念我之前,我又会回来的。我担当了这个黑白相杂的国家里的艺术教育事业,铁板照相还在艰苦的萌芽时期,我决不会撒手不干的。"

凯奥神秘地宣布了他的意图之后,便上了加尔赛芬号。

十天之后,他浑身打着哆嗦,把他那件单薄的上衣领子翻得高高的,冲进了纽约市第十街一座大厦顶上的加罗勒斯·怀德的画室。

加罗勒斯·怀德一面抽香烟,一面在煤油炉上炸香肠。他只有二十三岁,在艺术方面倒有些高尚的见解。

"比来·凯奥!"怀德伸出另一只不在忙于照料煎锅的手,喊道,"你打世界上哪一个没开化的地方来的?"

"你好,加罗,"凯奥说,同时拉过一把凳子,双手紧靠着煤油炉取暖,"我这样快就找到了你,真觉得高兴。我在人名录上和艺术馆里找了你一整天。街角上那个流浪汉把你住的地方告诉了我,一点不费事。我断定你一准还在画图。"

凯奥像一个做买卖的精明的鉴赏家那样,把画室扫了一眼。

"不错,你干得了这件事,"他不住地微微点着头说,"角落里那幅画着天使、青云和乐队车的大画正是我们需要的东西。你管那幅画叫什么名字,加罗——康奈岛①风景画,是吗?"

---

① 康奈岛,纽约港口的避暑地,有游乐场等。

"那一幅,"怀德说,"我原打算叫做'以利亚升天图'①,也许你的叫法比我的更恰当些。"

"名称没有什么关系,"凯奥大方地说,"要紧的倒是画框和五色缤纷的颜料。现在,我马上就可以把我的来意告诉你。我赶了两千英里海路来请你参加我的一个计划。这个计划刚在我脑子里出现,我就想起你来。你愿不愿意跟我回去画一幅图画?来回路程要九十天,那件事的代价是五千块钱。"

"是不是麦片或者头油的招贴画?"怀德问道。

"不是广告画。"

"那又是什么画呢?"

"说来话长。"凯奥说。

"你说吧。你如果不在意的话,你一面讲,我就一面照顾这些香肠。这些东西不容易侍候,只要让它们比深褐色更深一点就糟蹋啦。"

凯奥解释了他的计划。他们再回柯拉里奥去,到了那里怀德就假装是一位著名的美国肖像画家,工作辛苦,收入丰富,这次到热带地方来游历一番,休养休养。这样一位声名显赫的艺术大师很可能受到委托,把总统的尊容临摹在画布上,传诸后世,永垂不朽;也可能获得一份那些像雨水般泻落到投其所好的人身上的比索;即使在一般循规蹈矩、不做非分之想的生意人说来,这个计划也不是空中楼阁。

凯奥已经把价钱定为一万元。艺术家画肖像,还有比这更高的价钱。旅途的一切费用和可能到手的利润,他都和怀德对分。他把计划摆明在怀德面前,他和怀德早在西部就认识了,那时候,怀德还没有献身于艺术,他也没有成为一个流浪者。

没多久,这两个阴谋家离开了家徒四壁的、冰冷的画室,来到

---

① 以利亚,希伯来的先知,据传是在一阵旋风中肉身升天的。

一家咖啡馆的安逸的角落里。他们在那儿坐到深夜,面前摊着几个旧信封和凯奥的那截蓝铅笔。

十二点钟,怀德在椅子里缩成一团,用拳头支着下巴,闭起眼睛,不去看那些怪不顺眼的墙纸。

"我跟你一起去,比来,"他安详地决定说,"我有两三百块钱的积蓄,准备买香肠和付房租的;我跟你一起去冒一下险。五千块钱!够我在巴黎待上两年,再在意大利待上一年的啦。我明天就动手收拾行李。"

"你十分钟之内就动手,"凯奥说,"现在已经是明天啦。加尔赛芬号下午四点钟就要起锚返程。我们回你的绘画工场去吧,我帮你收拾。"

柯拉里奥每年有五个月热闹得像是安楚里亚的新港①。只在那一段时期里,这个市镇才有生气。从十一月到来年三月,它简直成了政府所在地。总统带了大小官员逗留在这里;交际界的一应人物也追随左右。那些爱享受的人,使得这段时期成了一个寻欢作乐的悠长的假日。他们的消遣多是宴会、舞会、牌局、海水浴、游行和小戏院。从首都来的著名的瑞士乐队每晚在小广场上演奏,镇上的十四辆马车和轿车像出殡似的自得其乐地兜着圈子。表情像洪荒时代的石偶一般呆板的印第安人,从内地山上下来,在街上贩卖他们的手工艺品。人们挤满了狭窄的街道,形成了一股吱吱喳喳、无忧无虑、兴高采烈的人流。呆头呆脑的小孩们穿着像跳芭蕾舞的短裙子,张着金黄色的胳膊,在推推搡搡的人群的脚底下叫喊。这个季节一开始,镇上便喜气洋洋、大事铺张,举行种种盛大的仪式和爱国游行来欢迎总统一行人物的莅临。

---

① 新港,英美地理中,叫新港的有六个地方,这里指美国罗得岛南端的港市,是游乐胜地。

凯奥和怀德乘着回程的加尔赛芬号到达目的地的时候,这个欢愉的冬令季节已经大张旗鼓地开始了。他们刚踏上海滩,就能听到乐队在广场上演奏。村里的姑娘早已把萤火虫系在她们乌黑的鬈发里,光着脚板,眼睛里流露着羞怯的神情,在小路上溜达。漂亮的小伙子穿着白麻布衣服,挥动着手杖,开始东逛西荡地勾引女人。空气中充满了人类的气息、矫揉造作的诱惑、卖弄风情、游手好闲、欢乐放荡——一种人为的生存感。

他们到达以后的开头两三天都花在准备工作上。凯奥陪伴着这位艺术家在市镇各处走走,把他介绍给那个说英语的小圈子里的居民,只要是能够宣扬怀德的画家声名的事,凯奥无不做到。他希望怀德在群众中造成一个印象,又策划了一次更加惊人的行动。

他和怀德下榻在外宾旅馆。他们俩都穿着一尘不染的、崭新的帆布衣服,戴着美国草帽,拿着精巧绝伦、但却毫无用处的手杖。柯拉里奥的绅士们——甚至穿着安楚里亚军队的炫耀制服的军官们——很少像凯奥和他的朋友,杰出的美国画家怀德先生那样悠闲文雅,那样引人注目。

怀德在海滩上搭起了画架,画了一些引人注目的山水景致。土人们吱吱喳喳地在他背后围成了半个大圈子,看他挥毫。凯奥办事一向注意细节,已经替自己安排了一个角色,扮演得非常道地。他扮做那位艺术大师的朋友,一个经营着大事业的有闲人物。说明他的地位的显而易见的标记,是一架袖珍照相机。

"有了一架照相机,"他说,"就可以表示自己是个拥有巨资、无忧无虑、爱好艺术的风雅人物,在这件事上,照相机的功用比一条汽轮游艇还大。你看到一个人无所事事,东逛西荡地拍摄照片,你马上就可以知道,他一定精读布拉德斯特里特①的作品。且看

---

① 布拉德斯特里特(1613—1672),美国女诗人,用清教徒的观点处理宗教性的题材,著有《美国最近出了第十个缪斯》《神圣与道德的冥想》等。

那些百万富翁——他们把看得到的东西都摄去之后,就着手摄取相片了。照相机给人们的印象要深刻得多,远超过头衔,或者一颗四克拉的钻石领针。"于是,凯奥彬彬有礼地在柯拉里奥溜达着,随时拍摄风景和畏缩的姑娘们,怀德则装模作样、惹人注意地搞他的比较高雅的艺术。

他们到了两星期之后,计划开始生效了。总统的一个副官乘着气派十足的轻便马车来到旅馆。总统希望怀德先生到褐宫去做一次非正式的谈话。

凯奥使劲用牙齿咬紧烟斗。"一万元,一分钱也不能少,"他对那位艺术家说——"别忘了这个价钱。并且要美金,或者相当于美金的货币——别受他骗,接受他们这儿叫做钱的贬值的货色。"

"也许他要的不是那个。"怀德说。

"去吧!"凯奥蛮有把握地说,"我知道他要什么。他要那位目前在他的横遭压迫的国家里小作逗留的、著名美国青年画家兼冒险家替他画一幅肖像。你去吧。"

马车载着那位艺术家飞快地驶去了。凯奥踱来踱去,从他的烟斗里喷出一团团的烟雾,静等回音。不到一个钟头,那辆轻便马车又停在旅馆门口,让怀德下了车,然后驶走。这位艺术家三磴一跨,冲上楼去。凯奥停止抽烟,一言不发,满脸是探询的神情。

"到手啦,"怀德嚷道,他那孩子气的脸高兴得通红,"比来,你真料事如神。他要一幅画。我详详细细地告诉你。天哪!那位独裁朋友可真有意思!他是个彻头彻尾的独裁者。他仿佛是用乌贼墨汁画的裘利亚·恺撒、路西弗和乔赛·台彪①三个人结合起来

---

① 恺撒(公元前100—前44),古罗马的将军、政治家。路西弗(晨星),《旧约》中希伯来预言家以赛亚用以称呼傲慢的巴比伦王尼布甲尼撒,密尔顿在《失乐园》中用以代表妄自尊大的恶魔,后遂成为傲慢的代称。台彪(1834—1928),美国律师、政治家,以善于演讲著名。

的人物。他的样子又客气又狞恶。他在一个十来英亩大的房间里接见我,那个房间漆成白色,四周都是镀金的装饰和镜子,活像一只密西西比河的汽船。他的英语说得非常流利,连我都休想比得过。后来谈到了价钱。我提出一万块钱。我料想他会吩咐卫兵把我抓出去枪毙。可是他连睫毛也没有动一根。他只是满不在乎地挥了挥一只栗色的手,说道:'你要多少都行。'我明天还得再去,跟他商谈画像的细节。"

凯奥耷拉着脑袋。从他懊丧的神气上,可以看出他在自怨自艾。

"我在走下坡路啦,加罗,"他伤心地说,"我再也不配策划这些伤脑筋的事情啦。适合于我的玩意儿或许只是推着小车子在街上卖橘子。我可以对天赌咒,当我开价一万元的时候,我以为已经摸透了那个褐色家伙的底,绝对差不了两分钱以上。其实要他一万五千块钱,他也会轻易答应的。我说——加罗——如果你的老朋友再犯一个那样的错误,你总肯好好地把他送进一个像样的、安静的疯人院吧?"

褐宫虽然只有一层楼,却是棕色的石头建筑,内部跟宫殿一般豪华。它矗立在柯拉里奥北端的一个矮矮的小山顶上,四周是一个围着墙壁、长着葱葱的热带花草的园子。第二天,总统的马车又来接这位艺术家。凯奥到海滩上去散步,他和他的"相片盒子"在那儿已经不是新奇的景象了。他回旅馆的时候,怀德正躺在阳台上的帆布椅子里。

"怎么啦,"凯奥说,"你和老总有没有决定他所要的彩画的式样?"

怀德站起来,在阳台上走了几个来回。之后,他停住脚步,蹊跷地笑了起来。他的脸泛出红色,他的眼睛闪着又好笑又好气的光芒。

"我说,比来,"他相当粗鲁地说,"上次你跑进我的画室,说起图画的时候,我认为你要的是一幅画在山脉或是大陆上的速煮麦片或是头油的广告。好吧,跟你劝我做的那件事比较起来,这两件事情当中无论哪一件都算得上是最高形式的艺术。我不能画那幅画,比来。你得原谅我。让我向你解释一下,那个蛮子要些什么。他把那幅画全计划好了,甚至还根据自己的主意画了一张草图。那个老家伙画得真不坏。但是,艺术之神啊!请你们听听他指望我画的怪东西。当然啦,他要把自己画在正中央。他要给画成坐在奥林匹斯山头的朱庇特①,脚下祥云缭绕。一边是全副军装的乔治·华盛顿,一手搭在总统的肩膀上。一个展开翅膀的天使在上空盘旋,正在把桂冠放到总统的头上,替他加冕——我猜想跟五月皇后②那样。背景要画许多大炮、天使和士兵。愿意画那幅图画的人,要有一条狗的灵魂才成,并且永不超生,尾巴上连铁罐子也不缚一个,不让人家听到声响而想起他。"

比来·凯奥的额头上冒出了一片小水珠子。他那截蓝铅笔完全没有估计到这样的意外。到现在为止,他的计划发展得很顺利,很有希望。他找了一把椅子拖到阳台上,劝得怀德从原来的位置上坐下来。他显然很镇静地点上了烟斗。

"现在,老弟,"他温和而认真地说,"我们来一次艺术的密谈。你有你的艺术,我有我的艺术。你的艺术是货真价实的缪斯女神的玩意儿,瞧不起推销黑啤酒的招贴画,也看不上麦片公司的石版画。我的艺术是生意之道。这次的计划是我拟订的,而且简单明了地实现了。那个总统喜欢给画成老柯尔王③、维纳斯、风景画、

---

① 朱庇特,罗马神话中的主神,相当于希腊神话中的宙斯。
② 五月皇后,英国乡间风俗,每年5月1日为五朔节,在那一天,大家围柱跳舞,并且选出一个少女当做五月皇后。
③ 柯尔王,传说中3世纪时的不列颠王。

壁画、一束百合,只要他认为自己像什么,你就替他画什么。你只要把颜料涂在画布上,收钱就行啦。现在已经到了这个地步,加罗,你不能拆我的台脚。你得考虑考虑那一万块钱。"

"我不得不考虑到那笔钱,"怀德说,"那就是叫人难过的地方。我很想把我所有的理想摔在泥坑里,画了那幅画,让我的灵魂染上洗刷不清的污点。那五千块钱可以供给我到国外去念三年书,我几乎可以为那笔钱出卖我的灵魂。"

"现在还没有糟到那个地步,"凯奥宽慰地说,"那原是生意上的事情。是多少颜料和工夫可以换多少钱的问题。我不同意你的看法,认为那幅画会牵涉到艺术问题,使你遗臭万年。画一个乔治·华盛顿并没有什么了不起,你明白,那个天使也无可非议。我对那群人像的评价不像你的那么坏。如果你给朱庇特添上肩章,佩上宝剑,把四下里的云朵画得像黑莓地,也不至于搞成一幅蹩脚的战场图。哎,如果我们没有讲定价钱的话,那个华盛顿该叫他多加一千元,天使该加五百。"

"你不了解,比来,"怀德不自然地笑了一声说,"我们某些搞绘画的人对于艺术都有崇高的见解。我总想,有一天要画出一幅图画来,让人站在它前面会忘记它是颜料组成的。我盼望它能像一节乐曲那样,潜入人们心里,像一颗铅子弹那样,在他们心里化开来。我盼望他们走开之后还会问道,'他还画了些什么?'我不希望他们看到一幅既不是肖像,也不是杂志封面,更不是插画,又不是女人像的不三不四、不伦不类的东西——除了正统的图画之外,我不希望他们看到别的。那就是我为什么靠炸香肠过活,竭力忠于自己的艺术的缘故。我也曾说服过我自己来画这幅肖像,因为它能给我出国深造的机会。可是这幅荒唐可笑的滑稽画!老天爷哪!难道你还不明白吗?"

"我明白,"凯奥仿佛哄小孩似的温和地说,并且着重地把食指搁在怀德的膝盖上,"我懂得。你的艺术搞得那么一团糟当然痛心。我了解你的心情。你希望画出盖茨堡战役①全景之类的伟大作品。不过让我把我心里的一点小计划提供你考虑吧。到目前为止,我们在这个计划上已经下了三百八十五块五十美分的本钱。我们两个人所能拼凑起的钱全都投入了资本。我们剩下的钱几乎只够用作回纽约的旅费。我需要我在那一万块钱里面应得的一份。我要到爱达荷②去经营铜矿,赚它十万块钱。那是这件事的生意上的目的。还是从你的崇高的艺术上下来吧。加罗,让我们降落到那一笔钱上。"

"比来,"怀德费了大劲说,"我试一下。并不是说我决定干,但是我可以试试。我就动手,可能的话把它完成。"

"那才是生意经,"凯奥高兴地说,"好孩子!喔——还有一件事——那幅画要赶一赶——你尽快干。如果必要的话,找两个人帮你调颜料。我在镇里听到一些风声。这儿的人民开始对总统起了恶感。他们说总统随随便便地把各种特权让给外国,并且指控他正在和英国商谈一项交易,出卖国家。我们希望在时局发生变化之前画好那幅肖像,把钱拿到手。"

总统吩咐在褐宫的大园子里张起一个巨大的天篷。怀德在那下面设起了临时画室。那位大人物每天坐上两小时,让他画像。

怀德实心实意地工作着,但是随着工作的进展,他的情绪也动荡不安,有时候深恶痛绝,有时候极度蔑视自己,有时候忧郁消沉,有时候强作欢笑。凯奥像一位大将军似的耐着性子安慰他、哄劝他、说服他——使他坚持画下去。

一个月终了时,怀德宣称那幅画已经完成了——朱庇特、华盛

---

① 盖茨堡,美国南北战争中,联邦军队于1863年夏与同盟军李将军鏖战于此,获得辉煌胜利,基本上摧毁了同盟军的军事力量。
② 爱达荷,美国西部一州。

顿、天使、云彩、大炮等等全齐了。他告诉凯奥的时候脸色惨白,紧抿着嘴。他说总统很满意这幅画。它将给挂在国立政治家与英雄画像馆里。请这位艺术家第二天再上褐宫,去领酬劳。到了约定的时刻,他离开旅馆,他的朋友兴高采烈地谈着他们的成功,他却一声不响。

一个钟头之后,他走进凯奥正在等着的房间,把帽子摔在地上,在桌子上一坐。

"比来,"他紧张而痛苦地说,"我哥哥在西部经营的小生意里面,有我的一点资本。我一向研究艺术,就靠它维持生活。我要把我的股份抽出来,弥补你在这次交易中的损失。"

"损失!"凯奥跳起来嚷着说,"难道你画了那幅画,人家不给钱吗?"

"给是给的,"怀德说,"可是现在画也没有了,酬劳也没有了。如果你高兴听的话,让我把详细的情形告诉你。总统和我在看画像。他的秘书拿来一张一万元的纽约银行汇票,把它递给我。我刚碰到那张汇票,就气疯啦。我把它撕得粉碎,扔在地上。园子里有一个工人正在重漆柱子。他的一桶油漆恰好放在近旁。我抓起他的刷子,在那幅价值一万元的梦魇似的东西上面刷了一夸特蓝漆。我鞠了一个躬,走了出来。总统既没有动,也没有开口。他一下子给怔住了,生平第一次碰到这种事情。你听了固然难受,比来,可是我身不由己。"

柯拉里奥仿佛起了骚动。外面混乱的人声越来越响,中间夹杂着尖厉的叫喊。喊的仿佛是"打倒叛徒——杀死叛徒!①"这几个字。

"听哪!"怀德痛心地嚷道,"那几句西班牙话我懂得。他们在

---

① 原文为西班牙文。

喊,'打倒叛徒!'我以前听到过,我觉得他们指的是我。我是艺术的叛徒。那幅画非毁掉不可。"

"'打倒天字第一号傻瓜'或许更适合你的情况,"凯奥火气十足地着重说,"你像撕烂布似的撕碎了一万块钱,只因为你涂五块钱颜料的方式使你于心不安。下次我再找人合伙做事的时候,先得叫那个家伙到公证人那儿去一次,发誓声明生平连'理想'两个字都没听说过。"

凯奥暴跳如雷地大踏步走出房去。怀德根本不去理会他的愤怒。比来·凯奥的蔑视和他已经逃避掉的更大的自我蔑视比较起来,简直算不了什么。

柯拉里奥的骚动扩大了。暴动已经迫在眉睫。造成这次表示愤激的行动的原因,是镇里来了一个身材高大、脸色红润的英国人,据说他代表英国政府跑来签订一个条约,总统通过这个条约出卖了他的子民,听任外国宰割。有人指责他说,他不但断送了许多不可估价的特权,并且要把公债转移到英国人手里,由他们掌握海关作为保证。忍无可忍的人民决定把他们的抗议付诸行动。

那天晚上,在柯拉里奥和别的市镇里,他们的愤怒爆发出来了。激动而危险的群众在街上成群结队、叫叫嚷嚷地徘徊不散。他们掀翻了广场中心的总统的大铜像,把它砸碎得不成样子。他们把挂在公共建筑物里面的、替那位"显赫的解放者"歌功颂德的匾额全都拆了下来。他那些挂在官厅里的画像也遭到了破坏。群众甚至攻击褐宫,但是被仍然忠于总统的军队打退了。恐怖持续了一整夜。

第二天中午,暴动给镇压下去,洛沙达仍旧统治一切,这个事实可以说明他的伟大。他颁布宣言,绝对否认和英国进行任何性质的任何谈判。斯塔福特·房恩爵士,那个红脸的英国人,也在公告牌和报纸上声明,他到这里来绝没有国际意义。他是一个没有图谋的旅行家。事实上（他自己这么说），他来到之后，根本没有和总统谈过话，也没有见过面。

在这场骚动的期间，怀德在收拾行装，打算搭两三天内启程的轮船回家。中午时分，好动的凯奥带着照相机出去了，希望消磨那漫长难挨的时间。这会儿，市镇上一片宁静，仿佛和平根本没有离开过那些红瓦屋顶似的。

快到傍晚的时候，凯奥急急忙忙地赶回旅馆，他的神气非常蹊跷。他到那间晒印相片的小屋子里去。

没多久，他到外面阳台上去找怀德，焕发的脸上泛起一抹狠恶和趁火打劫的微笑。

"你知道这是什么？"他举起一张贴在硬纸板上的、四英寸宽五英寸长的照片问道。

"美人坐沙滩，留影供赏玩——对不起，我掉掉文。①"怀德懒洋洋地说。

"错啦，"凯奥眼光闪烁地说，"这是一颗振击弹。一罐炸药。一个金矿。这是一张总统见票即付的两万元支票——没错儿，先生——这一次要两万元，并且这幅画糟蹋不了。这里面没有艺术的伦理。艺术！你和你那臭气冲鼻的小颜料管！我用一架照相机就可以把你搞得体无完肤。你且看一看。"

怀德接过照片，吹了一声长长的口哨。

"好家伙，"他嚷道，"如果给人看到，镇上岂不要闹一场大乱子。你究竟怎么弄到的，比来？"

"你可知道总统后园子周围的那道高墙？我在那上面，想居高临下看看全镇的风景。我无意中发现墙上有个地方落掉了一块

---

① 这一句原文是"Snap-shot of a señorita sitting in the sand-alliteration unintentional."其中有五个字都用"s"作字首，可直译为："一位坐在沙滩上的姑娘的快照——我无意中押了头韵。"

石头和许多灰泥,成了一条裂罅。我心想,让我凑上去看看总统先生的白菜长得怎么样了。我看到的是他和这位英国佬爵士坐在二十英尺开外的一张小桌子旁边。桌上摊满了文件,他们两个像海盗一样,谈得非常亲密。园子的那一角又隐蔽又清静,四周是荫翳的棕榈和橘树,草地上放着一个冰香槟酒的桶子,随手可以拿到。我理会到那是我在艺术上大出风头的机会。我连忙把机子凑在裂缝口,按下机钮。我拍的时候,那两位老兄正好握手成交——你从相片上也看得出他们成交时的神情。"

凯奥穿戴好衣服和帽子。

"你打算把它怎么办?"怀德问道。

"我吗,"凯奥嘟囔着说,"总不见得把它扎上一条粉红色的丝带,挂在古董柜子上。你真叫我奇怪。我出去的时候,你可以动动脑筋,哪一个橙色皮肤的统治者最可能买下这件艺术作品,收藏起来——不让它流传。"

比来·凯奥从褐宫回来的时候,夕阳正染红了椰子树梢。那位艺术家带着询问的眼光盯着他,他只是点点头;躺在一张榻上,两手枕在脑后。

"我见到了他。他乖乖地付了钱。起先他们不让我进去。我说有要紧事。是啊,那个总统家伙可以说是很能干。他运用头脑的方式倒很合乎生意之道。我只消举起相片给他看看,同时报出价钱。他笑了笑,走到保险柜子前面,拿出现钞。他把二十张崭新的、一千元票额的美国法币放在桌子上,像我付一元二十五美分那般满不在乎。那些钞票着实漂亮——又松又脆,数起来的声音简直像是火烧十英亩地上的小树林子。"

"让我摸一张试试,"怀德好奇地说,"我活到这么大还没见过千元一张的钞票。"凯奥没有立刻回答。

"加罗,"他心不在焉地说,"你很重视你的艺术,是吗?"

"远超过我对自己和我朋友的经济利益。"怀德坦率地说。

"那一天我把你当成一个傻瓜,"凯奥安详地说,"今天我也不能肯定,说你不是傻瓜。但是如果你是傻瓜的话,我也是的。我虽然做过荒唐的交易,加罗,我却一贯做得公公道道,对手的智力和本钱总跟我的相当。但是,遇到某种情形——唔,当你制住了对手,硬挤他一下,逼得他非掏腰包不可的时候——哎,我就觉得不正大光明了。那类事有个名称,你知道;那叫——妈的,你懂得吗?他觉得——跟你那倒霉的艺术有点相仿——他——总而言之,我撕碎了那张相片,把碎片放在桌子上的那堆钱上,一起推了回去。'对不起,洛沙达先生,'我说,'我怕在价钱上搞错了。这张照片不用你花费分文。'现在,加罗,把那截铅笔拿出来,我们再来合计合计。我想在我们的资本里省出一点钱来,让你回纽约以后,还可以在家里炸些香肠吃吃。"

第十五章　狄　盖

　　西班牙海岸一带的事件都是断断续续地发生的,很少有连贯性。甚至时间之神仿佛每天也要把他手里的大镰刀挂在橘树枝柯上睡一个午觉,或者抽抽香烟。

　　企图推翻洛沙达总统的暴动失败之后,全国又平定下来,一声不吭地忍受着他的受到指控的虐政。柯拉里奥的老政敌又和好如初,暂时巧妙地避开了一切意见分歧。

　　那次艺术事业的失败并没有使好动的凯奥裹足不前。他那敏捷的脚步在命运坎坷的道路上找到了坦途。怀德搭乘回国的轮船的黑烟还没有从天际消失,他那截蓝铅笔又在工作了。他只消跟盖台商量一下,就可以向勃朗宁根公司赊欠他所需要的任何货物。怀德到达纽约的那一天,凯奥赶着五匹满载铁器刀叉的驮骡子,朝着险恶的内地山岭出发。那里的印第安部落从含金的山溪里淘出金沙来;如果有人进山去做生意,交易是非常活跃而有利的。

　　时间之神在柯拉里奥收起翅膀,在昏昏欲睡的路上倦乏地拖着脚步。最能够解除沉闷的人都走了。克兰赛乘了一条西班牙帆船到科隆去,打算横过地峡,再换船上加廖,因为据说那里在打仗。盖台的安静温和的性情,对于吃了忘忧果的人所产生的消沉反应,曾经起了缓和的作用,他现在成了家,快快活活地跟他的兰花一般秀丽的葆拉厮守在一起,再也没有想到或者惋惜那个没有解决的、封好的、印有花押的瓶子,它里面的东西已经由海洋妥为保管,现在也无足轻重了。

这个眼光最敏锐、选择力最高强的动物——海象——把它那宜人悦耳的话题在半当中用火漆封住,做得恰到好处。

总是在后廊殷勤地招待客人的、狡黠无比的阿特伍德已经走了。肚子里郁积着一个穿颅手术故事的格雷格大夫,就像一座长着胡子的火山,随时显示出爆发的迹象,人家也不把他当做一个能够减轻烦闷的人。新领事的性格跟哀伤的海浪以及茂盛的热带植物倒很协调——他的笛子吹不出山鲁佐德①或者圆桌骑士的浪漫曲调。古德温正忙着干大事业:他一有空闲,总是待在他老爱待着的家里。因此,一眼就可以看出来,柯拉里奥的外侨集团里缺乏交谊和应酬。

这时候,狄盖·马隆奈不知从什么地方来到了镇上,给它带来了生气。

谁也不知道狄盖·马隆奈打什么地方来的,也不知道他怎么到柯拉里奥的。他有一天出现在镇上;就那么出现了。他后来说是搭水果船索尔号来的;可是查看索尔号那一天的乘客名单,并没有马隆奈其人。不过好奇心不久就消淡了;狄盖便置身于加勒比海水零零落落冲上岸的人们中间。

他是个活泼愉快、天不怕地不怕的家伙,长着一双讨人喜欢的灰眼睛,经常带着最动人的微笑,他的肤色相当黝黑(或者不如说是太阳晒黑的),一头火红的头发在当地是绝无仅有的。他的西班牙话讲得跟英国话一般流利,并且好像口袋里老是有许多钱,没多久,他到任何地方都成了一个受欢迎的伙伴。他特别喜欢白酒,

---

① 山鲁佐德,阿拉伯民间故事集《一千零一夜》中讲故事的女子。相传萨桑国国王痛恨王后与人有私,将其杀死,此后每日娶一少女,翌晨即杀掉。宰相之女山鲁佐德为拯救无辜女子,自愿嫁给国王,每夜讲述故事,引起国王兴趣,免遭杀戮。她的故事讲了一千零一夜。

全镇很快都知道了他一个人的酒量比得过镇上任何三个人的酒量的总和。大家管他叫做"狄盖";看到他就高兴——尤其是土人们,因为他一头惊人的红头发和他自由自在、无拘无束的风度叫他们看了总是愉快羡慕。任你到镇上什么地方,你马上可以看到狄盖,或者听到他亲切的笑声,同时发现他四周有一群爱慕他的人,他们一则喜欢他随和的性格,二则喜欢他非常慷慨地买来请客的白酒。

关于他逗留在这里的用意,大家已经议论纷纷,有一天,他开了一家小铺子,这才杜绝了种种流言,那家铺子经售烟草、糖果、内地印第安人的手工艺品——夹丝的织品、鹿皮鞋子、灯芯草编的篮子。即使在那时候,他的脾气仍旧没有改变;因为他每天每夜总有一半的时间跟司令官、税务司、镇长以及当地官员中喜欢作乐的那批人一起喝酒打牌。

一天,狄盖看到坐在外宾旅馆侧门外的奥狄斯夫人的女儿巴莎。他来到柯拉里奥之后,还是第一次看得停住了脚步;接着,他像一头鹿似的,飞快地跑去找当地的一个纨绔子巴斯克斯,请他介绍。

小伙子们管巴莎叫做"La Santita Naranjadita"。Naranjadita这个西班牙字代表某种颜色,你如果要用英文来解释的话,得费点劲才行。如果说"有着最美丽的、柔嫩而略带金橙色皮肤的小仙女",也许勉强可以形容奥狄斯夫人的闺女。

奥狄斯夫人除了别的酒类之外还卖蔗酒。现在,你们应当知道,蔗酒能把别的货色的缺点一笔勾销。因为你们要知道,酿造蔗酒是政府的专利;能够经营政府专卖品的店家,即使没有出类拔萃的地方,至少也受人另眼相看。再说,最古板的道学先生也不能在这家铺子的作风方面找到什么岔子。在那儿喝酒的顾客个个没精打采、战战兢兢,仿佛待在死人的阴影底下似的;因为夫人的古老而足以自豪的家系,使得喝蔗酒的人都不敢尽兴。她岂不是同皮萨罗一起登陆的伊格来西亚斯的后代吗?她的已故的丈夫岂不是本地的公路桥梁局长吗?

傍晚,一个房间里招待客人喝酒,巴莎坐在隔壁房间的窗口,懒洋洋地弹着吉他。接着,年轻的先生们三三两两地进来拜访,坐在一排端端正正靠墙安放着的椅子上面。他们是来围攻"小仙女"的心的。他们的方式(绝不是聪明人的对手)包括挺起胸膛,显出英勇的样子,以及消耗掉一两箩香烟。即使皮肤略带橙色的仙女也希望有另一种求爱的方式。

堂娜巴莎用吉他的音乐来排遣这种染有尼古丁气息的难熬的冷场,同时在捉摸,她所看过的关于英武和比较体贴的骑士们的传奇,会不会都是些谎话。每隔一个时候,奥狄斯太太就会从专卖店里溜进来,眼睛里闪着使人觉得口渴的光芒,于是总有一位先生提议暂时休息,到酒吧去,房间里就响起一片浆得笔挺的白裤子的窸窣声。

狄盖·马隆奈迟早会勘察这个地方是意料中事。他那颗红发的脑袋差不多伸进过柯拉里奥所有的门户。

他初次看到巴莎之后,过了一个短得难以相信的时期,就已经挨着她的摇椅,坐在那儿了。狄盖追求女人的原则当中,绝对没有坐在靠墙的椅子上的姿态。他的征服女人的计划是短距攻击。用一次集中的、热烈的、雄辩的、不可抗拒的突击来攻城略地——那就是狄盖的作风。

巴莎是当地最尊贵的西班牙家族的后裔。此外,她还具有难能可贵的有利条件。她在新奥尔良一个学校里所受的两年教育,抬高了她的眼界,并且为她创造了超出她家乡普通少女的命运。可是现在一个能说会道的、笑容迷人的红发家伙跑来,恰到好处地向她献殷勤,她却马上屈服了。

不出几天,狄盖带她到广场拐角上的小教堂去,在她的一连串显赫的头衔上,又加上了"马隆奈太太"的称号。

这个有着一双耐性的圣洁的眼睛、身材像陶制的普赛克①的人儿,命中注定该坐在小铺子的幽静的柜台后面,狄盖却和他的酒肉朋友在喝酒调侃。

那些天生具有锐敏直觉的女人,发现了可以当场出彩的机会,便隐隐约约地拿狄盖的行为来取笑她。她美妙而镇定地应付着她们,激昂的神情带着怜悯和鄙夷。

"你们这些不中用的母牛,"她声调平板而清晰地说,"你们根本不了解男人。你们的男人只是走铜索的小丑。他们只配坐在树阴底下卷卷纸烟,让太阳直勾勾地晒下来,把他们烤干为止。他们吊儿郎当地赖在你们的吊床上,要你们替他们梳头发,拿鲜果喂他们。我的男人可不是这一类的人。让他喝酒好啦。等他喝的酒足够淹死你们的一个脓包男人的时候,他就会回到我身边来,还是比一千个你们那种小可怜虫来得强。他替我梳头发、编辫子;他唱歌给我听;他替我脱鞋子,并且啊,在每一只脚背上亲一个吻。他抱住——嘿,你们怎么也不会懂的,你们这些瞎了眼的东西从没有见过一个真正的男人。"

有几晚,狄盖的铺子里有些神秘的玩意儿。店堂里漆黑,狄盖和他的几个朋友坐在后面的一个小房间里,围住一张桌子,非常秘密地商谈某些事情,弄得很晚。最后,他非常谨慎地开了前门,送他们出去,再上楼到他的小仙女那儿去。客人多半是穿戴着黑衣服、黑帽子的阴谋家之类的人物。当然啦,过了不久,这些鬼鬼祟祟的行径受到了注意,成了闲谈的题目。

狄盖仿佛根本不去理会镇上的外国居民。他不跟古德温打什

---

① 普赛克,希腊神话中爱神丘比特所爱的美女。

么交道,他避而不听格雷格大夫的穿颅手术的故事,躲避的手段非常巧妙,直到今天,柯拉里奥讲起这件事的时候还说那是闪电外交的杰作。

寄来的信件很多,信封上都是"狄盖·马隆奈先生",或者"狄克·马隆奈君",巴莎因此相当得意。她早就怀疑狄盖生着这样火红的头发,绝不是无名小卒,现在有这许多人写信给他,更证实了她的想法。至于信里说些什么,她却从来不想知道。诸位呀,这才是一个理想的妻子哩!

狄盖在柯拉里奥犯的惟一错误是,他在不合时宜的当口把钱用光了。他的钱的来源始终是一个谜,因为他那家铺子根本没做什么生意,总之来源出了毛病,并且时机又特别不凑巧。那正是司令官堂里奥斯上校先生看到坐在店堂里的小仙女,心里扑通扑通直跳的时候。

司令官原本精通错综复杂的求爱的艺术,他全副披挂、神气活现地先在她的窗前走了几个来回,微妙地传达他的仰慕之情。巴莎那双仙女般的眼睛假惺惺地瞟了一下,立刻看出司令官跟她家养的鹦鹉乞乞有些相像,不由得微笑起来。司令官看到了这个不是为他而发的微笑,以为已经给了她良好的印象,满怀信心地跨进店去,开始搭讪。巴莎顿时凛若冰霜,他却神气十足;巴莎庄严地冒起火来,他却当做打情骂俏,冒失地坚持下去;巴莎吩咐他离开店堂,他却想捉她的手,——这时候,狄盖进来了,咧着嘴在笑,灌足了白酒,正没好气。

他花了五分钟来惩治司令官,手法非常科学,非常精到,好让司令官的痛苦尽可能地延长。五分钟之后,他把那个不顾死活的求爱者摔出门外,让他人事不省地躺在石子地上。

一个在对街观战的赤脚警察吹了哨子。拐角附近的军营里奔出四个兵士来。当他们发现肇事的人是狄盖的时候,马上站住,再吹哨子,唤出了八个援兵。这一来,这支军队估计吃亏的成分不大,便向那个捣乱分子发动攻势。

狄盖充满了尚武精神,弯下腰,抽出司令官腰间的佩剑,向敌人冲去。他追逐这支常备军,赶过四个广场,他们尖叫怪嚷地跑,他玩笑似的刺着他们的后背,剁他们的姜黄色的脚跟。

但是他对付民政当局却没有这么顺利。六个孔武有力、手脚敏捷的警察制服了他,得意扬扬可又提心吊胆地把他押进监狱。他们管他叫做"赤发鬼",同时嘲笑军队吃了败仗。

狄盖跟其余的囚犯一起,可以从铁栅门里望见小广场上的青草,一行橘子树和一排猥猥琐琐的商店的红瓦屋顶和土砖墙。

太阳落山的时候,一群脸有愁容的女人悲伤地沿着通过广场的小径上走来,她们拿着香蕉、甜瓜、面包和水果——送来吃的东西给那些铁栅后面的可怜虫,她们依依不舍地供给他们生活必需品。每天早晚两次,准她们来探监。对于这些强邀的客人,共和国只提供清水,不提供饭食。

那天傍晚,警卫叫出了狄盖的名字,他便走到铁栅门前。他的小仙女站在那儿,从头到肩蒙着一条黑面纱,脸上显出庄严的悲伤神情,她那双晶莹的眼睛渴望地盯着他,仿佛要把他从铁窗里吸引到她身边似的。她送来一只熟鸡、一些橘子、糖果和一只白面包。士兵检查了食物,递给狄盖。巴莎说话时还像以往那样镇静、简短,笛子一般的音调非常动人。"我生命的天使呀,"她说,"希望你离开我的时间不会太长。你知道,你不在我身边,生活简直不能忍受。告诉我,我在这件事里能不能帮一点儿忙。不能够的话,我就等待——一个短时期。我明天早晨再来。"

狄盖为了不惊吵同监的犯人们,便脱掉鞋子,在监房里踱了半夜,诅咒他手头的拮据和造成拮据的原因——不管是什么原因。他非常清楚,金钱马上可以换得他的自由。

在以后的两天里,巴莎到约定的时刻给他带来吃的东西。他每次都焦急地问着,有没有寄给他的信件或者包裹,她总是伤心地摇摇头。

第三天早晨,她只带来一个小面包。她的眼睛下面有一圈黑晕。不过她似乎还像往常那样镇静。

"天哪,"狄盖说,他随着心情高兴有时候说英国话,有时候说西班牙话,"这简直是牲口吃的草料,小娘们儿。这就是你能替男人张罗的最好的东西吗?"

巴莎瞅着他,像母亲瞅着一个心爱而任性的小孩子似的。

"你想开点吧,"她低声说,"从下一餐饭起,任什么也没有了。最后的一毛钱都花啦。"她向铁窗挨得更紧些。

"把铺子里的货色卖掉——能卖多少就算多少。"

"我没试过吗?我不是连十分之一的价钱都肯卖吗?可是人家连一个比索都不给。镇里没有谁肯出一个里亚来帮助狄盖·马隆奈。"

狄盖狠狠地咬紧牙关。"那是司令官干的好事,"他吼着说,"那种反感要由他负责。等一阵子,嘿,好戏还在后面呢。"

巴莎的声音几乎低得听不见了。"可是,听着,我最宝贝的心肝,"她说,"我何尝不想勇敢一些,可是没有你,我活不下去,到现在已经有三天啦——"

狄盖瞥见她面巾的褶裥里闪出一丝倔强的光芒。这一次她瞅着狄盖的脸,看到它毫无笑意、严肃逼人,仿佛在打什么主意。接着,他突然抬起手,脸上又泛出一线阳光似的微笑。港口响起了船舶到岸的粗厉的汽笛声。狄盖问那个在门口来回踱步的警卫:"来的是哪一条船?"

"加塔林那号。"

"是维苏威公司的吗?"

"当然是的。"

"赶快,小淘气,"狄盖兴高采烈地对巴莎说,"到美国领事那儿去。告诉他我要跟他谈谈。请他马上就来。喂,别这样垂头丧气啦,我保证今晚你的头就可以偎在我的怀里。"

一小时之后,领事来了。他把绿阳伞挟在腋下,不耐烦地抹着额头。

"我说,马隆奈,"他先发制人地说,"你们这些家伙好像以为闹什么乱子都不要紧,指望我来解围。我既不是美国陆军部,又不是金矿。这个国家自有它的法律,你知道,把正规军打得鼻青眼肿是犯法的。你们爱尔兰人总爱生事。我看不出有什么办法。如果需要烟草或者报纸之类的东西替你解解闷儿——"

"以利①的子孙啊,"狄盖严肃地插嘴说,"你一点也没有变。那一次老柯恩的驴子和鹅给弄到教堂阁楼上去,闯祸的人要在你房间里避避风头的时候,你说的话几乎跟现在的一模一样。"

"哦,天哪!"领事嚷道,赶忙把眼镜架架好,"你也是耶鲁的同学吗?你也在那批闯祸的家伙里面吗?我仿佛记不起有哪个是红——有哪个姓马隆奈的了。这许多大学生仿佛都糟蹋了他们的有利条件。一八九一年班的一个数学最好的同学,现在在贝里赛卖彩票。一个康奈尔②出来的学生上个月死在这儿。他在一条肥料船里当副炊事员。你一定要的话,我可以写信给陆军部,马隆奈。如果需要烟草或者报——"

"不需要什么,"狄盖干脆打断他的话,"只是请你办件事。你去告诉加塔林那号的船长,请他赶快来看狄盖·马隆奈。把我待的地点告诉他。赶快。没旁的事啦。"

---

① 以利,《圣经》中以色列的一个祭司,这里指领事是犹太籍。
② 康奈尔,美国以康奈尔命名的大学有两个,一在依阿华州,一在纽约州。

领事这样容易就能脱身,觉得非常高兴,匆匆忙忙地走了。加塔林那号的船长是个结实的西西里人,不多一会儿就来了,大模大样地推开警卫走到牢房门口。维苏威果品公司的人在安楚里亚办事情一向是这样的。

"我非常抱歉——非常抱歉,"船长说,"想不到会出这种事情。我现在听你吩咐,马隆奈先生。你需要的一定办到。你吩咐的无不遵命。"

狄盖面孔铁板的盯着他。他镇定地站着,身个儿高高的,此刻显得严酷的嘴巴抿成一条横线,威风凛凛的态度并不因红头发而逊色。

"特·鲁可船长,我相信我还有些钱存在你们公司里——很充裕的私人的款子。上礼拜我要你们汇一笔来。钱可没汇到。你明白这种把戏里需要些什么。钱、钱、更多的钱。干吗不汇?"

"已经由克利斯多巴尔号带来了。"特·鲁可做着手势回说,"克利斯多巴尔号到哪儿去了呢?我在安东尼奥海岬看到它,一座烟囱塌了。正由一条沿岸贸易船拖回新奥尔良去。我上岸的时候,怕你急等钱用,身上带了一些。这个信封里有一千块钱。你要用的话还有,马隆奈先生。"

"目前够了。"狄盖说,他塞塞窣窣地打开信封,低头看到那叠半英寸厚的光滑而稍许有点脏的票子,态度也温和了许多。

"钱啊!"他轻轻地说,目光有了一种新的肃然起敬的神气,"有什么是它所买不到的吗,船长?"

"我以前有三个朋友,"稍微带点哲学气息的特·鲁可说,"他们都有点钱。一个做股票投机,赚了一千万;另一个已经归天;第三个娶了一位他心爱的穷苦女子。"

"那么说来,"狄盖说,"答案是操在万能的上帝、华尔街和丘比德手里了。问题还不能解决。"

"这件事,"船长做了一个意味深长的手势,把狄盖的四周也划在里面,问道,"跟你的小铺子是不是——是不是没有关系?你的计划是不是还没有吹?"

"没有,没有,"狄盖说,"这只是我一件小小的私事所造成的结果,正事以外的枝节罢了。有人说,经历过穷困、恋爱和战斗的人,生活才算完整。只是这三件事凑在一起就不大合适了,我的船长;没的事;我经营的事绝对没有吹掉。小铺子非常顺利。"

船长离开后,狄盖把驻在监狱里的一队士兵的军曹找了来,问他说:

"我这件案子归军政当局处理呢,还是归民政当局处理?"

"现在并没有实施军法,先生。"

"好。现在你自己去或者找人去把镇长、治安推事和知事请来。告诉他们我准备立刻满足法律的要求。"一张折起来的钞票塞到了军曹的手里。

于是,狄盖的笑容又回来了,因为他知道他拘禁的时刻已经屈指可数了;他配合着警卫巡逻的脚步拍子哼着:

> 他们在把男男女女判处绞刑,
> 因为那些男女袋中无银。

那天晚上,狄盖坐在店堂楼上房间里的窗子前面,他的小仙女坐在旁边,做着一些雅致的刺绣。狄盖心事重重,一本正经。他的红头发异乎寻常的蓬乱。巴莎的手指常常发痒,要想抚摩它、整理它,但是狄盖从来不肯让她这样做。今晚他专心致志地看着桌上一大堆散乱的地图、书本和文件,直到他的眉心显出了那个总是叫巴莎看了烦心的疙瘩。她立刻跑去把他的帽子拿来,站在一边等着,直到他最后探询似的抬起头来。

"你待在这儿不痛快,"她解释说,"出去喝白酒吧。等你脸上有了平时那种笑容的时候再回来。那才是我要看的样子。"

狄盖笑起来,扔下手里的文件。"白酒的阶段已经过去啦。它已经起了作用。说到头,人们的看法或许是错的,喝到我肚子里的白酒,其实不及喝酒时听在我耳朵里的消息多。不过,今晚再不看地图、皱眉头啦。我答应你。来吧。"

他们坐在窗前一张草编的小椅子上,眺望着加塔林那号的灯火在港口水面上反映出颤抖的闪光。

没多久,巴莎嘻嘻哈哈地笑出声来,她是难得这样笑的。

她看到了狄盖的疑问的神气,便开口说:"我在想姑娘们的思想是多么愚蠢。因为我在美国念过书,眼界一直很高。认为至少得做个总统夫人才能使我满足。可是,你瞧,你这个红头发的坏蛋,你把我骗到了多么没有出息的境地呀!"

"别放弃希望,"狄盖笑着说,"在南美洲的国家里,当统治者的爱尔兰人也不止一个。智利有个姓奥希金斯①的独裁者。安楚里亚干吗不能有个马隆奈总统?只要你说一声干,我的小仙女,我们就动手干。"

"不,不,不,你这个红头发的、轻率的人儿!"巴莎叹了一口气说,"这里,"——她把头靠在他的胳臂上——"就让我满足啦。"

---

① 奥希金斯(1778—1842),智利军人、政治家、革命领袖,有"智利解放者"之称,父为爱尔兰人。

第十六章 红与黑

我们已经指出,洛沙达当了总统之后,人心愤愤不平。这种情绪日益增长。整个共和国似乎都敢怒而不敢言,生着闷气。即使古德温、柴伐亚和别的爱国者曾经帮助过的老自由党也大失所望。洛沙达已经不负众望了。他征收新的捐税和新的进口税,尤其是,他纵容军队残暴地压迫人民,这都使他成为那个可鄙的阿尔福兰之后最可憎恨的总统了。在他自己的内阁中,大多数阁员也不支持他了。只有军队是他主要的后盾,也是他到目前为止可以利用的后盾,因为他迎合了军队的心意,准许他们横行霸道。

但是政府方面最失策的地方就是得罪了维苏威果品公司,那家公司航驶着十二条轮船,手头的现金资本就差不多超过安楚里亚的结余和国债的总和。

一个毫无地位、小零售商似的小共和国,竟企图敲诈维苏威这样势力雄厚的企业,当然会惹起这个企业的恼怒。因此当政府代表提出津贴的要求时,他们便遭到了客气的拒绝。总统立即采取报复手段,每一串香蕉要加征一个里亚尔的出口税——这在出产水果的国家中是一件前所未有的创举。维苏威公司已经在安楚里亚沿海的码头和种植园中投下巨额资本,公司的代理人在设有分公司的市镇里都盖起了精美的住宅,而且到目前为止,跟共和国亲善相处,双方都有利可图。如果被迫退出的话,公司将遭到极大损失。从维拉克鲁斯运到特立尼达①的香蕉,每串的售价是三个雷亚尔。如果维苏威公司拒付这一个雷亚尔的新税,安楚里亚的果农可能破产,公司本身也可能蒙受极度的不便。但是维苏威公司为了某种原因,仍旧继续收购安楚里亚的香蕉,每串花四个雷亚尔;不让果农吃亏。

这一次明显的胜利迷糊了总统大人,他开始如饥似渴地希望得到更大的胜利。他派了一个使者,要求和果品公司的代表进行谈判。维苏威公司的代表是弗兰索尼先生,一个矮小结实、性情愉快、一贯冷静的人,嘴里老是吹着威尔地②歌剧中的调子。财政部派去的艾斯比里蒂昂先生代表安楚里亚,企图卫护安楚里亚的利益。会议是在维苏威公司的萨尔瓦多号的官舱里举行的。

谈判开始,艾斯比里蒂昂先生宣称政府计划沿着海岸的冲积地修建一条铁路。他先说到这样的一条铁路会给维苏威公司带来莫大的好处,最后直截了当地建议,即使公司方面捐助五万比索的筑路费用,跟今后获得的利益比较起来,还是非常上算的。

弗兰索尼先生说,他的公司不指望从一条没有筑好的铁路中得到什么好处。作为公司的代表,他不得不拒绝捐五万比索。但是他愿意承担二五之数。

艾斯比里蒂昂先生问弗兰索尼先生,是不是愿意承担二万五比索?

没的事儿。二十五个比索。并且是银币,不是金币。

"你简直侮辱敝国政府。"艾斯比里蒂昂先生嚷道,勃然大怒地站了起来。

---

① 维拉克鲁斯,墨西哥东南部的一省,这里指在该省之内的同名的海港;特立尼达,西印度群岛之一。
② 威尔地(1813—1901),意大利作曲家,写了《阿依达》《茶花女》《奥赛罗》等多部歌剧。

"那么,"弗兰索尼先生语气里带着警告说,"我们可以更换。"

提出的数目从来没有更换过。难道弗兰索尼先生是说更换政府吗?

洛沙达当政第二年的末尾,柯拉里奥的冬令季节开始的时候,安楚里亚的情况就是这样。当政府和交际界根据往年的习惯,一窝蜂拥到海岸去的时候,总统的莅临显然不会引起无限的欢祝。这一群来自首都的阔人预定在十一月十日开进柯拉里奥。索立塔斯和内地之间本来有一条二十英里长的窄轨铁路。政府官员乘了马车从圣麦台奥到这条铁路的终点站,再换火车到索立塔斯。他们从这里浩浩荡荡地开进柯拉里奥,到达的一天,那个市镇照例有许许多多的典礼和仪式。可是今年的十一月十日,天刚破晓就有一种不祥的预兆。

虽然雨季已经过了,那一天仿佛又回到了蒸郁的六月天气。上午一直下着牛毛细雨。总统的行列在一阵异样的寂静中进了柯拉里奥。

洛沙达总统已经上了年纪,胡子灰白,肉桂色的皮肤表示印第安的血统占了相当大的比重。他的马车走在行列的前头,克鲁斯上尉和他的由一百个轻骑兵组成的著名"百人飞骑"在左右卫护。罗加斯上校率领一团正规军殿后。

总统的锐利的小小的圆眼睛朝周围扫了一下,希望看到预期中的欢迎的表示;但是他只看到一排排迟钝而冷淡的公民。安楚里亚人生性喜欢看热闹,凡是能够走动的人都出来观光这种场面了;不过大家都不做声,有一种不以为然的神气。他们挤满了大街小巷,一直挤到车辙那里,又爬满了红瓦屋顶,屋檐上都水泄不通,可是他们中间没有一个人喊"万岁"。家家户户的窗口和阳台上都没有棕榈和柠檬树枝编的圆环,也没有一串串鲜艳夺目的纸玫瑰花,和往常节日的习俗完全不同。只有一种漠不关心、阴沉非难的气氛,因为叫人弄不明白,所以格外显得不是好兆头。谁也不怕愤慨的群众闹事或者暴动,因为他们没有领头的人。总统和那些忠于他的人,从没有听到有谁偷偷地提起一个能够把那种不满情绪化为反对力量的人。不,不可能有什么危险。人民总是先有了一个新的众望所归的人,再推翻旧的。

好多披着红绶带的少校,穿着金边军服的上校和佩着肩章的将军骑着马,耀武扬威地奔跑腾跃了一会儿之后,那个为了一年一度的游行而组成的队伍,终于顺着大街到褐宫去,因为欢迎总统幸临的仪式总是在那里举行的。

队伍的最前面是瑞士乐队。它后面是骑着一匹烈马的当地的司令官和他手下的一队步兵。之后是一辆载着四个政府要员的马车,其中最惹人注意的是白须英武的军政部长,比拉尔老将军。再之后是财政部长和内政部长也坐在里面的总统的专车,克鲁斯上尉的轻骑兵紧紧地排成四人一排,分作两排护驾。跟在他们后面的是其余的政府官员、法官、著名的将领以及社会名人。

乐队刚一奏乐,队伍开始行进的时候,维苏威公司最快的一条轮船瓦尔哈拉号,像一只凶鸟似的溜进了港口,总统和他的随从都看得清清楚楚。当然啦,它的到达并没有什么危险——一家商业公司不会同一个国家开火——但是它却使坐在马车里的艾斯比里蒂昂先生和别人想起,维苏威果品公司一定设了些阴谋诡计来对付他们。

游行的马车到达官邸的时候,瓦尔哈拉号的克劳宁船长和维苏威公司的文森蒂先生已经上了岸,他们两个精神抖擞、漫不经心,在狭窄的人行道上推推搡搡地挤过来。他们一直挤到离褐宫石阶不到几码的地方站住,他们穿着白麻布衣服,身材高大,态度温雅,愉快的神气当中带着威严,在一堆皮肤黝黑、其貌不扬的安楚里亚人中间显得分外惹眼。他们不费什么劲就居高临下地在人群中看到了矮小的土人中间有一个像他们一样的鹤立鸡群的人物。那就是红发的狄盖·马隆奈,他靠着墙站在石阶旁边;脸上露出开朗而动人的笑容,表示已经看到了他们。

狄盖穿了一套合身的黑衣服,非常适合这种具有节日意义的场合。巴莎挨在他旁边,头上蒙了一条她随时都戴着的黑面纱。

文森蒂仔细打量着她。

"博蒂切利①笔下的圣母像,"他一本正经地开口说,"我不明白她几时插进这场把戏里来的。我不喜欢他跟娘儿们有什么纠葛。我希望他能避开娘儿们。"

克劳宁船长哈哈大笑,几乎引起了游行队伍的注意。

"有一头那种头发的人!希望他避开娘儿们!并且还是马隆奈一族的!他不是生就这样的吗?但是,废话少谈,你认为有没有希望?这种冒险犯难的勾当不是我的拿手。"

文森蒂再朝狄盖的脑袋瞥了一眼,笑了一笑。

"红与黑,"他说,"看清楚啊。大爷们,押注啊。我们是押红的。"

"这个小伙子有点本事,"克劳宁赞许地瞧瞧石阶旁边那个高大、从容的人,"但是在我看来,这一切就像一场骗人的戏文。虽然吹打得热闹,可是言过其实;空气当中有一股汽油味,演戏的是他们,看戏和换布景的也是他们。"

他们住口不谈了,因为这时候比拉尔将军已经跳下第一辆马车,在褐宫的最高一级石阶上站定。阁员中间数他的年纪为最大,按照惯例,总是由他致欢迎辞,并且要在致辞完毕后,把官邸的钥

---

① 博蒂切利(1444—1510),意大利画家,以古典画和宗教性的绘画著称,作品有《春》《维纳斯的诞生》和圣母像多幅。

匙交给总统。

比拉尔将军是共和国最杰出的公民之一。他身经三次战争和无数次革命，在欧洲各国的宫廷和军营里都是上宾。他又是能说会道的演说家和人民的朋友，他可以代表最优秀的安楚里亚人。

他握着褐宫的镀金钥匙，按照传统的方式开始发表演说，广泛地谈到每一个朝代，以及从最初争取自由独立的时候起直到现在文化和国运发展的情况。最后谈到了洛沙达总统的政权，这时候，比拉尔将军照例应该把政治的清明和人民的幸福颂扬一番，可是他却不响了。接着，他默默地把那串钥匙举过头顶，眼睛直盯着它。系在钥匙上的缎带在和风中飘拂。

"风仍旧在吹，"演讲人兴奋地嚷道，"安楚里亚的公民们，你们今晚要感谢诸位圣人，因为我们的空气仍旧是自由的。"

这一来，他把洛沙达的政府轻轻带过，突然提到安楚里亚最得人心的统治者奥里瓦拉。九年前，奥里瓦拉正当盛年，奋发有为的时候，给人谋杀了。据说干下这件事的是洛沙达本人所领导的民主党的一派。不管是不是他干的，这个野心勃勃、富于心计的洛沙达在八年之后才达到目的。

说到这儿，比拉尔将军的话就开了河。他感情深厚地描绘着慈爱的奥里瓦拉。他提醒人民，那个时代是多么太平、安全、幸福。他谈到奥里瓦拉总统最后一次莅临柯拉里奥过冬的情况，总统在哪里出现，哪里就响起一片表示爱戴和拥护的、雷鸣似的"万岁"声，他把当时的详情细节说得有声有色，和眼前的情况成了一个意味深长的对照。

那一天，人们到这时候才初次公开表示了激动。他们中间响起一片低沉而持续的喃喃声，仿佛碎浪拍岸似的。

"我说红的赢，"文森蒂说，"我输的话拿出十块钱，你输的话请我在圣查尔斯吃顿饭。"

"对我自己不利的事情,我从来不打赌,"克劳宁船长点了一支雪茄说,"老头儿这么大年纪,底气倒很足。他在讲些什么啊?"

"我的西班牙话,"文森蒂回说,"每分钟只能讲十来个字;他讲的有二百来个。不管他说些什么,总是在激动人心。"

"朋友们,弟兄们,"比拉尔将军说道,"贤明的奥里瓦拉是从你们中间来的,你们忧伤的时候他就掉泪,你们欢乐的时候他就微笑,如果今天我有力量使他从凄凉岑寂的坟墓中复生的话,我一定替你们请他回来,但是——奥里瓦拉已经死啦——给一个怯懦的凶手害死的!"

演讲人扭过头去,大胆地望着总统的马车。他的胳臂仍旧举得高高的,仿佛要强调最后的几句话。总统听了这一番惊人的欢迎辞,吓得面无人色。他仿佛挨了一记闷棍,往后倒在座位上,气得直打哆嗦,一双黧黑的手紧紧地抓住坐垫。

他欠起身子,伸出一条胳臂指着演讲的人,粗暴地向克鲁斯上尉发了一个命令。那位"百人飞骑"的首领纹丝不动地骑在马上,交叉着胳臂,只当没有听见。洛沙达又坐了下去,他那黧黑的脸庞显然泛了白。

"谁说奥里瓦拉已经死了?"演讲人蓦地喊道,他年纪虽然大,喊出来的声音却像战场上的号角,"他的肉体固然躺在坟墓里,但是他为他所热爱的人民留下了他的精神——还有——他的学识、他的勇气、他的仁慈——还有——他的青春,他的形象——安楚里亚的人民,难道你们忘了奥里瓦拉的儿子,雷蒙?"

克劳宁和文森蒂密切注意着,看到狄盖·马隆奈突然揭开帽子,拉掉他的红头发,跳上石阶,站到比拉尔将军身边。军政部长用胳臂围住这个青年的肩膀。见过奥里瓦拉总统的人,又都看到了他那狮子般的雄姿、同样坦率无畏的神情、同样宽阔的额头,以及额头上又卷又硬的黑头发的轮廓。

比拉尔将军是个有经验的演说家。他抓紧了暴风雨来临之前的喘不过气的一刹那。

"安楚里亚的公民们,"他高举着褐宫的钥匙,声如洪钟地吼道,"我现在要把这些钥匙——打开你们的幸福与自由的钥匙——交给你们公认的总统。你们要我交给暗杀安立哥·奥里瓦拉的凶手呢,还是交给奥里瓦拉的儿子?"

"奥里瓦拉!奥里瓦拉!"群众喧腾起来了。男人、女人、孩子和鹦鹉,全都叫着这个富有魔力的名字。

表示兴奋激动的并不限于一般平民。罗加斯上校走上石阶,戏剧化地把他的剑搁在年轻的雷蒙·奥里瓦拉脚下。四个阁员拥抱了他。克鲁斯上尉发出一个命令,二十个飞骑兵跳下马,在褐宫石阶周围布了警戒线。

但是雷蒙·奥里瓦拉抓住这个机会,证明他是个干练的人物和天才的政治家。他做手势挥开这些士兵,走下石阶,到了街上。他虽然失去了红头发,他那副雍容华贵的仪表和那种杰出的风度却丝毫没有减色,他一到街上就去拥抱平民们——赤脚汉子、邋里邋遢的家伙、印第安人、加勒比人、婴儿、叫花子、老年人、青年人、教徒、士兵和罪人——一个也没漏掉。

这一幕戏正在演出的时候,布景人忙着做他们分内的事情。克鲁斯的两个骑兵拉住洛沙达马车的缰绳;别的骑兵密密层层地围住马车;他们押了这位暴君和他的两个不得人心的部长飞驰而去。毫无疑问,早替他们预备了一个去处。柯拉里奥原有一些装着铁窗的石头房子。

"红的赢啦。"文森蒂先生说,心平气和地另外点了一支雪茄。

克劳宁船长一直聚精会神地注意着石阶周围。

"好小子!"他突然说道,仿佛松了一口气,"我倒要知道他会不会忘掉他的凯塞琳·玛伏宁①。"

年轻的奥里瓦拉重新踏上石阶,对比拉尔将军说了几句话。于是那位著名的老将下去,走到巴莎跟前,她目瞪口呆地仍旧站在狄盖把她留下的地点。将军手里拿着饰有羽毛的帽子,胸前的勋章奖牌闪闪发光,跟她说了话,伸出手臂去让她挽着,两个人一起走上褐宫的石阶。这时候,雷蒙·奥里瓦拉才走上前,当众握住她的双手。

四面八方的欢呼声又响了起来的时候,克劳宁船长和文森蒂先生转过身,回到小船在等待他们的海岸边去。

"明天早晨又有一位总统即位了,"文森蒂先生若有所思地说,"一般说来,他们不像选举出来的总统那么稳当,不过这个小伙子好像有几手。这一次全是他自己计划布置的。奥里瓦拉的寡妇,你知道,很有几个钱。她丈夫被刺以后,她到了美国,送她的儿子进耶鲁大学念书。维苏威公司把他找来,支持他玩这一次小小的把戏。"

"现在这个时世,"克劳宁半开玩笑地说,"能够撤销一个政府,换一个你自己选择的,真是了不起的事。"

"喔,只不过是一件生意上的事,"文森蒂说,他停下来,把他的雪茄蒂头递给一个从菩提树上荡下来的猴子,"今天的世界就靠生意来推动。加在香蕉上的那一个额外的里亚尔非取消不可。我们挑了一条捷径,把它取消了。"

---

① 凯塞琳·玛伏宁,原是19世纪美国流行的歌曲名,克罗区(1808—1896)作曲,克劳福夫人(1790—1858)填词,因为里面有"或许几年,或许永世"两句,这支曲子便成了"期票"的类语。"玛伏宁"(mavourneen)是爱尔兰文,意谓"我的宝贝"。

第十七章 两件旧事重提

在这出七拼八凑的喜剧闭幕之前,我们还有三件事情需要交代。其中两件早已有约在先:第三件也是义不容辞的。

这场热带杂耍的戏目单上已经说明,观众可以看到,哥伦比亚侦探事务所的"矮子"奥台为什么丢了饭碗。还说明,史密斯应该再度出场来告诉观众,那晚上他独个儿待在安楚里亚的海边守望,在椰子树下扔了那么多雪茄烟蒂,究竟在侦察什么神秘的玩意儿。这两件事自当交代清楚;但是还有一件更为重要的事情尚待解决——就是随着一系列事实真相的发展而造成一件仿佛错误的事儿,必须弄个水落石出。现在,让一个人出场说话,上面这三件事都可以迎刃而解。

且说,纽约市北河码头的纵桁上坐了两个人。一条从热带地方开来的船,正在把香蕉和橘子卸到码头上。偶尔有一两只熟透的香蕉掉落下来,两人中间总有一个蹒跚地走上前去,把香蕉捡回去分来吃。

其中一个人已经堕落到不可收拾的田地。他的衣服破烂得不成样子,风吹、雨打、日晒所能做的破坏工作,在他衣服上全做到了。酒加在他身上的摧毁,也是显而易见。话虽这么说,他高高的酒糟鼻子上还是气派十足地架着一副锃光闪亮的金丝边眼镜。

另一个人在落魄鬼的下坡路上走得还没有那么远。说实话,他的壮年时期已经开花结子——不过结的种子或许在任何土地里都发不出芽来。虽然如此,他走的道路上还有一些捷径,可能不必惊动那些沉睡的创造奇迹的圣徒,让他重新弃邪归正。这个人长得短小精悍。他的眼睛像鹞鹰眼睛似的,斜而无光,他的胡子跟酒店伙计一般。我们认识那副眼睛和胡子;我们知道那个乘着豪华的游艇、穿得富丽堂皇、带着秘密使命、后来突然失踪的史密斯又出现了,虽然他往日的种种配备已经一扫而光。

吃到第三只香蕉时,那个戴眼镜的人打了一个寒战,把它吐了出来。

"凡是水果都滚它的!"他带着公子哥儿表示厌烦的口气说,"我在出产这些东西的地方待过两年。它们的味道老是留在舌头上。橘子倒还不坏。下一次再有箱子绷开时,奥台,你看是不是能弄两只橘子来。"

"你跟那些猴崽子一起待过的吗?"另一个人晒了太阳,吃了减轻饥渴的水果,稍微有点多嘴多舌起来了,"我也到那边去过一次。但是只待了几个钟头。那时候,我还在哥伦比亚侦探事务所里工作。那些猴崽子害我栽了跟斗。要不是为了他们,我的饭碗至今还不会丢掉的。我来告诉你吧。

"有一天,事务所主任给办公室送来一张便条,上面写着:'立即派奥台到这儿来,有重大案子要办。'那时候,我是事务所里第一流的侦探。他们总是把大案子交给我办。主任的便条是从华尔街银行区送来的。

"我到那儿时,发现主任跟一群形色慌张的董事们待在一间私室里。他们叙述了案情。共和国保险公司的总经理带着十万元左右的现钞逃走了。董事们急于要把他找回来,同时更急于要把钱找回来。他们说,这笔款子等着要用。他们查明这位先生早晨带着女儿和一只大皮包——他的全部家私——搭上一条驶往南美洲的不定期的水果船走了。

"一位董事的汽轮游艇已经升火待发;他把船交给我,由我全权指挥。不出四个钟头,我就上了船,去追踪那条水果船。我心里有数,老华菲尔——那是他的姓氏,杰·邱吉尔·华菲尔——往哪条路走。那时光,除了比利时和那个香蕉共和国安楚里亚之外——我们差不多跟世界各国都签有条约。整个纽约市找不出华菲尔的一张相片——他在那种地方的确是老奸巨猾——但是人家把他的大概相貌告诉了我。何况,他身边的小姐不拘到什么地方都会使他露出马脚。她是社会上那种自命不凡的人物——不是那种只在礼拜天报纸上露露脸的人物——而是替菊花展览会主持开幕典礼或者替军舰命名的货真价实的闺秀。

"啊,先生,我们一路上始终没看到那条水果船。海洋那么辽阔;我猜想我们走的路线不同。但是我们继续向这个安楚里亚前进,那条水果船准是去那儿的。

"一天下午四点钟光景,我们到了那个猴崽子国家的海岸。海面上停泊一条破烂的轮船,在装载香蕉。猴崽子们摇了大驳船转运过去。老家伙乘的可能是这条船,也可能不是。我上岸去看看。风景相当美。纽约的舞台布景从没有这种风光。我在岸上碰到一个美国人,一个冷静的大汉,跟那些猴崽子站在一块儿。他把领事馆的地点告诉了我。领事是个小伙子,人挺和气。他说,那条水果船是加尔赛芬号,通常走新奥尔良,上一次却是运货到纽约去的。我于是断定我所要的人一定在船上,虽然大家都说没有客人上过岸。我猜想他们在天黑之前是不会上岸的,因为他们可能看到了我的游艇停在附近,做贼心虚。所以,我只消等到他们上岸时,把他们逮住就行了。其实,我没有引渡公文,不能逮捕华菲尔,我玩的把戏也只是想把现款追回来罢了。等到他们疲惫不堪、心神不宁的时候,你再下手,他们通常就会吐出来的。

"天黑后,我在海滩一株椰子树下坐了一会儿,然后走到镇里去考察考察，果然多了一份见识。如果一个人能够老老实实地待在纽约，他还是那么做得好，即使为了一百万块钱到那个猴崽子的小镇去一次也是不上算的。

"熏黑了的小泥棚户；街上的野草齐到脚踝；穿着低领口短袖子衣服的女人们抽着雪茄烟，荡来荡去；树蛙的嚓噪声像是开足马力的消防车；后院子尽是山上滚下来的沙砾；门前的油漆给海风吹得斑驳脱落——不，先生——一个人宁可待在上帝的国度①里吃吃伸手饭，不要到那儿去。

"那条大街跟海岸并行，我信步走去，再拐进一条巷子，那儿的屋子净是竹头茅草盖成的。我想看看那些猴崽子不爬椰子树时究竟在干些什么。我朝一家窝棚里望进去就看到了我所要的两个人。他们准是在我散步的时候上岸的。一个年纪五十来岁、光脸浓眉、穿着黑呢衣服的人，那神情看去仿佛正要说：'主日学校里的小孩们，你们哪个答得出来？'他身边有一只好像装着十几块金砖的重甸甸的手提箱，和一个漂亮的姑娘——一个十足的美人儿，身上全是五马路②的打扮——坐在一只木椅子上。一个老年黑女人正在桌上预备一些咖啡和豆子之类的东西。他们惟一的光亮是从墙上挂着的一盏灯笼射出来的。我走进门槛，他们看看我，我开口说：

"'华菲尔先生，你是我要逮捕的人。我希望，为了那位小姐的缘故，你还是放明白些。你知道我为什么要拿你。'

"'你是谁？'老先生说。

"'哥伦比亚侦探事务所的奥台，'我说，'现在，先生，让我给你一个忠告。好汉做事敢作敢当，你还是回去挺一挺。把赃款退

---

① 指美国。
② 纽约市东北向的繁华街道。

还他们;他们可能从轻发落。乖乖地跟我走,我会替你说些好话。我让你考虑五分钟。'我掏出挂表,等他决定。

"那当儿,小姐插嘴说话了。她确实是个名门闺秀。她的衣服那么合身,气派那么华贵,你一看就知道五马路是为她而设的。

"'请进来,'她说,'别挡着门口。你这套衣服会使满街闹腾起来的。究竟有什么贵干?'

"'三分钟过去啦,'我说,'再过两分钟,我来告诉你。'

"'你承认是共和国的老总①,是不是?'

"'不错。'他说。

"'那就好办,'我说,'你自己应该有数。共和国保险公司的总经理杰·邱吉尔·华菲尔,解回纽约。

"'还有公司的款项,就是那只手提包里由杰·邱吉尔·华菲尔监守自盗的款项,也得解回纽约。'

"'喔——喔——嚅!'小姐说,仿佛在思考什么似的,'你要把我们带回纽约去吗?'

"'要带华菲尔先生回去。小姐,你没有问题。如果你要跟令尊一道回去,当然可以。'

"那姑娘突然轻轻地喊了一声,抱住那个老家伙的脖子。'哦,爸爸,爸爸!'她说,嗓子有点像低音女歌手,'果真有这回事吗?你拿了人家的钱吗?你说呀,爸!'那种娇滴滴的颤音教你听了真是回肠荡气。

"老家伙开头给她抱住时,大有装疯卖傻的神气,但是她悄悄地凑在他耳朵旁边说话,一面拍拍他的肩膀,他终于静下来,不过稍微冒点汗罢了。

"姑娘把他拖到一边,他们谈了一会儿,然后老家伙戴上金丝

---

① 原文是"President",可作"总统"和"总经理"解。

边眼镜,走过来把手提包交给了我。

"'侦探先生,'他生硬地说,'我决定跟你回去。我终于发现,要在这片凄凉沉郁的海边过活,生不如死。我回去听凭共和国保险公司发落。你带了一条鳝来吗?'

"'鳝!'我说;'我实在没有——'

"'船,'小姐插嘴说,'别开玩笑。爸原籍是德国。英文说得不好。你怎么来的?'

"姑娘仓皇不安。她用手绢掩住面孔,每隔一小会儿就说,'哦,爸爸,爸爸!'她走到我面前,把她雪白的手掌按在我的起先不入她眼的衣服上。我闻到了浓重的紫罗兰香。她真是一个超凡绝俗的人物。我告诉她,我是乘了私人游艇来的。

"'奥台先生,'她说,'喔,马上带我们离开这个可怕的地方吧。好吗!肯吗!你说肯吧。'

"'让我试试看,'我假装不在乎地说,其实心里急得要命,只希望在他们没有改变心意之前把他们弄到海上。

"有一件事他们两个都反对得很厉害,就是不愿意穿过镇里走到码头那儿。他们说是害怕张扬,现在既然决定回去,他们就希望尽可能避免报纸的宣传。他们坚持,如果我不能把他们偷偷地弄上游艇,不让任何人知道,他们就一步不走,我只得敷衍他们,同意这样做。

"摇了舢板把我送上岸的水手们,在海边一家酒吧间里打弹子,等候命令,我提议叫他们把舢板摇到海岸下游半英里左右的地方,在那儿接我们上船。怎样通知他们倒是一个问题,因为我不能把手提包留给被捕的人犯,又不能随身带走,惟恐那些猴崽子拦路抢劫。

"小姐说,那个黑婆婆可以送一张便条去。我坐下来写了条子,交给那女人,并且给了她详详细细的指示,她活像一只狒狒,咧着嘴直摇头。

"接着,华菲尔先生用外国话吩咐了她一大套,她连连点头,说了五十来次'See,Señor'①,然后带着条子一溜烟走了。

"华菲尔小姐对我笑笑说,'老奥古斯太只懂德国话。我们在她家里歇歇脚,问她上哪儿可以找到住宿的地方,她硬留我们喝咖啡。她告诉我们,她是在圣多明各②一个德国人家里养大的。'

"'很可能是这样,'我说,'我的德文,除了 nix verstay 和 noch einst 两句③之外,别的一窍不通。可是那句"See, Señor",我敢打赌,听来很像法国话。'

"我们三个人偷偷地在镇边上溜过去,不让人家看到。我们在纠缠不清的蔓藤、羊齿丛、香蕉林和热带花草中挣扎前进。猴崽子们的郊区跟中央公园一样乱糟糟。我们在海滨下游半英里多的地方走了出来。椰子树下有一个睡着的棕色汉子,身边搁着一杆十来英尺长的旧式步枪。华菲尔先生捡起那支枪,把它扔进海里。'海岸是有人防守的,'他说,'阴谋反叛到处都是。'他指指那个沉睡的、毫不动弹的汉子。'他们原来是这样执行任务的。简直是儿戏!'他说。

"我看到我们的舢板摇了过来,我划了一根火柴,燃起一张报纸,让他们知道我们在哪儿。不出三十分钟,我们上了游艇。

"第一件事,华菲尔先生、他的小姐和我把手提包送到船主的舱房里,打开点点数,开了一张清单。里面有十万零五千元美钞,还有许多钻石首饰和一两百支哈瓦那④雪茄烟。我把雪茄烟还给那个老家伙,又以公司代理人的名义出了一张现款和首饰的收据,

---

① 西班牙文,应作"Si,Señor"("是,先生")。
② 多米尼加共和国的首都。
③ 这是两句破碎的德文,意谓"我不懂"和"再来一次"。
④ 古巴共和国的首都,产雪茄烟著名,那种雪茄有时简称"哈瓦那"。

然后把东西放在我的舱房里锁上收起。

"再也没有比那一次更称心适意的旅行了。我们出了海之后,那位小姐快活得赛过神仙。我们第一次吃晚饭,侍者替她的杯子斟上香槟酒时——那位董事的游艇简直是水上的华道夫·艾斯托利亚①——她朝我眨眨眼睛说,'何苦自寻烦恼,包探先生?我敬你一杯,希望你逢凶化吉,高高兴兴。'②船上有架钢琴,她坐下去,边弹边唱,那条嗓子好得出奇,你花了大钱也听不到的。她记得九出歌剧,一点不含糊。她真了不起。她不是那种二三流的小角色,而是唱压轴戏的人物!

"很奇怪,老家伙在路上也神气起来了。他常常拿出雪茄烟请客,有一次很高兴地喷着烟对我说:'奥台先生,我总认为共和国公司不至于跟我过不去。好生看管那一箱东西,奥台先生,因为我们到达时必须把它归还原主。'

"我们到纽约上岸时,我跟主任通了电话,请他到董事室会面。我们雇了一辆马车去了。我拎着手提包,大家走进去,我很高兴看到主任已经把原来那一批红面孔白坎肩③的财翁们召集拢来,看我们进去。我把手提包往桌上一搁。'钱都在这儿。'我说。

"'你逮捕的人犯呢?'主任问。

"我指指华菲尔先生,他上前一步说:

"'先生,请借一步说话,让我解释解释。'

"他和主任走进另一个房间,待了十分钟。他们出来时,主任的脸色非常难看。

"'你碰到这位先生时,'他对我说,'这只手提包是不是为他所有的?'

---

① 华道夫·艾斯托利亚,纽约的豪华旅馆。
② 原文意思是"祝你比那只在你坟墓上踩踏的母鸡活得长,把它吃掉"。
③ 白麻布坎肩是西式礼服的一部分。

"'是的。'我说。

"主任拎起手提包,还给那个被捕的人犯,又向他鞠了一躬,然后对董事们说:'诸位有谁认识这位先生吗?'

"他们都摇摇他们的红面孔。

"'我来介绍,'他继续说,'这位是安楚里亚共和国的总统,米拉弗洛勒斯先生。总统先生对于这个荒唐的错误,已经慷慨地答应不予追究,但是我们要负责不让他遭到这件事给宣扬出去而引起的麻烦。为了这种侮辱,他很可以掀起国际纠纷,要求赔偿,现在他老人家不再追究,真是天大的面子。我想我们都愿意感激地向他保证,一定保守秘密。'

"他们的红面孔都朝他点了一点。

"'奥台,'他对我说,'你做一个私家侦探实在屈就了。在战争时期,可以随便绑架政府的首脑,那你才出色当行。明儿十一点钟,到事务所去一次。'

"我懂得那是什么意思。

"'那位敢情是那些猴崽子的总统,'我说,'嘿,他干吗早不说呢?'

"你说倒霉不倒霉呢?"

第十八章　万花筒

　　杂耍在本质上总是片片断断,没有连续性的。观众不会要求大团圆的结局。当"场"了却当"场"的事就够了①。只要那个唱歌的喜剧演员能够胜任愉快地唱几声过场,人家决不在乎她有过多少风流韵事。只要耍把戏的狗跳过了最后一个铁环,就给当做野狗捉去,观众也决不在意。如果骑脚踏车的小丑退场时一个倒栽葱撞倒了(道具的)瓷盆瓷碗,观众决不打听小丑有没有受伤。观众也决不会因为买了入场券,就认为自己有权知道,那个弹五弦琴的小姐跟那个唱独角戏的爱尔兰人是不是在谈恋爱。

　　所以,为了讨好出了五毛钱的观众,我们不必再揭开情人团圆、恶人遭殃,以及拿男女佣人的调情来凑趣的场面。

　　但是我们的节目还有一两"场",然后请各位从太平门出去。这出戏文的观客,如果有耐性看到终场,自会发现一条隐隐约约地贯串故事的线索,虽然那线索细微得可怜,恐怕只有海象知道。

　　下面是纽约市共和国保险公司副总经理写给安楚里亚共和国柯拉里奥弗兰克·古德温的一封信的片断:

　　　古德温先生阁下:
　　　　新奥尔良好兰-福查公司转来尊函暨汇款十万元均收

---

①　这儿套用《新约·马太福音》第6章第34节:"一天的难处一天当就够了"。

到。该项公款系敝公司前任总经理、已故之杰·邱吉尔·华菲尔所侵吞者……自遗失之日起,阁下在两星期之内便将全数寄下,敝公司职员及董事一致表示衷心的敬意和感谢……谨向阁下保证,本案绝不宣扬……华菲尔先生自杀身亡,情况凄惨,敝公司深表遗憾,……阁下与华菲尔小姐结婚,谨致贺意……雍容华贵,端庄娴雅,在最高尚的都市社会中亦属难能可贵……

共和国保险公司副总经理,
鲁西亚斯·依·艾布尔盖脱谨启

万 花 筒

(电影)

最后的香肠

场景——画室

　　一个英俊的青年画家颓唐地坐在一堆乱糟糟的写生画稿中,一手托住脑袋。画室中央有一只放着火油炉的松木箱。画家站起来,把裤带勒一勒紧,点上火油炉。他走到屏风半遮着的饼干箱子那儿,取出一条孤零零的香肠,把饼干箱翻过来,表示里面没有了,然后把香肠扔进油炸锅里,搁在火油炉上。炉火熄灭了,因为里面没有火油。画家显然伤透了心,突然怒火中烧,抓起香肠,使劲一摔。其时,房门打开,进来一个人,给香肠在鼻子上打个正着。他仿佛在叫嚷,从他拼命跳起来的神气上可以看出。新上场的是个血色很好、精明活泼的人,显然是爱尔兰籍。随后,他笑得前仰后合;一脚踢翻火油炉;画家竭力想去握他的手,可是没有握到,他重重地拍着画

家的背脊。之后,他做了许多手势,聪明的旁观者自会明白,他跟连山的印第安人交易,用锅铁斧头和剃刀换了金砂,因而挣了许多钱。他打口袋里掏出像面包那么粗的一卷钞票,在头顶上挥舞,同时做了喝酒的姿势。画家匆匆找到帽子,两个人一起离开了画室。

沙上的字迹①

场景——尼斯海滨②

一个容貌秀丽、年纪还轻的女人,衣着精致,态度端庄,斜靠在海滨沙滩上,懒散地用绸阳伞顶在沙上划出字迹。她长得那么美艳,使人不敢逼视;她懒洋洋的娇姿仿佛给人一个稍纵即逝的印象——她好像一头不知为了什么缘故突然静止的豹子,不定什么时候,会突然猛扑过来,或者会神不知鬼不觉地溜掉,或者会悄没声儿地爬走。她懒散地在沙上划字;写来写去老是"伊莎白"。一个男人坐在几码以外的地方。你一看就知道他们即使不再是同志,至少也是同伴。男人的脸长得黝黑光滑,几乎是喜怒不形于色——可是没有到炉火纯青的地步。两个人不多讲话。男人用手杖也在沙上划写。他写的几个字是"安楚里亚"。写罢,他抬头眺望远处地中海水天交接的地方,眼睛里带着万念俱灰的神色。

---

① 引自英国诗人考莱(1823—1892)的《力佛米特沙滩》第一首:
"枉费心力暗自伤,
雪落浪中空叹息,
沙上字迹本渺茫,
明日过客难探悉。"
② 尼斯,法国东南海岸的避寒胜地。

荒 原 和 你①

场景——热带地方一位绅士的产业的边缘

  一个面孔红褐色的印第安老头正在红树沼地旁边的一座坟墓那儿修剪墓草。没多久,他站起来,慢腾腾地走到暮色笼罩下来的树林子那儿去。树林子前面站着一个强壮和蔼的男人和一个娴静明艳的女人。老头儿走到他们跟前时,男人拿出一点钱给他。那个守墓人,带着他那种民族特有的鲁钝和自满,接过他认为应得的份儿,掉头走了。树林子边上的一对男女转身走到那条朦胧的小径上,越走越拢——归根结底,大千世界只不过是放映电影的小小银幕,里头有两个人一起走路罢了,可不是吗?

——幕落

---

① 引自波斯诗人莪默·伽亚谟(1070—1123)的四行诗第十二首(郭沫若先生译文):
  "树荫下放着一卷诗章,
  一瓶葡萄美酒,一点干粮,
  有你在这荒原中傍我欢歌——
  荒原呀,啊,便是天堂。"

随意选择

《迪克西玫瑰》[*]

佐治亚州图姆斯市一家股份公司创办《迪克西玫瑰》杂志时，老板们心目中只有一个人可以充当主编。阿基拉·特尔菲尔上校是最恰当的人选。从学识、家世、声誉和南方传统各方面考虑，他是杂志预先注定的、合乎逻辑的、合适的主编。因此，一个由佐治亚州爱国市民组成的、认捐了十万元创办基金的委员会前去雪松高地特尔菲尔上校的住宅求见，他们忐忑不安，惟恐上校拒绝，使杂志和南方受到损失。

上校在他宽敞的书房里接见了客人。上校一生大部分时间是在书房里度过的，书房藏书有一万册，是从他父亲手里传下来的，其中还有一八六一年的版本。代表团来到时，上校正坐在白松木的大桌子前看伯顿的《愁思剖析》①。他站起身，彬彬有礼地同委员会每一个成员握手。如果你常看《迪克西玫瑰》，可能记得那份杂志时不时会刊登上校的照片。你忘不了他精心往后梳理的白长发、稍稍有点朝左歪的高鹰钩鼻子、仍然很黑的眉毛下面的锐利的眼睛、末梢有点零乱的白胡子下面的古典式的嘴巴。

---

* 迪克西，原指美国南北战争期间参加南部同盟的南部各州，现是南部各州的别名。
① 伯顿(1577—1640)，英国教士，散文作家，《愁思剖析》是他的名著，展示了渊博的学识和奇特的构思。

委员会热切地希望他出任主编。他们介绍了杂志的出版方针，提出了优厚的薪金待遇。上校的田地肥力逐年递减，收成越来越坏。再说，这种荣誉也是难以拒绝的。

特尔菲尔上校在四十分钟的接受聘请讲话中概括了从乔叟到麦考来的英国文学史，再现了昌塞勒斯维尔战役①，最后说，在上帝的帮助下，他要办好《迪克西玫瑰》，让它的芬芳美丽传遍全球，以便狠狠地反击那些毁了南方人的财产，剥夺了南方人的权利，却说南方人没有天才或优秀的思想和心灵的北方奴才。

第一国民银行大楼二层隔出了几个房间，经过装修，配备了家具，作为杂志社的办公室，上校将在那万紫千红、芳芳菲菲的地方让《迪克西玫瑰》盛开或凋谢。

主编特尔菲尔上校延聘的工作人员和撰稿人，正像佐治亚州的著名的桃子一样，都是第一流的。第一副主编托利弗·李·费尔法克斯的父亲在皮克特②冲锋时阵亡。第二副主编基茨·昂山克是摩根③骑兵突击队一个队员的外甥。书刊评论员杰克逊·罗金厄姆是南方邦联军队中最年轻的士兵之一，他上战场时一手握剑，另一手还拿着奶瓶。艺术编辑龙塞斯瓦尔斯·塞克斯，是杰弗逊·戴维斯④的一个侄子的第三代表兄。

上校的速记打字员拉维妮娅·特休恩有位姑妈曾被"石墙"杰克逊⑤吻过。勤杂主管汤米·韦伯斯特之所以被录用是因为他

---

① 1863年5月1—3日，美国南北战争时期，北军曾被南军在昌塞勒斯维尔打败。
② 皮克特(1824—1875)，美国南北战争时期的南方军官，1863年7月3日在葛底斯堡向北军阵地发起冲锋，被击退，他的部下伤亡四分之三。
③ 摩根(1825—1864)，美国南北战争时期南方骑兵军官。
④ 戴维斯(1808—1889)，南北战争时期南方邦联总统，主张奴隶制，曾担任过国防部长。
⑤ 杰克逊(1825—1875)，美国南北战争时期南军将领之一。

在图姆斯中学毕业考试时背诵了瑞安神甫①的全部诗歌。打包邮寄杂志的女工们也出身南方没落的古老家族。出纳是一个名叫霍金斯的矮小个子，来自密歇根州的安阿伯，他有一家担保公司给杂志社老板们的推荐信和保证书。即使佐治亚的股份公司有时候也明白不慕古人爱今人的道理。

除了图姆斯市本地人之外，外地听说有这本杂志之前，《迪克西玫瑰》居然出了五期。霍金斯便从他的凳子上爬下来，把这件事向股份公司作了汇报。即使在安阿伯，他也习惯于提出有关经营方面的建议，至少让东面的底特律②听到。于是，又聘请了一个广告经理——博勒加德·菲茨休班克斯——一个系淡紫色领带的年轻人，他的祖父曾是半夜里用枕头套蒙着脑袋，搞恐怖活动的三K党人。

尽管如此，《迪克西玫瑰》每月仍按期出版，每期虽然刊登了不少风景和人物照片，不是泰姬陵，便是卢森堡公园，不是卡门西塔便是拉福莱特，居然有一些人零买或订阅。为了推广销路，主编特尔菲尔上校在同一期里刊出了安德鲁·杰克逊③的名为"隐庐"的老宅的三个不同视角的照片，一整版题为"李将军直捣敌人后方！"的描绘第二次曼纳萨斯战役的版画，和五千字的美男子博伊德的传记。那个月的订户数上升到一百一十八。同一期还发表了莱昂尼娜·瓦什蒂·阿里科（笔名）的诗歌，诗人和南卡罗来纳州查尔斯顿的阿里科家族和股东之一的外甥沾点亲戚关系。还有一篇社交新闻特约记者的文章，报道了波士顿和英国名流举行的茶会，有些客人化妆成印第安人，打翻了不少茶水。

---

① 瑞安（1839—1863），美国天主教神甫，诗人，曾任南方邦联随军教士，1878年出版《瑞安神甫诗集》。
② 底特律和安阿伯都是密歇根州的城市。
③ 杰克逊（1767—1845），美国第7任总统。

一天，有个人风风火火地来到《迪克西玫瑰》杂志社，他热气腾腾，很容易使镜面蒙上一层哈气。他系着一条淡紫色领带，模样像是房地产经纪人，举手投足都模仿布赖恩、哈根施米特和赫蒂·格林①。他给领进上校把住稿件采用关的主编室。特尔菲尔上校站起来，像艾伯特亲王似的鞠躬致意。

"我姓塞克，"不速之客一屁股坐在主编的椅子里开口说，"纽约来的 T. T. 塞克。"

他匆匆把几张名片、一个鼓鼓囊囊的黄牛皮纸信封和给《迪克西玫瑰》老板的一封介绍信放在上校的桌子上。介绍信里客气地请特尔菲尔上校接见持信人塞克先生，把他希望了解的情况告诉他。

"最近我常和杂志社老板的秘书通信，"塞克开门见山地说，"我本人也办杂志，可以说在发行推广方面很有经验。只要不是用废弃的语言印行的任何出版物，我都可以保证把年发行量提高一万至十万册。《迪克西玫瑰》创刊以来，我一直关注。我了解从编辑到分类广告的全部环节。我这次来是了解情况，打算给这本杂志投一大笔资金。照说是能有经济效益的。秘书告诉我，目前杂志有亏损。我认为一家南方的杂志，如果办得得法，在北方也能大量发行。"

特尔菲尔上校在椅子里朝后一靠，开始擦拭他的金丝边眼镜。

"塞克先生，"他客气而坚定地说，"《迪克西玫瑰》这个刊物是为促进和表现南方天才而服务的。你在封面上可以看到，它的口号是'南方民有、民治、民享'。"

"你总不至于反对在北方发行吧？"塞克问道。

"我认为，"上校主编说，"照规矩发行是面向全国的。我不太

---

① 布赖恩(1860—1925)、哈根施米特(1877—1968)和赫蒂·格林(1835—1916)分别是美国雄辩的律师、加入英国籍的爱沙尼亚职业摔跤运动员和美国当时的首富女金融家。

清楚。我和杂志的发行毫无关系。我是被请来负责编辑工作的,我投入了我所具备的有限的文学天才和全部的学识积累。"

"当然,"赛克说,"不过无论你到东到西,无论你买鳕鱼、落花生或者甜瓜,一块钱总是抵一块钱用。最近我看了你们的十一月号。你桌子上正好有一本。我们一起翻阅一下,你不介意吧?

"唔,你们的社论不错。一篇有关产棉地带的、配了许多照片的捧场文章总是沾光的。纽约对于棉花收成始终很感兴趣。这篇关于哈特菲尔德-马科伊家族世仇的耸人听闻的报道,作者是肯塔基州州长的侄女的同学,主意也不坏。由于年代久远,多数人已经忘掉了。这里有一首题为'暴君的脚'的长诗,占三页篇幅,作者是洛雷拉·拉塞尔斯。我接触过不少稿件,从没有在退稿条上见过她的名字。"

"拉塞尔斯小姐,"主编说,"是我们南方最出名的女诗人之一。她和阿拉巴马州拉塞尔斯家族关系密切,阿拉巴马州州长就职典礼上人们献给他的一面南方邦联的旗帜是她亲手绣的。"

"可是那首诗的插图为什么要用塔斯卡卢萨的火车站呢?"塞克问道。

"插图一角,"上校得意地回答说,"是拉塞尔斯小姐出生的祖宅的篱笆。"

"好吧,"塞克说,"我读了那首诗,可是不明白里面描写的是火车站还是奔牛镇战役。还有一个短篇小说,篇名是《罗西的诱惑》,作者是福斯戴克·皮戈特。写得糟透了。皮戈特是什么人?"

"皮戈特先生,"主编说,"是杂志社主要股东之一的弟弟。"

"那就天下太平——皮戈特可以通过,"塞克说。"至于北极探险和捕鲸的两篇东西还说得过去。可是吹嘘亚特兰大、新奥尔良、纳什维尔和萨凡纳啤酒厂的文章又是怎么回事?通篇谈的是啤酒产量和质量。这里面有什么奥妙?"

"如果我听出你的弦外之音,"特尔菲尔上校说,"不妨告诉你:你说的那两篇文章是杂志社老板交来指定非发表不可的。文章的质量我不敢恭维。但是,我觉得某些时候,那些关注《迪克西玫瑰》经济效益的先生们的某些愿望必须满足。"

"我明白了,"塞克说,"有两页刊登的是托马斯·莫尔的《拉拉·鲁克》的节选①。莫尔是从哪个联邦监狱里逃出来的,或者出身哪个名门望族,为了怕受累而不用真名实姓?"

"莫尔是一八五二年去世的爱尔兰诗人,"特尔菲尔上校怜悯地说,"他文采风流,我打算把他翻译的阿那克里翁②的诗歌在杂志上连载。"

"留神别触犯版权法,"塞克自作聪明地说,"报道那家刚竣工的自来水厂的贝西·贝莱克莱尔是谁?"

"那是埃尔维拉·辛普金斯小姐的笔名。我没有和她见过面,她的稿子是她那个州的布劳尔参议员转给我们的。布劳尔参议员的母亲和田纳西州的波尔克家族有亲戚关系。"

"上校,我要指出,"塞克把杂志扔在桌子上说,"这样可不行。为某一地区办杂志是不可能成功的。你必须面向全国。你注意北方的出版物是如何迎合南方读者,如何鼓励南方作者的。你得广泛组稿。你得按质付酬,根本不考虑作者的家系。我敢拿一夸脱的墨水打赌,你经营的这架南方客厅风琴,弹奏出来的音符没有一个来自梅森-哈姆林线③以北。我说的对吗?"

---

① 莫尔(1779—1852),爱尔兰浪漫主义诗人,《拉拉·鲁克》是以东方为背景的叙事诗,在爱尔兰语中,"拉拉鲁克"意为"郁金香般的脸颊"。
② 阿那克里翁(约公元前563—前478),古希腊抒情诗人,作品主要歌颂爱情和美酒。托马斯·莫尔把他的诗歌译成英语,本人也模仿他的风格写了一些原创诗。
③ 似应为梅森-狄克逊线,指美国宾夕法尼亚自由州与马里兰和弗吉尼亚蓄奴州之间的分界线,在北纬39度43分26秒,是英国天文学家、勘查员查尔斯·梅森和杰里迈亚·狄克逊二人在1763—1767年测定的。

"假如我理解你所用的比喻语言——我确实谨慎小心地退掉了那个地区所有的投稿。"上校回说。

塞克拿出他的牛皮纸信封,把一大叠打字稿倒在桌上。

"我带来一些货色,是我付现钱买的。"他说。

他把稿件一一打开,给上校看看首页。

"这里有四个短篇,美国四位最高价的作者写的——三位在纽约,一位住处不定。这是汤姆·范普逊写的有关受维也纳熏陶的人士的专稿。这是杰克船长的意大利系列——不——是克劳福特。这是斯奈芬斯写的三篇揭露市政府丑闻的文章,这篇题为'妇女们礼服盒里装的是什么'的文章十分精彩——一位芝加哥女记者替贵妇当了五年侍女才收集到那些资料。这是明年六月份开始连载的霍尔·凯恩①新著前几章的内容摘要。这批诙谐的应酬诗是我从精明的杂志社低价买来的。这种东西到处都受欢迎。这是一篇吹捧乔治·B.麦克莱伦②的文章,配有他四岁、十二岁、二十二岁和三十岁时的照片。是个预测。他一定能当选纽约市市长。文章准能在全国引起轰动。他——"

"对不起,"上校在椅子上坐直了说,"你说的是谁?"

"哦,我明白了,"塞克咧嘴一笑,"我说的是麦克莱伦将军的公子。这篇稿子暂且放在一边。不过,上校,你听我说,我们一定要让你的杂志一炮打响——不是萨姆特堡的第一炮③。这里有件稿子你一定很想看看。詹姆斯·惠特考姆·赖利④。不错,正是詹姆斯·惠特考姆。你了解它对于一本杂志有多大价

---

① 霍尔·凯恩(1853—1931),英国曼岛通俗小说作者。
② 麦克莱伦(1826—1885),美国南北战争时期将军。1884 年民主党提名的总统候选人,被林肯击败。
③ 萨姆特堡,南卡罗来纳州查尔斯顿港的堡垒,1861 年 4 月 12—13 日遭到南方邦联军队轰击,打响了南北战争第一炮。
④ 赖利(1849—1916),美国诗人,以印第安纳州方言诗歌著称。

值。我不告诉你我花了多少钱买这首诗,不过可以告诉你一件事——赖利靠自来水笔写东西挣的钱比你我都多。我把最后两节念给你听听:

> 爸整天晃悠,什么都不干,
> 他看书,叫我别去烦他。
> 我爱怎么就怎么,他不干涉,
> 我淘气时,他朝我笑笑,
> 我大喊大叫,满口脏话,
> 开始作弄家里的猫,
> 爸只是傻笑,妈大发脾气,
> 把我按在她膝上打屁股。
> 我老是不明白什么道理——
> 我想大概是因为
> 爸从不这么做。
>
> 屋里的灯都熄灭后,
> 我不高兴,便从小床上下来,
> 爬到妈的床上,
> 说我非常爱她,
> 我吻她,把她紧紧搂住。
> 屋里太暗,我看不到她的眼睛,
> 但是每当我这么做的时候,
> 我知道她在哭,哭个不停。
> 我老是不明白什么道理——
> 我想大概是因为
> 爸从不这么做。

"诗写得不坏吧,"塞克接着说,"你觉得怎么样?"

"我对赖利先生的作品还是有所了解的,"上校故意说,"据我所知,他住在印第安纳州。过去十年中,我仿佛成了文学隐士,雪松高地的藏书我几乎全部翻阅过。我自己也计划翻译伟大的意大利诗人塔索①的作品,刊登在杂志上。你有没有品尝过这位不朽的诗人的清泉,塞克先生?"

"一小杯都没有尝过,"塞克说,"现在我们谈正经的,特尔菲尔上校。我已经在这上面投了一些资。我在全部稿件上花了四千元。我的目的是在下一期刊出一部分——我想你们要提前一个月排版——看看对你们的发行会产生什么效果。我认为只要我们能弄到南北东西最好的作品,就能打开杂志的销路。公司的介绍信请你在这件事上和我合作。我们不妨把那些同某某县某某家族有关系的作者的废话连篇的东西砍掉一点。你同意吗?"

"只要我在《迪克西玫瑰》当一天主编,"上校神气活现地说,"就由我决定稿件的取舍。但是,只要我问心无愧,我也希望满足老板们的意愿。"

"这就对了,"塞克赶紧说,"那么我带来的东西中间有多少可以在一月号上刊出?我们说干就干。"

"大致估计一下,"主编说,"一月号还有八千字左右的篇幅。"

"好极啦!"塞克说,"篇幅不多,但是足以给读者换换落花生、州长和葛底斯堡的口味。我带来的稿子篇篇一流,但是仍由你自己选择。我得赶回纽约,两星期后再来。"

---

① 塔索(1544—1595),意大利桂冠诗人,代表作《耶路撒冷的解放》以11世纪第一次十字军东征的历史事件为背景,他的姓"塔索"和法文的 tasse(杯子)发音相似,故下文把 demi-tasse(小杯)混淆为 demi-Tasso。

特尔菲尔上校慢腾腾地晃着系在眼镜上的黑色宽缎带。

"我提到的一月号的篇幅,"他斟字酌句地说,"是有意留出来的,我还没有作出最后决定。不久前《迪克西玫瑰》收到一篇稿件,是我生平看到的最了不起的文学创作。只有大才大智的人才写得出。字数差不多符合我留出的篇幅。"

塞克显得有点迷茫。

"那会是什么呢?"他问道,"八千字似乎难以置信。撰稿人肯定属于一个古老的家族。难道还要搞一次南北分裂吗?"

"文章的作者,"上校不理会塞克的暗示,接着说,"是个有声望的作家。他在其他方面也出人头地。我不能贸然向你透露他的姓名——至少在我决定是否采用他的稿件之前不能透露。"

"唔,"塞克神经质地说,"是连载小说,还是报道南卡罗来纳州惠特迈尔镇新抽水机的揭幕典礼,还是李将军贴身男仆的经过修订的名单,或者是什么别的东西?"

"你老是喜欢开玩笑,"特尔菲尔上校平静地说,"作者是个地位很高的思想家、哲学家、人文学家、学者和雄辩家。"

"那准是一家报业辛迪加了,"塞克说,"不过说实话,上校,你得悠着点。据我所知,一篇八千字的文章如今谁都不会去看,除非是最高法院审理谋杀案的摘要和报告。你会不会碰巧搞到了丹尼尔·韦伯斯特①的一篇讲稿的副本?"

特尔菲尔上校在椅子上转动一下身子,蓬松的眉毛下面一双眼睛牢牢盯着那个杂志稿件推销人。

"塞克先生,"他严肃地说,"我很愿意把你表现幽默感的生硬方式同你商业投资的敬业精神区别开来。但是我不得不请你别再

---

① 韦伯斯特(1782—1852),美国政治家、演说家,曾任国务卿和参议员,有18卷著作和演说稿。

嘲笑和褒贬南方和南方人。先生,《迪克西玫瑰》办公室里对那种言论一刻也不能容忍。在你进一步暗示作为这家杂志主编的鄙人在来稿取舍方面不够称职之前,我请求你先提出一些证据,证明你处理这件事务的方式方法有哪些方面比我高明。"

"得啦,上校,"塞克息事宁人地说,"我绝没有那种意思。你这番话听起来好像是首席检察官的第四助理的起诉书。我们还是谈生意吧。那篇颇费猜测的八千字的东西究竟是什么?"

"那篇文章,"上校欠身,接受了道歉,"覆盖了广泛的知识面。它探讨了困扰世界几百年的理论问题,用严密的逻辑加以解决。它逐一展示了世上的恶,指出铲除它们的方法,然后认真仔细赞扬了善。它以睿智、平静、公正的心态探讨了人生的几乎所有的方面。政府的大政方针、公民的义务、家庭生活的责任、法律、伦理、道德——这一切重要的问题都涉及了,它展现的睿智和自信不由得我不钦佩。"

"那真了不起。"塞克深受感动地说。

"那是对世界智慧的一大贡献,"上校说,"能在《迪克西玫瑰》发表肯定对我们有极大好处,我心存的惟一疑虑是不知道作者是否愿意授权我们在杂志上披露他的作品。"

"我好像听你说过,作者是个显赫的人物。"塞克说。

"不错,"上校回答,"无论在文学或在其他方面都是如此。但是在接受发表之前我要特别小心。我的撰稿人的声誉和社会关系都不容置疑,随时可以核实。我说过,在我了解作者的更多情况之前,我要暂时扣下这篇文章。我不肯定发表。如果不发表,塞克先生,我很乐意用你留给我的稿件代替。"

塞克有点摸不着头脑。

"我还不太明白,"他说,"这篇文学杰作的要点。在我听来,不像是缪斯的飞马,而像是一匹黑马。"

"那是一个博大精深的人的人世记录,"上校主编自信地说,"我认为他比当今任何人更理解这个世界和它的后果。"

塞克兴奋地站起来。

"嗨,难道你弄到了约翰·D.洛克菲勒①的回忆录?你先别说出来,免得吓着我。"

"不,先生,"特尔菲尔上校说,"我谈的是思想和文学,不是档次较低的、错综复杂的商业。"

"作者既然有名,又有真才实学,"塞克有点不耐烦地问道,"发表他的作品有什么问题呢?"

特尔菲尔上校叹了一口气。

"塞克先生,"他说,"我生平第一次感到为难。《迪克西玫瑰》刊出的东西没有一篇不出自南方儿女之手。我对这篇文章的作者不很了解,只知道他在这个国家的部分地区有点名气,而那个地区同我的心灵从来是敌对的。我承认他有才气,我对你说过,我已经发话下去对他的为人进行调查。可能查不出什么结果。但是我要弄个水落石出。在得出结果之前,我必须保留一月号的篇幅。"

塞克起身告辞。

"就这样吧,上校,"他尽量显得诚恳地说,"你自己拿主意。假如你真有一篇惊心动魄的独家专稿,你完全可以不用我的稿件。过两个星期我再来。"

特尔菲尔上校和杂志稿件推销人握手告别。

两星期后,塞克坐卧铺火车一路颠簸到了图姆斯镇。他看到一月号的杂志已经排好了版。

原先空出的篇幅排了一篇文章,标题是:

---

① 洛克菲勒(1839—1937),美国石油大王。

佐治亚州布洛克家族

著名成员

西·罗斯福①

为《迪克西玫瑰》专作

第二次致国会咨文

---

① 西奥图·罗斯福(1858—1919),美国第26任总统。著有《牧场生活和狩猎》《西部的开拓》《克伦威尔传》《非洲狩猎记行》等。

第三样配料

瓦兰布罗沙公寓虽然名为公寓，实际上并不是什么公寓房子，只不过是两幢合而为一的老式褐色面墙的住宅。底层一边开了一家女式服装店，花花绿绿的围巾和帽子挂得琳琅满目；另一边是个准保无痛的牙科诊所，张贴着一些似是而非的保证，陈列着一些吓人的标本。在这所公寓里，你可以借到租金每周两元的房间，也可以借到租金每周二十元的房间。瓦兰布罗沙的房客中有速记员、音乐家、经纪人、女店员、卖文为生的作家、美术学生、电话接线员，以及一听到门铃响就扶着栏杆探身张望的诸色人等。

本文只谈瓦兰布罗沙的两位房客——这并不是对别人有什么怠慢。

一天下午六点钟，赫蒂·佩珀回到瓦兰布罗沙公寓三楼她那个租金每周三元五的后房，她那尖削的鼻子和下巴显得比平时更为冷峻。如果你在一家百货公司干了四年，突然被解雇，钱包里又只有十五美分，嘴脸难免会有点悻悻然。

现在，趁她爬上两层楼梯的工夫，我们简单介绍一下她的身世。

四年前的一个早晨，她同七十五个别的姑娘一起走进那家大百货店，应征内衣部售货员的工作。这支靠工资为生的娘子军，摆成一个使人眼花缭乱的美人阵。她们头上的金发足够让一百个戈迪瓦夫人骑马在街上奔驰。①

一个精明强干、目光冷漠、不近人情的秃顶年轻人负责在这批应征者中间挑选六名。他有一种窒息感,仿佛要在这片轻纱如云、散发着鸡蛋花香的海洋里遭受没顶之灾了。正在这时候,一艘船驶入视线。赫蒂·佩珀站到了他面前。她貌不惊人,巧克力色的头发,绿色的小眼睛带着轻蔑,身穿一套朴素的粗麻布衣服,头上一顶实事求是的帽子,不折不扣地显示了她二十九岁的年华。

"你被录取了!"秃顶年轻人嚷道,他自己也免遭没顶之灾。赫蒂就这样受雇于大百货店。至于她的工资怎么提升到每周八块钱,那就是赫剌克勒斯、圣女贞德、尤娜、约伯和小红帽的故事的总和②。我不能告诉你,她刚进去时公司给她多少工资。社会上反对这种现象的情绪正在高涨,我可不希望腰缠万贯的店主们从我所住的廉价公寓的防火梯爬上来,往我的阁楼房间扔炸弹。

赫蒂被这家大百货店辞退的经过,几乎是她受雇经过的重演,所以也够乏味的。

店里的每个部门都有那么一位无所不知、无所不在、无所不馋的人物,他老是带着一个小本子,系着一条红领带,以"顾客"的面目出现。他那个部门的每周靠若干工资(参看活命统计局③公布的数字)活命的姑娘们的命运全抓在他手里。

我们说的这位顾客是个精明能干、目光冷漠、不近人情的秃顶

---

① 戈迪瓦夫人,11世纪英国考文垂勋爵利奥弗里克之妻,传说她于1040年为了替百姓求免苛税,甘愿正午时在考文垂大街上裸身驰马。但她的头发很长,足以蔽体。
② 赫剌克勒斯是希腊神话中主神宙斯之子,力大无穷,曾完成十二项功业;圣女贞德是法国历史上的民族英雄;尤娜是英国诗人斯宾塞所著《仙后》中历尽磨难的人物;约伯是《圣经》人物,经受了上帝加于他的种种苦难考验;小红帽是童话里几乎落入狼口的人物。
③ 美国有人口统计局(Bureau of Vital Statistics),作者在vital一字中加了两个字母,使之成为有"食品供应"意思的victual。

年轻人。他顺着他那部门的过道走去时,仿佛在轻纱如云,散发着鸡蛋花香的海洋上航行。甜食吃得太多时也会腻得发慌。他把赫蒂·佩珀那平凡的容貌,翡翠色的眼睛和巧克力色的头发看做是腻人的美色沙漠中一块喜人的绿洲。他在柜台旁边一个僻静的角落里,在她胳臂肘上三英寸的地方亲热地掐了一把。她扬起并不白皙而有力的右手,一巴掌把他打出三英尺远。你现在该明白了,赫蒂·佩珀为什么被大百货店辞退,限三十分钟内走人,而钱包里只有十五美分。

今天早报的物价栏说,肋条牛肉的价格是每磅六分钱(肉店使用的磅秤),赫蒂被大百货店"免职"的那天,价格却是七分半。正因为这样,这篇小说才有可能存在,不然那多余的四分半就可以——

不过,世界上所有的好故事的情节都有不能自圆其说的地方;所以你也不能对这个故事求全责备。

赫蒂拿着肋条牛肉,上三楼后面她那每周租金三元五的房间里去。晚饭吃一顿热腾腾、香喷喷的炖牛肉,夜里好好睡一觉,明天早上她又可以振作精神,去找一个赫剌克勒斯、圣女贞德、尤娜、约伯和小红帽加在一起的工作了。

她在房间里那个两英尺高、四英尺宽的瓷器——嗯——陶器柜里取出陶器炖锅,然后在一堆乱七八糟的纸袋中寻找土豆和洋葱。翻了半天,她的鼻子和下巴显得更尖削了。

原来土豆和洋葱都找不到。炖牛肉么,光有牛肉怎么行?做牡蛎汤可以不用牡蛎,海龟汤可以不用海龟,咖啡蛋糕可以不用咖啡,但是没有土豆洋葱就炖不成牛肉。

话得说回来,遇到紧急情况,光有肋条牛肉也能使一扇普通的松木门板像赌场的熟铁大门那样,足以抵挡饿狼侵入。加点盐和胡椒面,再加一匙子面粉(先用一点凉水调匀),也能凑合——虽然没有纽堡式龙虾那么鲜美,也没有教堂节日的炸面饼圈那么丰盛,但也能凑合着吃。

赫蒂拿着炖锅去到三楼过道后面。根据瓦兰布洛杉公寓的广告,那里应该有自来水。你、我和水表都知道,水来得很不痛快;但那是技术问题,且不去管它。那里还有一个水槽,自己料理家务的房客们时常在那里倒咖啡渣子,互相瞅瞅身上的晨衣。

赫蒂看到一个姑娘在水槽旁边洗两个大土豆,姑娘眼神哀怨,一头浓密的金棕色头发颇有艺术气息。赫蒂像任何人一样,不需别具慧眼就能洞察瓦兰布罗沙公寓的秘密。各人身上的晨衣就是她的百科全书,她的《名人录》,她的有关来往房客的信息交换所。从洗土豆姑娘那件嫩绿色镶边、淡玫瑰红的晨衣上,赫蒂早已知道她是住在屋顶房间——那些人喜欢称它为"画室"——的微型画画家。赫蒂心里并不十分清楚微型画是什么;但她敢肯定绝对不是房屋;因为粉刷房屋的人,尽管穿着斑斑点点的工作服,在街上扛着梯子老是杵到你脸上,谁都知道他们在家里却是海吃海喝,阔气得很。

那姑娘相当瘦小,她摆弄土豆的模样就像是没有结过婚的老光棍在摆弄一个刚出牙齿的小娃娃。她右手抓住一把用钝的鞋匠刀,在削一个土豆的皮。

赫蒂像是那种见面熟的人似的,一本正经地上前同她搭话。

"对不起,"她说,"我不该管闲事,不过土豆削皮,丢得就太多了。这些是百慕大的新土豆。你应当刮。我刮给你看看。"

她拿过土豆和刀,开始示范。

"哦,谢谢你。"艺术家低声说,"我不懂。这么厚的皮扔掉确实可惜;太浪费了。不过我一直认为土豆是要削皮的。在用土豆充饥的时候,连土豆皮也得算计算计。"

"喂,小妹妹,"赫蒂停住手说,"你也很困难,是吗?"

微型画画家面有饥色地笑笑。

"我想可以这么说吧。艺术——或者我所理解的艺术——现如今仿佛不吃香了。今晚我只有两个土豆当晚饭。不过把它煮的热乎乎的,加点黄油和盐也不坏。"

"小妹妹,"赫蒂说,一丝微笑使她冷峻的脸色和缓了一些,"命运把你我联系在一起了。我目前也不顺心;不过我房间里有一块像巴儿狗那么大小的牛肉。我想尽法子找几个土豆,就差没有祷告了。不如把你我两人的供应部门合并,炖它一锅。可以在我的房间里炖。假如能弄到一个洋葱加进去就好啦!喂,小妹妹,你会不会有几枚分币滑进去年冬季穿的海豹皮大衣的夹层里呢?我可以下楼到街角上老朱塞佩的摊子那儿去买一个。没有洋葱的炖牛肉比没有糖果的茶话会更差劲。"

"你叫我塞西莉娅好啦。"艺术家说,"我本来可以问女看门人要一个,但是我还不希望他们知道我目前到处奔波在找工作。但愿我们有个洋葱就好啦。"

她们两人在女店员的房间里开始准备晚饭。塞西莉娅插不上手,只能坐在长沙发上,像小鸽子那样轻声轻气央求让她干些什么。赫蒂整治好肋条牛肉,放在炖锅里,加了凉水和盐,然后搁在只有一眼的煤气灶上。

"但愿我们有一个洋葱。"赫蒂一面削土豆皮,一面说。

长沙发对面的墙上钉着一副色彩鲜艳的广告画,画的是铁路公司的一艘新轮渡,有了它,洛杉矶和纽约之间的行车时间可以缩短八分之一分钟。

赫蒂一个人在自说自话,她偶一回头,只见她的客人正瞅着那幅被理想化了的轮渡乘风破浪图,眼泪簌簌直淌。

"哟,塞西莉娅,小妹妹,"赫蒂握着刀说,"那幅画难道有这么糟?我不是评论家,不过我认为它多少给这个房间添了一点儿生气。当然啦,绣像画家一眼就能看出它的毛病。你看不顺眼,我可以马上摘掉。我真想求求灶神爷给我们找个洋葱。"

但是娇小的微型画画家伏在沙发上哭泣起来,她的鼻子顶着粗硬的沙发套。这分明不是一幅粗劣的石印画触犯了艺术家气质的问题。

赫蒂明白。她早就承担了她的角色。我们试图描写一个人的某一品质时,我们的词汇有多么贫乏!等到描写抽象的事物时,我们简直无所适从。我们叙说的东西越是接近自然,理解就越是深刻。我们不妨说得形象一些,有些人是"心胸",有些人是"手",有些人是"肌肉",有些人是"脚",有些人则是负重的"背"。

赫蒂是"肩膀"。她的肩膀瘦削而结实;她活到这么大,人们总是把头靠在上面,不论是隐喻比方还是实际如此;他们把自己的烦恼全留在那里,或者留下一半儿。如果用解剖学的眼光来看生活(这种看法并不比任何别的看法差),她注定是要充当肩膀的。像她这么忠诚可靠的锁骨到处都不多见。

赫蒂只有三十三岁,每当年轻美丽的脑袋靠在她肩上寻求安慰时,她都不免感到一丝悲痛。不过她只要朝镜子瞧一眼,悲痛就能立即止住。因此,她朝煤气灶挨着的那面墙上起皱的镜子瞥了一眼,把已经开锅的土豆牛肉炖锅底下的火苗捻低一些,走到长沙发前,捧起塞西莉娅的脑袋,搁在权充忏悔室的肩膀上。

"只管告诉我吧,亲爱的。"她说,"现在我知道让你伤心的不是艺术。你是在轮渡上遇见他的,是吗?说吧,塞西莉娅,小妹妹,告诉你的——你的赫蒂姑姑。"

但是青春和悲哀首先要宣泄过剩的叹息和泪水,才能把浪漫史的扁舟送到欢愉海岛间的港湾。紧接着,忏悔者——是忏悔者还是值得赞美的圣火传播者?——贴着忏悔室栅栏似的筋腱,诉说了她那既没有艺术也没有火光的故事。

"那只是三天前的事情。我从泽西城搭轮渡回来。艺术品商人施伦姆老先生告诉我说,纽瓦克一个富商找人替他的女儿画一幅微型画像。我去他那里接洽,并把我的部分作品带给他看看。当我对他说一幅画的润笔是五十元时,他像鬣狗似的冲着我大笑。他说他买一幅比它大二十倍的蜡笔画也不过八块钱。

"我身边的钱只够买轮渡票回纽约。当时我觉得我连一天都不想活了。我的心思一定流露在脸上,因为我看见他坐在对面的一排椅子上,老是瞅着我,仿佛知道我的心思似的。他长得很帅气,不过,最重要的是,他看上去很善良。当一个人感到厌倦、不幸,或者绝望时,善良比什么都更重要。

"我十分苦恼,再也忍不住,便站起来,慢慢走出轮渡船舱的后门。周围一个人也没有,我很快地翻过栏杆,跳进水里。哦,赫蒂,我的朋友,水真冷,真冷啊!

"有那么一瞬间,我希望自己仍旧待在瓦兰布罗沙老地方,宁肯饿着肚子,盼望着,后来我浑身麻木,也顾不得那么多了。我觉得另外有个人挨着我,没让我沉下去。原来是他刚才跟着我,也跳进水里来救我。

"有人朝我们抛来一个白色的、大炸面饼圈似的东西,他让我把它套在腋窝下。轮渡打倒车回来,人们把我们拖上甲板。啊,赫蒂,我想跳水自杀实在太可耻了;再说,我的头发全披了下来,湿漉漉的,真丢人。

"几个穿蓝色制服的人跑过来;他把他的名片递给他们,我听到他对他们说,他看见我的手提包掉在栏杆外面的船舷上,我探身想去拣,不小心落了水。这时,我想起报上说过,企图自杀的人要坐牢,同企图杀人的人关在一起,我害怕极了。

"轮渡上有几位太太带我到下面的锅炉房去,替我把衣服大致烘烘干,帮我把头发梳好。船靠岸时,他又过来,替我雇了一辆马车。他自己浑身湿透,但还哈哈大笑,仿佛觉得这件事挺逗趣似的。他央求我把姓名地址告诉他,可是我不干,我觉得太不好意思了。"

"你真傻,孩子。"赫蒂和善地说,"等一等,让我把火捻捻大。我求老天爷给我们弄个洋葱来。"

"然后他掀了掀帽子,"塞西莉娅接着说,"他说:'好吧,不管怎么样,我会找到你的。那时候我就会要求救难的权利。'他付了一些钱给马车夫,吩咐他把我送到我要去的地方,他自己就走了。赫蒂,'救难'是什么意思?"

"那是衣料的不用包缝的织边。①"女店员说,"在那个小英雄的眼里,你可够狼狈的。"

"已经过了三天,"微型画画家叹息说,"他还没有找到我。"

"宽限一点儿吧。"赫蒂说,"这个城市很大。你想想看,他也许要见过许多在水里浸过、头发披落下来的姑娘,才能辨认出你呢。牛肉炖得不错——可是,唉,有个洋葱该多好!假如我手头有蒜,我甚至愿意搁一瓣蒜进去。"

牛肉和土豆煮得正欢,散发出一股令人垂涎的香味,可是其中还缺些什么,在口味上留下一种饥饿的感觉,和对某种应有而没有的配料的萦绕不去、耿耿于怀的欲望。

"我几乎在那条可怕的河里淹死。"塞西莉娅打了个寒噤说。

"水应当再多一点,"赫蒂说,"我指的是炖牛肉。我去水槽那儿弄一点来。"

"真香。"艺术家说。

"那条肮脏的老北江吗?"赫蒂反对说,"我闻起来觉得像是肥皂厂和湿毛猎狗的气味——哦,你指的是炖牛肉。唉,我真希望能

---

① "救难"(salvage)和"织边"(selvage)英文发音相似。

加个洋葱。他看上去像是有钱人吗?"

"他看上去首先是很善良。"塞西莉娅说,"我敢说他一定有钱;但那关系不大。他掏出皮夹付马车钱的时候,不由你不注意到里面有成千上万的钱。我上了马车后,看到他坐私家汽车离开轮渡码头;司机把自己的熊皮大衣给他披上,因为他浑身湿透了。那只是三天以前的事。"

"真是傻瓜!"赫蒂简慢地说。

"哦,司机身上不湿。"塞西莉娅轻声说,"他很利索地把车开走了。"

"我是说你,"赫蒂说,"说你不把地址告诉他。"

"我从来不把地址告诉司机的。"塞西莉娅高傲地说。

"但愿我们有一个就好啦。"赫蒂郁郁不乐地说。

"要来干吗?"

"当然是炖肉——哦,我指的是要一个洋葱。"

赫蒂拿起一个水罐,到过道尽头水槽那儿去打水。

她走到楼梯口时,一个年轻人正从楼上下来。他衣着很讲究,但脸色苍白憔悴。由于某种身体或精神上的痛苦,他目光无神。他手里拿着一个洋葱——一个浅红色、光滑、茁壮、发亮的洋葱,足足有九十八美分的闹钟那么大。

赫蒂停住脚步。年轻人也站住了。女店员的神色和姿态带有赫剌克勒斯、圣女贞德和尤娜的意味——她把约伯和小红帽的角色撂在一边。年轻人停在楼梯口,心神不定地咳嗽起来。他觉得自己陷入困境,受到阻拦、攻打、袭击、敲诈、勒索、征收、乞讨和威吓,虽然他说不清楚原因。造成这种感觉的是赫蒂的眼神。他在赫蒂的眼睛里仿佛看到桅杆顶上升起了一面海盗旗,一名水手用牙齿咬住匕首,矫健地爬上绳梯,把旗帜钉在那里。但是到目前为止,他还不知道,正是他携带的货色几乎害他不经过谈判就被轰沉。

"对不起,"赫蒂在她那稀醋酸似的声调所允许的范围内尽量甜言蜜语地说,"你那个洋葱是不是在楼梯上捡到的?我的纸袋上有个窟窿;我正出来找呢。"

年轻人咳了半分钟。这段时间也许给了他维护自己财产的勇气。他贪婪地抓住他那辛辣的宝贝,抖擞精神,面对那个凶狠的拦路抢劫的人。

"不,"他嘶哑地说,"我不是在楼梯上捡的。是住在顶楼的杰克·贝文斯给我的。你不信,可以去问他。我在这儿等着。"

"我知道贝文斯。"赫蒂乖戾地说,"他写书、写文章专卖给收破烂的。邮递员给他送厚厚的退稿邮件时老是取笑他,整个公寓都听得到。喂——你住在瓦兰布罗沙公寓里吗?"

"我不住这儿。"年轻人说,"有时候我来找贝文斯。他是我的朋友,我住在西头,离这儿有两个街口。"

"你拿那个洋葱打算干什么?——请问?"赫蒂说。

"我打算吃。"

"生吃?"

"不错,到家就吃。"

"你难道没有别的东西搭配在一起吃?"

年轻人考虑了片刻。

"没有,"他坦白说,"我住处没有任何可吃的东西。我想老杰克自己也没有什么吃的。他不愿意放弃,被我磨得没办法,才给了我。"

"老弟,"赫蒂用她那双洞察世故的眼睛盯着他,一个瘦削而给人深刻印象的手指按着他袖管说,"你也碰到了不顺心的事情,是吗?"

"不顺心的事情可多呢。"洋葱的主人飞快地说,"不过这个洋葱是我的,来路正当。假如你不在意的话,我得走啦。"

"听着,"赫蒂急得脸色发白,"生洋葱当饭吃可不怎么样。没有洋葱的炖牛肉也不怎么样。你既然是杰克·贝文斯的朋友,我想你的为人也错不到哪儿去。过道尽头我的房间里有一位小姐——我的一个朋友。我们两个都不走运;我们只有牛肉和土豆。这会儿正炖着呢。但是它没有灵魂,缺了点什么。生活中有些东西天生要互相搭配,互相依赖的。一样是粉红色粗布和绿玫瑰贴片装饰,一样是火腿煎鸡蛋,还有一样是爱尔兰人和不走运。再有一样是土豆、牛肉和洋葱。再有的话,就是穷光蛋和倒霉鬼。"

年轻人又发作了一阵咳嗽。他一手把洋葱捂在胸前。

"一点不错;一点不错。"他咳嗽停后说,"不过,我刚才说了,我非走不可了,因为——"

赫蒂紧紧拽住他的袖管。

"老弟,别学南欧人的样子,吃生洋葱。你凑份子跟我们一起吃晚饭吧,保你从来没有吃过那么好的炖肉。难道要两位小姐把你打翻了硬拽进去,你才肯赏光同她们一起吃饭?不会出岔子的,老弟,放心进来吧。"

年轻人苍白的脸和缓了一些,咧嘴笑了。

"行,我听你的。"他面露喜色说,"假如我的洋葱可以充当证书的话,我乐意接受邀请。"

"作为证书也行,不过作为配料更好。"赫蒂说,"你先在门外等一会儿,让我问问我的女朋友有没有反对意见。你得等我出来,别带了介绍信溜掉。"

赫蒂进了房间,关上门。年轻人等在门外。

"塞西莉娅,小妹妹,"她尽可能把她尖刻的声调放得柔和一些,"外面有个洋葱头。附带一个年轻人。我已经请他来吃饭了。你不至于反对吧?"

"哎呀!"塞西莉娅坐直身子,拍拍她那带艺术气息的头发。她朝墙上那幅有轮渡的招贴画忧郁地瞥了一眼。

"不,"赫蒂说,"不是他。你这会儿面临的是现实生活。我记得你说过你那位英雄朋友有钱、有汽车。现在这个是穷光蛋,除了一个洋葱头之外没有吃的。但是他谈吐大方,一点儿也不冒失。我看他也是好出身,不过现在落魄了。我把他带进来好不好?我保证他规规矩矩。"

"赫蒂,亲爱的,"塞西莉娅叹口气说,"我饿坏了。他是王子也好,窃贼也好,又有什么差别?我顾不了这么多。既然他带着吃的东西,就让他进来吧。"

赫蒂回到过道里。那个有洋葱的人不见了。她的心朝下一沉,她脸上除了鼻子和颧骨之外全笼罩在阴霾里。紧接着她又恢复了生气,因为她看到他在过道另一头,身子正探出窗外。她急忙赶过去。他正朝楼下什么人嚷嚷。街上的噪音盖过了她的脚步声。她从他肩后望下去,看到了同他说话的人,听到了他说的话。他从窗口缩回来时,发现她站在面前。

赫蒂的眼光像两把钢锥似的钻透了他。

"老实告诉我,"她平静地说,"你那个洋葱是干什么用的?"

年轻人忍住咳嗽,坚定地面对着她。他的神情像是被惹急了。

"我打算吃掉它,"他故意一字一顿地说,"刚才已经对你说过了。"

"你家里没有别的可吃吗?"

"什么都没有。"

"你是干什么工作的?"

"这会儿什么都不干。"

"那你为什么探出窗外,吩咐底下那辆绿色汽车的司机?"赫蒂的声音十分尖刻。

年轻人红了脸,无神的眼睛里闪出光芒。

"因为,夫人,"他逐渐加快说,"司机的工资是我付的,汽车是我的——这个葱头也是我的——这个葱头,夫人。"

他把洋葱在赫蒂鼻子底下晃动着。女店员纹丝不动。

"那你为什么只吃洋葱,"她轻蔑地说,"不吃别的?"

"我从没有说过不吃别的。"年轻人激烈地反驳说,"我只说我的住处没有什么可吃的东西。我没有开食品店。"

"那你为什么要吃生洋葱?"赫蒂步步进逼地追问道。

"我妈妈,"年轻人说,"总是让我吃个生洋葱来治感冒。请原谅我提起身体不适,不过你也许已经注意到我感冒很厉害。我打算吃了葱头就上床躺着。我不明白我干吗要在这里向你赔不是。"

年轻人仿佛激动到了极点。他面前只有两种下台阶的方式——要就是大发雷霆,要就是向这种荒唐的局面屈服。他作了明智的抉择,空荡荡的过道里响起他嘶哑的笑声。

"你这人真有意思。"他说,"你谨慎小心,我也不能责怪你。告诉你也无妨。我把身上搞湿,着了凉。前几天我乘轮渡过北江,有个姑娘投江。当然,我就——"

赫蒂伸出手,打断了他的叙说。

"把洋葱给我。"她说。

年轻人咬紧牙。

"把洋葱给我。"她重复了一遍。

他笑了,把洋葱搁在她手里。

赫蒂露出她不常有的、忧郁的苦笑。她拽住年轻人的胳臂,另一只手指指她的房门。

"老弟,"她说,"进去吧。你从江里救起的那个小傻瓜在里面等着你呢。进去吧。我给你三分钟的时间,然后我再进屋。土豆在那里等着。进去吧,洋葱。"

他敲敲门进去了;赫蒂开始在水槽旁边剥洋葱皮,洗洗干净。她灰溜溜地朝窗外灰溜溜的屋顶瞅了一眼,面孔抽搐着,笑容逐渐消失了。

"提供牛肉的是我们,"她忧郁地自言自语说,"是我们。"

黑比尔的隐藏

一个瘦长精壮的红脸汉子，长着威灵顿①式的尖鼻子和闪烁的小眼睛，幸好睫毛是淡黄色的，冲淡了一些杀气，他坐在洛斯皮诺斯火车站月台上，两条腿晃来晃去。他身边还有一个闷闷不乐、衣衫褴褛的胖子，似乎是他的朋友。从他们的外表看来，生活对于这些人是一件可以反穿的衣服——正反都无所谓。

"大概四年没见面了，汉姆，"那个衣衫褴褛的人说，"这一阵子你在哪一带得意？"

"得克萨斯，"红脸汉子说，"我嫌阿拉斯加太冷，得克萨斯倒是挺暖和的。我给你讲讲，我怎样在那里过了一阵不好受的日子。

"一天早晨，火车开到一个水塔底下加水，我就从国际铁路公司的列车上下来，让它开走了。那是个牧场区，不肯施舍的人家比纽约市的还多。不过他们那里的住家相隔都在二十英里以外，你根本闻不到他们吃的是什么，不像纽约那样，离邻居的窗户只有两英寸。

"放眼望去，那里根本没有路，所以我就在野地上走着。草长得有靴筒那么高，牧豆树长得像桃园。那地方实在像一个乡绅的私人产业，你时时刻刻都担心会有一群恶狗跑出来咬你。我约莫

---

① 威灵顿（1769—1851），英国军人、政治家，有"铁公爵"之称，在滑铁卢一役打败拿破仑。

走了二十英里,才看见一座牧场房屋。屋子小得很,大小同高架铁路的车站差不多。

"有一个小个子,穿着白衬衫和棕色工装裤,脖子上围着一条粉红色手帕,在门前一棵树底下卷纸烟。

"'你好,'我说,'有什么吃的喝的、欢迎词、外快,甚至活儿给我这个外乡人吗?'

"'哦,进来吧,'他对我说,口气倒挺文雅,'你请坐在那张凳子上吧。我没听到你的马蹄声。'

"'马还没有来呢,'我说,'我是走来的。我不想打扰你,可是不知道你这儿有没有三四加仑水。'

"'你身上尘土确实不少,'他说,'可是我们这儿的洗澡设备——'

"'我是想喝,'我说,'身体外面的尘土先别去管它了。'

"他在一个悬空挂着的红陶瓮里给我舀了一勺水,然后又说:

"'你想干活吗?'

"'想干一阵子,'我说,'这一带地面挺安静,是吗?'

"'是啊,'他说,'我听说有时候一连好几星期都没有人经过。我来这里才一个月。我这个牧场是从一个老移民手里买过来的,他要往更西面的地方搬。'

"'我倒觉得挺合适的,'我说,'清静偏僻,有时候对人也有好处。我还需要找份工作。我会照顾酒吧、开盐矿、演讲、发行股票、来几场中量级的拳击,还会弹钢琴。'

"'你会放羊吗?'那个小个子牧场主问我。

"'你是不是问我听说过羊没有?[①]'我说。

"'你会不会放——看管羊群?'他说。

---

① 原文"放牧"(herd)和"听说过"(heard)发音近似。

"'哦,'我说,'现在我明白了,你说的是把它们赶来赶去,像牧羊狗似的朝它们又叫又嚷。唔,我也许干得了,'我说,'我以前没有放过羊,不过我常在火车上看到它们在车外面啃雏菊,看上去不是很凶的。'

"'我正缺一个放羊的,'牧场主说,'那些墨西哥人实在靠不住,我只有两群羊,你要是愿意的话,明天早晨可以把我那群羊领出去——一共只有八百只。工资是十二块钱一个月,另外管你的饭。你带了羊群在草地上宿营。你自己做饭,不过木柴和水给你送到你宿营的地点。这是一份很清闲的活。'

"'我干,'我说,'即使要我像图画里的牧羊人那样,头戴花环,手拄弯头拐杖,身穿一件松松垮垮的衣服,吹着笛子,这份差事我也应了。'

"第二天早晨,小个子牧场主帮我把羊从羊圈里赶到大约两英里外的地方,让它们在一个小山坡的草地上吃草。他交代了我很多话,什么不要让羊三三两两的离开大群走散啦,中午赶它们到水坑边去喝水啦,讲了一大套。

"'你的帐篷,宿营的家什,还有粮食,我在天黑之前用马车给你送来,'他说。

"'好啊,'我说,'别忘了粮食,也别忘了宿营的家什。记住把帐篷带来。你是不是姓左利科弗?'

"'我的姓名是亨利·奥格登。'他说。

"'哦,奥格登先生,'我说,'我叫帕西瓦尔·圣克莱尔。'

"我在这个小牧场里放了五天羊,无聊透顶。这次我真正有了接近大自然的体会。我比鲁滨逊的山羊更孤单。我见过不少人,同他们打打交道,解解闷儿,都比这些羊强。我每天晚上圈好羊,然后做玉米饼,烤羊肉,煮咖啡,躺在一张桌布那么大小的帐篷里,听郊狼和猫头鹰歌唱。

随 意 选 择

"第五天晚上,我把那些很值钱、但和人不太投缘的羊圈起来之后,溜达到牧场主的住处,进门就说:

"'奥格登先生,你我可得多走动走动呀,羊用来点缀风景,羊毛用来做八块钱一套的混纺衣服固然不坏,可是吃饭时想聊聊天,或者在炉火旁做个伴,同它们就话不投机了。如果你有纸牌,或者帕切棋,或者作家游戏①,就拿出来,让我们动动脑筋,我需要一点脑力劳动,哪怕是把谁的脑浆敲出来也行。'

"亨利·奥格登是个很特别的牧场主,他手上戴戒指,身上挂着一个大金表,领带打得整整齐齐。他态度从容,夹鼻眼镜擦得很亮。有一次我在马斯克吉见到一个犯了六条人命、被判绞刑的亡命徒,长得真像他。我还认识阿肯色州的一个牧师,你见到的话准以为是他的兄弟。我只不过想找个伴儿,不管他属于哪一类,高风亮节的圣徒也好,不可救药的罪人也好,只要同羊不沾边,我都无所谓。

"'哎,圣克莱尔,'他放下正在看的书说,'我想你开头一定觉得很寂寞。我不否认我也觉得很无聊。你是不是把羊圈好了,不会跑出来吧?'

"'它们像判定杀了人的百万富翁是否有罪的陪审团那样给关得严严实实,'我说,'等到它们需要专人照顾的时候,我早就回到那里去了。'

"奥格登找出一副纸牌,我们玩钓鱼。我在放羊营地待了五天五夜之后,就像是逛百老汇那么高兴;拿到好牌时,就像是在特里尼蒂城②赢了一百万元那么兴奋。等到奥格登态度随和一些,

---

① 帕切棋是源自印度的一种游戏,参与者凭掷出的色子点数决定棋盘格上的步数,先到终点者为胜,和我国的升官图相似。作家游戏是用分成几套的特制纸牌来玩的游戏,每套代表一个作家。
② 德克萨斯州东部城市,铁路枢纽。

讲起那个'卧车上的太太'的笑话时，我笑了足足有五分钟。

"这说明生活中任何事情都是相对的，一个见多识广的人面对一场损失三百万元的大火灾，乔·韦伯①，或者亚得里亚海都会掉首不顾。但是让他放了几天羊之后，听到'今晚不打熄灯钟'时也会笑破肚皮，陪太太们打牌也会感到由衷的高兴。

"过了一会儿，奥格登取出一瓶波旁威士忌，这时候羊的话题完全给抛在脑后了。

"'你记不记得一个来月前报上有这么一条消息，'他说，'三州铁路上发生一起劫案？快车押运员肩膀中弹，大约一万五千元被劫。据说是一个劫匪单干的。'

"'我好像记得，'我说，'不过这类事太多啦，得克萨斯人一般不会老是记在心里的。他们有没有追上劫匪，把他逮捕归案？'

"'劫匪逃脱了，'奥格登说，'今天我刚看到报上说，警察一直在追踪他，追到这里来了。好像这个劫匪抢走的钞票都是埃斯皮诺沙城第二国民银行首次发行的票子。他们一路顺着出现过这种票子的路线，到这边来了。'

"奥格登又倒了一点威士忌，把酒瓶推过来给我。

"'我想，'我呷了一口皇室御酒②说，'火车劫匪跑到这一带来避几天风头绝不是个笨主意。一个放羊的牧场，'我说，'真是个再好不过的地方了。谁会想到在这些鸟、羊和野花中间竟会找到这么一个危险人物呢？顺便问一句，'我把亨利·奥格登打量了一下说，'报上有没有提到这个单枪匹马的恐怖人物的特征？比如说，相貌、身材、肥瘦、补过的牙齿、衣服的式样，报上说

---

① 约瑟夫·韦伯（1867—1942），美国著名喜剧演员，和卢·菲尔兹（1867—1941）成立自己的剧院，后进入电影和广播界。
② 波旁威士忌是美国肯塔基州波旁地方生产的一种烈性酒，波旁又是法国皇室的姓氏。

了吗?'

"'哦,这倒没有,'奥格登说,'可是他们知道这是一个名叫黑比尔的火车劫匪,因为他老是独来独往,另外,他在火车上掉了一块手帕,上面绣有他的名字。'

"'好吧,'我说,'我赞成黑比尔躲到牧场区来。我认为他们是找不到他的。'

"'抓到他有一千元赏金。'奥格登说。

"'我不需要那种钱,'我直勾勾地看着这位牧羊先生的眼睛说,'你每月给我的十二块钱够了,我需要休息休息,同时还可以攒些钱,攒到够买一张去特克萨卡纳火车票的钱。我那守寡的母亲住在那儿。假如黑比尔到了这儿,'我意味深长地瞅着奥格登,'比如说,一个月之前,买了一个小牧羊场——'

"'住口,'奥格登站起身,气势汹汹地说,'你是不是在影射——'

"'不是,'我说,'绝对不是。我只是假设。我说,假如黑比尔真到这里来了,买下一个牧羊场,雇我替他放羊,待我又公道又和气,就像你待我这样,他永远也不用怕我。人就是人,不管他跟羊或者火车有什么瓜葛。现在你了解我的态度了吧?'

"奥格登的脸色黑得像是宿营地的咖啡,足足有九秒钟之久。然后他觉得怪有意思的打个哈哈。

"'真有你的,圣克莱尔,'他说,'假如我真是黑比尔,我也不至于不信任你,我们今晚玩几把"七点"吧,那就是说,如果你不介意同火车劫匪玩牌的话。'

"'我已经把我的想法告诉了你,'我说,'这里面没有什么不尽不实的地方。'

"打完了第一局,我一面洗牌,一面装作随随便便的样子问奥格登是什么地方的人。

"'哦,'他说,'我来自密西西比流域。'

"'好地方,'我说,'我常在那里歇脚,你是不是觉得那里的床单有点发潮,饭菜也不好?'我说,'至于我么,'我说,'是太平洋岸那边来的。你在那儿待过吗?'

"'那边风太大,'奥格登说,'你如果到了中西部,只要提起我的名字,人们就会替你准备暖脚的炉子和上好的咖啡。'

"'哎,'我说,'我不是想打听你的私人电话号码,还有你那位诱拐了坎伯兰长老会牧师的姑妈的小名。那没有什么大不了,我不过想让你知道,你在你的羊倌手里是安全的。喂,该跟黑桃的时候别出红心,别那么慌张。'

"'还要胡扯,'奥格登笑着说,'你不想想,假如我真是黑比尔,而且认为你在怀疑我,我干吗不给你一枪,一劳永逸?'

"'你不会的,'我说,'一个有胆量单枪匹马劫火车的人不会耍这种花招的。我走南闯北,见的世面多了,知道那种人最讲朋友义气。倒不是说我想攀高枝,同你做朋友,奥格登先生,'我说,'我只是替你放羊的;不过在比较顺利的境况下,我们也有可能做朋友的。'

"'请你暂时别再提羊的事情了,'奥格登说,'先切了牌好发。'

"大概过了四天,我的羊中午在水坑旁边喝水,我自己正忙着煮咖啡,一个神秘人物骑着马不声不响在草地上过来,他的打扮和他干的那一行很相称,介乎堪萨斯城的侦探、野牛比尔①和巴吞鲁日城的无主野狗捕捉队之间。他的嘴脸和眼神不像是来打架的。所以我知道他只不过是来打前站、探探路的。

"'放羊吗?'他问我。

---

① 野牛比尔本名威廉·科迪(1846—1917),美国著名的西部牛仔。

"'嗯,'我说,'冲着你这样精明能干的人,我可不敢说我是鼓捣旧青铜器,或者是给自行车链齿轮上油的人。'

"'我看你的长相和谈吐都不像是放羊的。'他说。

"'可是你的谈吐和我猜想的行业对得上号。'我说。

"他接着问我替谁干活,我把两英里外一座山岗后面的小牧场指点给他看,他向我亮出身份说他是副警长。

"'据说有个名叫黑比尔的火车劫匪在这一带,'侦探说,'他一直被追踪到圣安东尼奥,可能更远一点。过去一个月里,你有没有见过,或者听说过这一带有新来的人?'

"'没有,'我说,'不过听说弗利奥河那边罗米斯牧场的墨西哥人居住区有个新来的人。'

"'你了解那人的情况吗?'副警长追问。

"'生下来刚三天。'我说。

"'雇你干活的人是什么模样?'他问,'这地方不还是老乔治·雷米的吗?过去十年里他一直在这里办牧羊场,但是很不发达。'

"'老头儿卖了牧场,自己去西部了,'我告诉他。'一个月前,另一个羊业金融家接手办了下去。'

"'那人长的什么模样?'副警长又问。

"'唔,'我说,'一个又胖又大的荷兰人,留着长胡子,戴一副蓝色眼镜。我认为他连羊和地松鼠都分不清。我想老乔治在这笔交易里狠狠地宰了他一下。'我说。

"副警长又问了许多不得要领的问题,吃了我晚饭的三分之二,骑马离开了。

"那晚我向奥格登谈起这件事。

"'它们的触手像章鱼似的向黑比尔收拢。'我说,然后我把副警长的情况告诉他,我怎么向副警长描述他的模样,副警长又说了

233

些什么话。

"'哦,好吧,'奥格登说,'我们别把黑比尔的麻烦扯到自己身上来。我们干我们的事。把碗柜里的威士忌拿出来,我们为他的健康干一杯——除非,'他打个哈哈说,'你对火车劫匪有成见。'

"我说:'不管是谁,只要他对朋友够朋友,我都祝他健康。我相信,'我接着说,'黑比尔是这样的人。这一杯是为黑比尔喝的,祝他好运。'

"我们两人都喝了。

"大约过了两星期,到了剪羊毛的时候。羊要赶回牧场,然后让一批邋里邋遢的墨西哥人用弹簧剪子把毛剪下来。所以前一天下午趁剪毛工来到之前,我赶着那群羊翻山越谷,沿着弯弯曲曲的小河来到牧场主的住处,把它们关在羊圈里,像每晚那样,同它们告了别。

"我从羊圈走到牧场主的房子,看见亨利·奥格登老爷躺在他那张小小的帆布床上睡着了。我猜想他得了睡眠症、不醒症,或者牧羊业特有的毛病。他张着嘴,敞着坎肩,呼吸的声音像是自行车的旧打气筒。我看着他,不免大为感慨。'恺撒大帝,'我说,'睡觉的时候最好还是闭上嘴,免得招风。'

"睡着的人的模样连天使看到也会哭。他的全部头脑、肌肉、神经、后台、影响和家世有什么用呢?敌人可以随便摆布他,朋友更不在话下,他的样子就像是半夜十二点半靠着大都会歌剧院墙边美滋滋地梦想阿拉伯原野的拉马车的瘦马。不过,睡着的女人就不同了。不管她长相怎么样,睡相总要好一些。

"我喝了一杯威士忌,代奥格登喝了一杯,想趁他睡着的时候舒服一会。他的桌子上有些书,题材都是不切实际的,例如日本、排水、体育——还有一些烟丝,那东西倒切合实际。

"我抽了一会儿烟,听着奥格登打鼾,望望窗外剪羊毛用的羊圈,一条弯弯曲曲的小径从那里通向远处的小河。

"我看见五个骑马的人朝着房子过来,枪都横搁在马鞍上,中间有那个同我在宿营地谈过话的副警长。

"他们疏开队形,小心翼翼地过来,枪都上了膛。我看准了我认为是这支维护法律和治安的骑警队伍的头目的人。

"'诸位晚上好,'我说,'请下来拴好马匹吧。'

"为首的策马过来,把枪一抢,枪口似乎对着我的胸膛。

"'你的手放在原处别动,'他说,'我们先把事情讲讲清楚。'

"'我不动,'我说,'我不聋不哑,我能回你的话,不会违抗你的命令。'

"'我们正在缉拿黑比尔,'他说,'五月份在三州铁路火车上劫走一万五千元的人。我们正在检查每个牧场和牧场里的每一个人。你叫什么名字,在牧场里干什么?'

"'长官,'我说,'帕西瓦尔·圣克莱尔是我的行当,放羊的是我的姓名。我的牛群——不,我的羊群——今天晚上圈在这里。剪羊毛的明天来给它们剃头——我猜想还要洒些香水吧。'

"'这个牧场的主人在哪儿?'队长问道。

"'且慢,长官,'我说,'你在开场白里提到的那个亡命徒,抓到的话有没有赏金?'

"'有一千元赏金,'队长说,'不过那要在把他逮捕归案定罪之后。通风报信的好像没有提到。'

"'看来一两天内要下雨了。'我抬头望着湛蓝的天空,不感兴趣地说。

"'假如你知道这个黑比尔躲藏的地方,'他气势汹汹地说,'知情不报就是犯法。'

"'我听一个修补牧场篱笆的工人说过,'我声调似乎不连贯地说,'一个墨西哥人在努埃西斯河那边皮金开的铺子里对一个

名叫杰克的牛仔说过,他听说两星期前一个牧羊人的小舅子在马塔莫洛斯见过黑比尔。'

"'听我说,嘴紧的家伙,'队长打量了我一下,想同我作笔交易,'如果你给我们通通消息,我们抓到黑比尔的话,我——不,我们——自己掏腰包给你一百元。那够大方的了,'他说。'你根本没有权利要求什么。喂,你觉得怎么样?'

"'马上给现钱吗?'

"队长同他的帮手们商量了一下,他们掏空了口袋。一共凑了一百零二元三十分,还有价值三十一元的板烟。

"'借一步说话,我的长官。'我说。他照办了。

"'我贫穷低微,'我说,'我每月只有十二元工资,干的活是管住一群老想走散的畜生。'我说,'我虽然认为自己比南达科他州略胜一筹,但是对于一个以前只知道吃羊肉的人来说,已经落魄得不行了。我之所以落到这种地步,要怪我自己眼高手低,还要怪我爱喝朗姆和一种混合酒——宾夕法尼亚铁路沿线一带,从斯克兰顿到辛辛那提,都会调制这种酒:烈性杜松子酒加法国苦艾酒,挤一点柠檬汁,浇一点橘皮苦味酒。你有机会经过那里的时候,千万要尝试一下。再说,我一辈子没有做过对不起朋友的事。他们得意的时候,我总是紧跟他们,我倒霉的时候,也从不抛弃他们。

"'可是,'我接着往下说,'有个朋友对我可不是那样。每月十二元的工资太不够交情。我认为黑豆和玉米饼也不是款待朋友的食品。我是个穷苦人,'我说,'我有个守寡的母亲住在特克萨卡纳。你要找黑比尔,'我说,'他就睡在这座房子右屋里的帆布床上。我从他的谈话里知道他就是你们要找的人。他毕竟还是个朋友,'我解释说,'如果我现在不落魄,贡多拉金矿的全部产量都不会让我动心出卖他的。可是,'我说,'每星期送来的豆子有一半是长了虫,宿营地的木柴也不够烧的。'

"'诸位进屋时要多加小心,'我说,'有时候他脾气似乎很暴躁,如果你们考虑到他最近的业务活动,他遇有突如其来的情况,很可能采取过激的行动。'

"骑警队全体下马,拴好马匹,卸下枪支弹药,蹑手蹑脚地进了屋。我跟在后面,像大利拉拿着剪刀去剪参孙的头发似的①。

"骑警队长把奥格登推醒。他猛地跳起来,另外两个求赏心切的人也上前去抓他。奥格登长得虽然瘦削,气力可不小,他一个打三个,精彩的程度是我不多见的。

"'这是什么意思?'他被按倒在地后问道。

"'你落网啦,黑比尔先生,'队长说,'就是这么一回事。'

"'简直岂有此理。'亨利·奥格登火气更大了。

"'确实岂有此理,'那个维护治安的人说,'三州铁路没有招你惹你,再说乱动快递邮件是法律不容的。'

"他坐在亨利·奥格登的肚子上,有针对性地搜查口袋。

"'你这么干我会让你冒汗的,'奥格登说,他自己也在冒汗。'我能证明我的身份。'

"'我也能证明,'队长说着,从亨利·奥格登上衣里面的口袋里掏出一把埃斯比诺沙城第二国民银行发行的新钞票,'这些钞票比你的名片更能说明你的身份。你现在可以起来,跟我们走一趟,为你的罪行辩白吧。'

"亨利·奥格登站起来,整理整理领带。他们从他身上找出钱后,他不再吭声了。

"'主意真高明,'骑警队长不无钦佩地说,'溜到这里来,买下一个小牧羊场,很少会有人知道。我第一次见到这么巧妙的藏身之处。'队长说。

---

① 参看《旧约·士师记》第16章。

"一个骑警去剪羊毛圈,把另一个牧羊人,一个名叫约翰·萨立斯的墨西哥人找来,让他替奥格登备一匹马,警察们握着枪,簇拥着奥格登,准备把他带到镇里去。

"临行前,奥格登把牧场托付给约翰·萨立斯,交代了剪毛的事情,以及把羊赶到什么地方去放牧,仿佛他过几天就能回来似的。几小时后,小牧场的前牧羊人,帕西瓦尔·圣克莱尔,骑着牧场的另一匹马朝南方走了,口袋里揣着一百零九元——他挣到的工资和昧心钱。"

红脸膛的汉子停下来倾听着。远处山峦中间传来一列货车的汽笛声。

坐在他身边的那个衣衫褴褛的胖子哼了一声,轻蔑地、慢慢地摇摇蓬乱的脑袋。

"怎么回事,斯奈皮?"红脸膛汉子问道,"又不高兴了吗?"

"不,没有不高兴,"衣衫褴褛的人又哼了一声说,"但是我不喜欢你那番话。你我前前后后做了十五年朋友;我从没有看到或者听到你向官方举报任何一个人。你吃过这个人的盐,同他玩过牌——如果钓鱼也算是玩牌的话。你却向官方举报了他,还领了赏。这不像是你的所作所为。"

"我后来听说,"红脸膛汉子接着说,"这个亨利·奥格登请了律师,提出他不在抢劫现场的证据,履行了手续,给释放了。他根本没有吃苦头。他有恩于我,我决不会举报他的。"

"那么他们从他口袋里搜出来的钞票是怎么回事?"衣衫褴褛的人问道。

"他睡着时,我看见骑警队过来,便把钞票放进他口袋。我是黑比尔。留神,斯奈皮,火车来啦!它加水时,我们踩着缓冲器爬上去。"

各 有 千 秋

一

杰罗姆·华伦老头住在东五十几街三十五号一座价值十万元的豪宅里。他是商业区的经纪人,有的是钱,所以每天早晨可以先朝他办公室的方向步行几个街口——这对他的健康有好处——然后雇一辆马车。

他收养了一个老朋友的儿子吉尔伯特——西里尔·斯科特善于演奏吉尔伯特的作品①——小伙子使劲把油画颜料管里的颜料挤出来,很快就会成为有名的画家。华伦老头家里还有一个成员,他的过继侄女巴巴拉·罗斯。人生来就有许多麻烦事,杰罗姆老头自己既然没有家室,就把别人的担子挑起来了。

吉尔伯特和巴巴拉相处得很好。周围的人都心照不宣,认为总有一天他们俩会在中午时分站在花环下面,答应牧师把老杰罗姆的财产搞得一团糟。不过故事讲到这里就必须穿插一些纠葛了。

三十年前,老杰罗姆还年轻时,有个名叫迪克的弟弟。迪克去

---

① 斯科特(1879—1970),英国音乐家、钢琴家。后文的吉尔伯特是美国作曲家亨利·富兰克林·吉尔伯特(1868—1928),作品有《黑人狂想曲》(1912)、《据惠特曼诗歌而写的夜曲》(1925)等。

西部替自己或者别的什么人寻找发财的机会。去后音信毫无,直到有一天,老杰罗姆收到他的一封信,写在有横线的纸上①,纸上还带着咸肉和咖啡渣的气味。字写得像是害了舞蹈病,拼法像是害了哮喘。

看来迪克非但没有逼着命运掏出钱包乖乖地交给他,自己反而遭到命运的拦劫,并且还给敌方送去人质。他在信中说,他害了一身疑难杂症,连威士忌都治不好,眼看要玩儿完了。他找了三十年金矿,到头来两手空空,只有一个十九岁的女儿(送货清单上开得明明白白),他现在把她运到东部(运费已经付清),让杰罗姆来管她吃饭穿衣,教育她,安慰她,抚养她,直到她终其天年或者找到夫家。

老杰罗姆是一条木板路。谁都知道地球是阿特拉斯②用肩膀扛起来的;阿特拉斯站在栅栏上;栅栏架在一只乌龟背上。可是乌龟总得站在什么东西上面;这件东西就是像老杰罗姆这样的人搭成的木板路。

我不知道人是不是可以长生不死;不过,如果做不到的话,我倒要问问,像老杰罗姆这样的人什么时候才能得到他们应得的报酬?

他们在火车站接到了内华达·华伦。她是个小姑娘,皮肤晒得黑黑的,长得很端正,很好看,谈吐举止显然天真未凿,不过哪怕是个卖雪茄烟的小贩也不敢贸然占她便宜。你要是再看看她,总觉得她应该穿短裙子,绑皮护腿,拿着枪打玻璃球或者驯服野马。然而她穿着素净的白衬衫和黑裙子,这又让你琢磨不透。她无意之中显示了一下力气,提起一只沉重的箱子就走,穿制服的脚夫

---

① 西方习惯用横线的纸写信是不礼貌的。
② 阿特拉斯是希腊神话中的巨人,受罚用双肩扛着地球。

们怎么也没有从她手里夺过来。

"我相信我们一定会成为好朋友的。"巴巴拉吻了一下她那晒黑的结实的面颊说。

"我希望这样。"内华达说。

"亲爱的小侄女,"老杰罗姆说,"欢迎你来我们家,你把它当成你父亲的家好了。"

"谢谢。"内华达说。

"以后我要管你叫'堂妹'了。"吉尔伯特带着迷人的微笑说。

"劳驾帮我提这只箱子吧,"内华达说,"箱子大概有一百万磅重。里面装的是爸的老矿山的矿石样品,"她向巴巴拉解释。"我估计化验结果每一千吨大概值九分钱,可是我答应他一定带到。"

二

一个男人和两个女人,或者一个女人和两个男人,或者一个女人和一个男人加上一个贵族,或者——哎,总之是这一类的问题吧——之间的老一套的纠葛,按照惯例,都给称作三角关系。但是它们永远不会是任意三角形。它们永远是二等边——不可能是三等边的。因此,内华达·华伦来后,她就同吉尔伯特和巴巴拉·罗斯形成这样一个象征性的三角形;在那个三角形里,巴巴拉是斜边。

一天早晨,老杰罗姆吃了早餐后还在翻阅那份全市最枯燥的晨报,迟迟没有去商业区他的写字间。他已经相当喜欢内华达了,因为他在她身上看到了他去世的弟弟沉静的独立性格和坦诚。

使女端来一封给内华达·华伦小姐的信。

"一个小厮专门送来的,"她说,"人还在门外等回话。"

内华达轻轻地吹着一支西班牙华尔兹舞曲,看着街上来往的马车和汽车。她接过信,没有打开就知道是吉尔伯特写来的:信封左上角有个小小的金色调色板的图案。

她拆开信后,低着头全神贯注地看了一会儿,然后一本正经地走到她伯父身边站着。

"杰罗姆伯父,吉尔伯特是个好孩子,是吗?"

"当然啦,上帝保佑他!"老杰罗姆把手里的报纸弄得很响,"他当然是好孩子。是我亲手把他带大的。"

"他不至于给别人写一些不太——我意思是说不是大家都能知道、都能看的东西吧?"

"我倒要看看他敢不敢,"伯父说着撕下一大块报纸,"有什么不对的地方吗?"

"你念念他刚送来的这封信吧,伯父,你看看是不是合适。你明白,我不太懂城里人和他们的规矩。"

老杰罗姆扔下报纸,双脚踩在上面。他接过吉尔伯特的信,恶狠狠地看了两遍,又看一遍。

"哎,孩子,"他说,"尽管我对那孩子很放心,你几乎把我吓了一跳。他跟他父亲一模一样,是颗优质钻石。他只不过问一下,你和巴巴拉今天下午四点钟愿不愿意坐汽车去长岛玩玩。这封信除了纸张以外我挑不出什么毛病。我一向不喜欢用蓝色信纸。"

"去的话没有关系吧?"巴巴拉急切地问道。

"当然,当然,孩子,没有关系。那有什么问题?你这么谨慎坦率,让我十分高兴。你们尽管去吧。"

"我先前不知道,"内华达拘谨地说,"我认为应该问你一声。你能和我们一起去吗,伯父?"

"我吗?不,不,不!这孩子开的车我坐过一次。再也不坐了!你和巴巴拉可以去。是的。我可不去。不,不。"

内华达一阵风似的跑到门口,对使女说:

"我们一准去。我替巴巴拉做主回话。吩咐那个小厮告诉华伦先生:'我们一准去。'"

"内华达,"老杰罗姆喊她,"对不起,亲爱的,你认为是不是写封回信更好?写几个字就行了。"

"不,我才不费那个事呢,"内华达轻快地说,"吉尔伯特会明白的——他一向如此。我活到这么大还没有坐过汽车,可是我划过独木舟,顺着小魔鬼河通过失马峡,不知道坐汽车是不是比这更好玩?"

三

大约过了两个月。

巴巴拉坐在那座价值十万元的豪宅的书房里。对她来说,这里是个好地方。世界上有许多可供人们摆脱形形色色的困难的地方,包括修道院、哭地①、饮水处、忏悔室、隐士庐、律师事务所、美容院、飞艇和书房;其中最伟大的要数书房了。

三角形的斜边通常要经过很长时间才会发现自己是最长的一边。它是一条很长的、没有拐弯余地的直线。

巴巴拉一个人在家里。杰罗姆伯伯和内华达去看戏了。巴巴拉不想去。她要待在家里,在书房里看书。假如你,小姐,是个光彩照人的纽约姑娘,每天眼看着一个黑黑的、天真的西部女巫给你倾心的小伙子加上脚绊和套索,你也不会有欣赏喜歌剧的华丽布景的兴趣了。

巴巴拉坐在橡木书桌前面,右手搁在桌上,灵巧的手指神经质

---

① 耶路撒冷的所罗门寺庙遗址(现为奥马尔清真寺),犹太人常来此悲悼圣殿的毁灭。

地摆弄着一封封了口的信。收信人是内华达·华伦,信封左上角是吉尔伯特的烫金的小调色板图案。这是内华达走后,九点钟送到的。

巴巴拉很想知道信的内容,甚至愿意把她的珍珠项链拿出来交换;但是她不能用蒸汽、笔杆、发卡,或者任何一般认可的办法把信打开来看,因为她的社会地位不允许她这么做。她把信封对着很亮的灯光,捏紧信封,让它贴着信纸,试图看出几行字来,可是吉尔伯特用的信封信纸都很讲究,这也不可能。

十一点半,看戏的人回来了。这是一个美妙的冬夜。从马车下来走到门口那么短短的一段路,他们身上已经落了一层从东面斜吹过来的厚厚的大雪花。老杰罗姆宽厚地发了几句抱怨出租马车差劲和交通堵塞的牢骚。内华达脸色红得像玫瑰,眼睛像蓝宝石,大谈她爸爸的小木屋所在的深山里的暴风雪之夜。巴巴拉在一边听得心里凉飕飕的,自顾自看书——她所想到的惟一能做的事也只有这件。

老杰罗姆立即上了楼,那里已经替他准备好了汤壶和金鸡纳霜。书房里灯火明亮欢快,内华达轻快地走进去,坐在一张扶手椅上,一面开始解她那长及肘弯的手套的纽扣,一面挑剔那晚戏里的毛病。

"不错,我想菲尔兹有时候确实让人好笑,"巴巴拉说,"亲爱的,这里有你的一封信,你刚走后专差送来的。"

"谁写来的?"内华达使劲解着纽扣问道。

"嗯,说真的,我只能猜猜,"巴巴拉微微一笑说,"信封角上有个古怪的吉尔伯特称为调色板的小东西,不过依我看,倒挺像小姑娘情人节贺卡上的金心。"

"不知道他写了些什么话。"内华达不感兴趣地说。

"我们都是一样的,"巴巴拉说,"女人都一样。我们想从邮戳上看出信里是什么。最后实在没有办法了,就用剪刀剪开信封,把信从末尾往头上看,你接好。"

她做出一个要把信扔到内华达面前的样子。

"真烦人!"内华达嚷道,"这些顶门火纽扣讨厌死了。我宁肯穿鹿皮衣服。哦,巴巴拉,请你把信皮剥掉,念给我听听。等我解开这些纽扣要到后半夜了。"

"哎,亲爱的,难道你要我拆开吉尔伯特给你的信吗?"她说,"信是写给你的,你不至于愿意让别人看吧!"

内华达从手套抬起她那双坚定平静的蓝眼睛。

"不管谁给我的信,没有不可以给别人看的,"她说,"拆吧,巴巴拉。也许吉尔伯特要我们明天和他一起坐汽车出去。"

好奇心能做的事不仅是害猫送掉性命;如果说一些公认是属于女性的感情会危及猫命的话,那么妒忌会使全世界的猫绝种。巴巴拉带着宽容的、略微有点不耐烦的神情拆开了信。

"好吧,亲爱的,"她说,"你一定要我念,我就念了。"

她剖开信封,眼睛扫了一下内容,又看了一遍,迅速而狡猾地瞥了内华达一眼;内华达此时似乎仍把手套当做全世界最有趣的东西,那个画坛新秀的信似乎是火星上来的信息。

巴巴拉带着奇特而坚定的神情瞅着内华达,足足有四分之一秒之久,然后微微一笑,只让她的嘴巴张大十六分之一,使她的眼睛眯细二十分之一,脸上仿佛掠过一个想法。

自从开天辟地以来,一个女人对于另一个女人没有神秘可言。每个女人都能看透另一个女人的心灵,剥去她姐妹的话里最巧妙的伪装,识破她最隐秘的欲望,从她最诡诈的言语里把似是而非的东西揪出来,就像是从梳子上把乱头发取下来一样,然后讥讽地捻在手里,让它们随着"根本的怀疑"的微风飘走。很久以前,夏娃的儿子拉响了天堂公园他们住所的门铃,他挽着一位陌生的小姐,向大家作了介绍。夏娃把儿媳妇领到一边,扬起典雅的眉毛。

"挪得之地①,"新娘弄着一片棕榈叶懒洋洋地说,"想必你到过那儿吧?"

"近来没有去,"夏娃毫不吃惊地说,"你不觉得那边的苹果酱糟透了吗?我挺喜欢你这件桑叶紧身衣的式样,亲爱的,不过,当然啦,正宗的无花果叶的料子在那边是买不到的。来吧,到这丛紫丁香后面来,让男人们分着喝那些滋补的芹菜汁。我想你的衣服后背被蛀虫咬破了一点。"

根据史书记载,世界上仅有的两位妇女名流当场结成了同盟。还达成了协议:女人对于别的女人应该永远像玻璃那么透亮——虽然那时候还没有发明玻璃——再有,她在男人面前应该装成神秘的人物。

巴巴拉似乎有点踌躇。

"说真的,内华达,"她显得有点为难地说,"你不应该非要我拆这封信不可。我——我敢肯定这封信本意是不打算给别人看到的。"

内华达暂时撇下手套。

"那你就大声念出来吧,"她说,"既然你已经看过了,那还有什么差别?如果华伦先生给我写了一些谁也不应该知道的事情,那就更应该让大家都知道。"

"好吧,信上是这么说的:'最亲爱的内华达:今夜十二点钟,到我的画室来,勿误。'"巴巴拉站起身,把信放在内华达膝上。"我非常抱歉,"她说,"这件事被我知道了。这不像是吉尔伯特的为人。一定是搞错了。一定是搞错了。就当我什么都不知道,好

---

① 《旧约·创世记》第4章第16节:"于是该隐离开耶和华的面,去住在伊甸东边挪得之地。"挪得之地原意是流浪之地,后转为双关语,指上床睡觉。

吗,亲爱的?现在我得上楼去了。我头痛得很。这封信我真看不懂,也许是吉尔伯特吃撑了,他会向你解释也难说。晚安!"

四

内华达踮着脚走到前厅,听到楼上巴巴拉的房间门关上了。书房里的青铜时钟指着十一点三刻。她迅捷地跑到前门,开门出去,投入外面的暴风雪中。吉尔伯特·华伦的画室离这儿有六个街口。

风雪的白色大军越过阴郁的东江从天而降,悄悄袭击了这个城市。人行道上的积雪已有一英尺深,风吹形成的雪堆像云梯似的靠着这座被围攻的城市的外墙。马路僻静得像是庞贝废墟的一条小街。偶尔有几辆马车驶过,仿佛掠过月光照亮的洋面的白翅膀的海鸥,汽车更稀少,像穿过泡沫浪花的潜艇,作着欢快而危险的航行。

内华达像是一只迎着风暴、一往无前的海燕。她抬头望望那些耸立街道、直上云霄的参差不齐的大厦屋顶,被夜里的灯光和凝聚的水汽映成深灰、淡褐、浅灰、淡紫、暗褐、湛蓝等各种颜色。它们同她西部老家冬季的山岭太相像了。使她感受到了那座价值十万元的豪宅难得给她的满足。

拐角上有个警察,他的眼神和威严使她不由得放慢了脚步。
"嗨,梅布尔!"警察说,"你这时候上街是不是晚了些,呃?"
"我——我是去药店。"内华达说着,从他身边急忙走过去。
最老练的人也会拿这个借口当做通行证。这是不是证明女人永远不会进步,还是说明她从亚当的肋骨里跳出来的时候开始,就已经足智多谋、诡计多端了呢?内华达拐弯朝东走去,顶头风使她步行的速度降低了一半。为了减少阻力,她在雪地里按之字形行走,她像一棵小松树那么坚韧,低头顶住风雪的姿态也像小松树那么优美。突然间,画室所在的大楼出现在她面前,这是一个熟悉的标志,就像某个给人印象深刻的峡谷上面的一块岩石。商业和与之敌对的邻居——艺术——经常汇聚的地方现在一片漆黑静寂。电梯十点钟就停止运行了。

内华达爬了八层漆黑的楼梯,在标有"89"两个数字的房门上敲了几下。她和巴巴拉以及杰罗姆伯父已经来过多次。

开门的是吉尔伯特,他一手握着一支蜡笔,头上戴着一个绿色的遮光帽檐,嘴里叼着烟斗。吃惊之下,烟斗掉到了地上。

"我来晚了吧?"内华达问道,"我尽可能赶来。今晚伯父和我去看戏了。吉尔伯特,我来啦!"

吉尔伯特当即演出一场《皮格梅利昂和加拉迪亚》①。他从目瞪口呆的塑像变成了要解决难题的年轻人。他先请内华达进了屋,用刷帚扫掉她衣服上的雪花。画板上方挂着一盏带绿灯罩的大灯,画家刚才在用蜡笔画素描。

"你召唤我,"内华达直截了当地说,"我就来了。你信里说的。你叫我来干什么?"

"你看了我的信?"吉尔伯特问道,他有点喘不过气。

"巴巴拉念给我听的。我后来才看到。信上说:'今晚十二点钟,到我的画室来,勿误。'当然,我以为你病了,可是看来并非如此。"

"啊哈!"吉尔伯特牛头不对马嘴地说,"我告诉你我为什么叫

---

① 皮格梅利昂是希腊神话中塞浦路斯国王和雕塑家,他爱上自己塑造的少女像,维纳斯被其真诚感动,赋予塑像生命。英国喜歌剧作家吉尔伯特(W. S. Gilbert,1836—1911)和沙利文合作把这故事改编成《皮格梅利昂和加拉迪亚》,剧中的雕塑家已婚,妻子十分妒忌获得生命的塑像加拉迪亚,经过种种曲折,塑像恢复了无生命状态,了断了婚外恋。

随 意 选 择

你来,内华达。我要你立刻——今晚就同我结婚。小小的暴风雪算得了什么?你同意吗?"

"你早该注意到我会同意的,"内华达说,"而且我也觉得风雪天气结婚特有情趣。我讨厌中午在教堂举行的那种华丽的婚礼。吉尔伯特,没想到你居然有胆量提出来。我们来吓他们一跳——这毕竟是我们自己的事,对吗?"

"没错!"吉尔伯特说,"那句话我在哪里听过?"他问自己。"稍等片刻,内华达;我要打个电话。"

意想不到的幸运使他喜出望外,他关上小梳妆室的门,拨起电话的区号和机号。

"是杰克吗?你这个睡不醒的家伙!快醒醒;是我!我马上就要结婚啦!是啊!把你的妹妹叫起来——没有什么讨价还价的;把她也带来——必须来。提醒阿格尼丝,我在龙康科马湖救过她一命——我知道提这种事太不够意思,不过她非和你一起来不可。不错!内华达等在这里。我们订婚有一段时候了。亲戚中间有反对的,你知道,我们不得不采取这种办法。我们在这里等你们。别让阿格尼丝推托——带她来,好吗?好小伙子!我叫一辆马车去接你们,越快越好。杰克,怎么啦?你真是好样的!"

吉尔伯特回到内华达等着的房间。

"我的老朋友杰克·佩顿和他的妹妹本应十一点三刻到这里,"他解释说,"可是杰克总是磨磨蹭蹭。我刚打电话催他们。他们几分钟内赶到。内华达,我是世上最幸福的人!我今天给你送去的信,你是怎么处理的?"

"我把它藏在这里。"内华达说着从斗篷里面取出那封信。

吉尔伯特把信从信封里抽出来,仔细看了一遍。然后沉思地瞅着内华达。

"我让你半夜里到我的画室来找我,你不觉得奇怪吗?"他问道。

"不,没有什么可以奇怪的,"内华达睁大眼睛说,"当你需要我的时候没有什么可以奇怪的。在西部,当朋友发出紧急召唤时,我们首先赶去,有什么问题以后再谈。西部经常下雪,下雪天往往出事。因此我不在乎。"

吉尔伯特跑到另一个房间,捧了许多足以抵挡风雨和雪的外衣回来。

"你把这件雨衣穿上吧,"他拿着雨衣让她穿,"我们有四分之一英里的路要走。老杰克和他的妹妹几分钟后就到了。"他自己也开始费劲地穿上一件厚大衣。"哦,内华达,"他说,"你看看桌上那份晚报头版的大标题好吗?有西部你那地区的消息,你一定会感兴趣的。"

他装作察看大衣有没有问题,过了好久才回头。内华达没有动弹。她率真而沉思地瞅着他,模样有点儿怪。她脸颊红红的,不像是风雪引起的;但她的眼神很坚定。

"我正要告诉你,"她说,"趁你——趁我们——还没有办事之前。爸没有让我上过一天学。我从没有读过书,一个字都不识。如果——"

这时楼梯上响起睡眼惺忪的杰克和感恩图报的阿格尼丝的脚步声。

五

婚礼结束后,吉尔伯特·华伦先生和夫人坐了一辆马车疾驶回家时,吉尔伯特说:

"内华达,你想不想知道我今晚写给你的信里是什么话?"

"快说呀!"新娘说道。

"逐字逐句,"吉尔伯特说,"是这样的:'亲爱的华伦小姐——关于花的名字,你是对的。那不是丁香,是绣球花。'"

"好吧,"内华达说,"咱们不提这事了。说到头,巴巴拉这个玩笑开到她自己头上了!"

仙人摘豆*

按照下列地址可以找到卡特雷特-卡特雷特磨坊设备和传送带公司：

你顺着百老汇路走去，经过横贯全市的大街、领取救济面包的队伍、监狱周围的警戒线，到了贪财牟利部落的大峡谷。然后朝左拐，朝右拐，避开一辆手推车和一辆两吨运货马车的辕杆，跳上一幢二十一层楼高的石头和钢铁的合成大山旁边的花岗岩暗礁。第十二层就是卡特雷特-卡特雷特公司的写字间。制造磨坊设备和传送带的工厂在布鲁克林区。我们且不谈布鲁克林——你对这些商品是不会感兴趣的——我们把情节限制在独幕独景的剧本里，从而减少读者的辛苦和出版商的成本。如果你有面对四页铅字和卡特雷特-卡特雷特公司的勤杂员帕西瓦尔的勇气，就可以坐在公司小会客室的椅子上，偷看一幕老黑人、打猎手表和直言提问的喜剧——你会得出结论说，极大部分是从已故的弗兰克·斯托克顿先生①的作品里剽窃来的。

首先要插一段简单得不能再简单的人物生平介绍。我向来主张把糖衣金鸡纳霜片颠倒一下——先苦后甜。

---

* "仙人摘豆"是用三只杯子和一颗豆或小球玩的快手骗人把戏，让观众下赌注猜豆子或小球罩在哪只杯子下面，猜对者有奖，猜错者赌注被罚没。

① 弗兰西斯·里查德·斯托克顿(1834—1902)，美国小说家，著有短篇小说《美女或老虎》。

两个卡特雷特都出身于古老的弗吉尼亚家族(这里应该用"出身"还是"出生",请哥伦比亚大学的教授们指教)。很久以前,家族的男士们衣着讲究,拥有庄园和可供私刑烧死的奴隶。但是战争大大地削减了他们的财产。(你马上会发觉这种笔法是从霍普金逊·史密斯先生①那里偷来的,虽然"卡特"后面多了"雷特"。好吧,现在言归正传:

考证卡特雷特家的历史时,我只从一六二〇年说起。那两个姓卡特雷特的最早的美国人是那一年乘坐不同的交通工具来到的。一个名叫约翰,乘的是"五月花"号,是躲避英国教祸而到美国创立殖民地的新教徒之一。你在感恩节出版的杂志封面上见过他的画像:他提着老式大口径散弹枪在没膝深的雪地里打火鸡。另一个名叫布兰福德,乘坐自己的双桅船横渡大西洋,上了弗吉尼亚海岸,成了弗吉尼亚最早的家族。约翰以他的虔诚和精明的生意头脑出了名;布兰福德的名声则归功于他的傲慢、薄荷威士忌酒、一手好枪法和由奴隶种植的广袤的庄园。

后来发生了内战。(我必须压缩这段插入的文字。)"石墙"杰克逊中弹;李将军投降;格兰特漫游世界;棉花价格跌到九美分一磅;第七十九团马萨诸塞志愿兵把伦迪小道②的战旗还给第九十七团阿拉巴马朱阿夫志愿兵③,那面旗帜是在切尔西一家老板姓斯克钦斯基的旧货商店买的;佐治亚州给总统送去一只重达六十磅的大西瓜——然后就到了我们故事开始的时候。天哪!这样的

---

① 弗兰西斯·霍普金逊·史密斯(1838—1915),美国小说家,著有《卡特维尔的卡特上校》。
② 伦迪小道在美国和加拿大交界处的尼亚加拉瀑布附近,1814年7月25日美英军队在此激战,双方伤亡各有八九百人。
③ 朱阿夫是1831年法国成立的轻步兵团,原由阿尔及利亚人组成,身穿阿拉伯服装,1841年起全部由法国人组成。美国南北战争时,北部联邦有几个志愿兵团队以"朱阿夫"命名。

开场白未免太不着边际了!看来我必须学学亚里士多德的修辞学。

北方的卡特雷特兄弟早在内战之前就已在纽约做买卖。就传送带和磨坊设备而言,他们的商号像你在狄更斯小说里看到的那种老牌的东印度茶叶进口公司一样陈腐、傲慢和殷实。传言他们内部有些争斗,但还不足以影响生意。

战争和战后期间,弗吉尼亚望族布兰福德·卡特雷特丧失了他的庄园、薄荷威士忌、好枪法和性命。他遗留给家人的除了自豪以外没有什么。于是以卡特雷特命名的传送带和磨坊设备公司邀请第五代的、年方十五的布兰福德·卡特雷特去北方学点生意经,不要老待在他家族的败落的庄园里打狐狸、吹嘘先辈的荣耀。那年轻人马上抓住机会;二十五岁时已坐在商号的写字间里,成为散弹枪和火鸡家族的第五代传人约翰的合伙人。故事在这里重新开始。

两个年轻人年龄相仿,脸庞光洁,精明能干,神情里透出思想和行动的敏捷。他们像别的纽约人一样,脸刮得很干净,身穿蓝哔叽衣服,头戴草帽,佩珍珠领带夹,可能是百万富翁,也可能是小职员。

一天下午四点钟,布兰福德·卡特雷特在他的办公室里拆开办事员给他送来的一封信。他看后格格发笑,差不多有一分钟之久。约翰从他的办公桌转过头来询问似的瞅着他。

"我妈妈给我的信,"布兰福德说,"我把有趣的地方念给你听听。当然,她先把左邻右舍的新闻告诉我,然后吩咐我注意别把脚弄湿着凉,少看音乐喜剧。接着是猪牛的动态统计,和小麦的收成估计。我念几段:

"'你想想看!上星期三刚过七十六岁生日的杰克老爷,打定主意非去外面走走不可。他要去纽约"看看布兰福德少爷",怎么都劝不住。他老虽然老,头脑倒还清楚,我便同意让他去一次。我无法劝阻他——这次到外面去闯荡一下似乎是他的全部希望和愿望。你知道他是在庄园里出生的,一辈子没有到过庄园以外十英里远的地方。战争期间,他是你父亲的马弁,一向是我们家忠心耿耿的仆人。他常常看到那只金表——你父亲和你祖父的金表。我告诉他那只表要传给你,他求我让他给你送去,由他亲自交到你手里。

"'于是我把表妥善地放在一个鹿皮盒子里托付给他,他像国王信使似的骄傲而慎重给你带去。我给了他来回的车钱和在纽约呆两星期的生活费用。我希望你能帮他找个舒服的住处——杰克不需要太多的照顾——他能照顾自己。但是我在报上看到,即使是非洲主教和黑人阔佬在纽约食宿都有麻烦。那也许是你们那里的规矩,不过我不明白你们那里的高级旅馆为什么不能接待杰克。

"'我把你的详细地址告诉了他,亲自替他整理了旅行包。你不必太为他费心,但是我希望你帮他安排得舒服一些。收下他给你带去的表——那几乎像是一枚勋章。它曾由真正的卡特雷特子弟佩带,没有任何损伤,走得非常准。能把它给你送去是老杰克一生最大的快乐。我希望在他走动不了之前有机会出去一次,得到那份快乐。你以前一定听我们谈起,在昌塞勒斯维尔战役中,杰克自己受了重伤,在染满血迹的草地上爬到胸部中弹的你父亲身边,从他口袋里取出那块表,免得被扬基人拿走。

"'因此,我的孩子,老爹到后,你应该把他当做往昔时光和家乡的值得尊敬的使者那样善待他。

"'你离家太久,在我们看做是外国人的人们中间待得太久了,我不敢肯定杰克和你见面时是不是认得出你。但是杰克感觉敏锐,我相信他一眼就能认出一个弗吉尼亚的卡特雷特家的人。我相信,我的孩子即使在北方待十年也不会改变。不管怎么说,我相信你肯定能认出杰克。我在他的旅行包里放了十八条硬领。假如不够用,还要买新的话,他的尺码是十五号半。别让他买错了。他不会给你添麻烦的。

"'如果你不太忙的话,我希望你帮他找一个有白玉米面包供应的客栈,嘱咐他在你写字间或者街上别脱鞋子。他的右脚有点肿,他喜欢脱掉鞋子,舒服一点。

"'如果你有时间,洗衣房送回衣物时,帮他数数手帕。他出门前我替他买了一打新手帕。这封信寄到时,他大概也到了。我吩咐他到了纽约就直接去你的写字间。'"

布兰福德念完信后,发生了一件事(故事里常有这种事,舞台上也必然发生这种事)。

勤杂员帕西瓦尔带着藐视全世界磨坊设备和传送带产量的神情进来通报说外面有位黑人绅士要见布兰福德·卡特雷特先生。

"请他进来吧。"布兰福德站起来说。

约翰·卡特雷特在椅子里转过身对帕西瓦尔说:

"先请他在外面等几分钟。我们让他进来时再告诉你。"

接着,他像卡特雷特家所有的人那样,咧嘴笑着对他的堂兄说:

"布兰福德,你们那些傲慢的南方人自以为和北方人不同,我一直特别想知道究竟有什么区别。当然,我知道你们自以为高人一等,把亚当都看成是你们祖先的旁系亲属;我不明白为什么,我永远也看不出我们之间有什么区别。"

"约翰,"布兰福德笑着说,"你当然不会明白我们之间的区别。我想我们的封建生活方式使我们具有贵族的气派和优越感。"

"可是你们现在已经不是什么封建贵族了,"约翰说,"自从我们打垮了你们,剥夺了你们的棉花和骡子之后,你们就不得不像我们这些'该死的北方佬'一样自食其力地干活。然而你们仍像战前那样骄傲,排外,自视甚高。原因恐怕不在金钱方面。"

"也许是由于气候关系吧,"布兰福德轻松地说,"也许是我们的黑人把我们惯坏了。现在我叫老杰克进来。我很乐意见见那个老家伙。"

"且慢,"约翰说,"我有个小小的理论想验证一下。我们两人的外表很相像。你十五岁以后,老杰克再也没有见过你,我们让他进来,先不吭声,看他把表交给谁。按理说,那个老黑人应该毫不费事地认出他的'少爷',应该马上看出南方人的所谓贵族优越感。不至于误把金表交给一个北方佬。我们打个赌,输的人今晚请吃饭,再替杰克买两打十五号半的硬领,好不好?"

布兰福德欣然同意。他们召唤帕西瓦尔,吩咐他把那个"黑人绅士"带进来。

杰克大叔小心翼翼地踏进办公室。他身材瘦小,皮肤墨黑,老得满脸都是皱纹,头顶光秃,只剩耳朵上面一圈修剪得很短的白毛。他和舞台上的"大叔"没有丝毫共同之处;他穿的一套黑色衣服还算合身;脚上的皮鞋擦得很亮,头上的草帽有一条花哨的帽箍。右手紧握着什么东西不让人看到。

杰克大叔上前几步便站住了。两个年轻人坐在各自的转椅上,相隔十英尺,都不做声,但友好地瞅着他。杰克的目光缓慢地从一个转到另一个身上,来回扫了几次。他可以肯定,面前至少有一个是那个可敬的家族的成员,他在那个家族的庇荫下开始生活,并将在那里终老。

一个有卡特雷特家族讨人喜欢而傲慢的神情;另一个挺直的长鼻子是家族不容置疑的标志。两人都有乘"五月花"号帆船和两桅船来的卡特雷特特有的敏锐的黑眼睛,平直的眉毛,带笑意的薄嘴唇。老杰克本以为即使在一千个北方人中间,也能马上认出他的少主人;现在却陷入了困境。他只能用些策略了。

"你好,布兰福德少爷——你好,少爷?"他望着两个人中间的空档说。

"你好,杰克大叔?"两人高兴地异口同声说,"请坐。你把表带来了吗?"

杰克大叔挑了一把硬椅子,毕恭毕敬坐在椅子边沿,小心地把帽子放在地板上。手里紧紧攥着那只鹿皮盒子。他曾冒了生命危险抢救出这块表,以免它落入"老主人"的敌人手里,可不能随随便便地再交给敌人。

"带来了,少爷;就在我手里。我马上给你。老太太吩咐我把它交到布兰福德少爷手里,为家族的荣誉佩带它。一个老黑人从老弗吉尼亚到这里可真够孤单的——我想足足有一万英里路吧。你长得真大,少爷。假如你不是活脱活像老爷的话,我几乎认不出你来了。"

那老人耍起外交手腕,眼光却一直在两个年轻人当中的空间转悠。他那番话针对两人都合适。他虽然没有恶意,但在鉴貌辨色。

布兰福德和约翰交换了一个眼色。

"我想你已经收到你妈妈的信了,"杰克大叔接着说,"她说她要给你写封信,告诉你我来这里的事。"

"是的,杰克大叔,"约翰轻快地说,"我的堂兄和我刚接到信,知道你要来。我们都是卡特雷特家的,你知道。"

"虽然我们中间,"布兰福德说,"有一个生在北方,长在北方。"

"那就请你把表拿出来吧——"约翰说。

"我的堂弟和我——"布兰福德说。

"可以安排一下——"约翰说。

"帮你找个合适的住处。"布兰福德说。

老杰克机灵地咯咯笑起来。他拍拍自己的膝头,捡起帽子,似乎被这有趣的场面逗乐了。他借笑来掩饰一下窘态,眼睛仍不断地打量那两个折磨他的人。

"我明白啦!"过了片刻,他笑着说,"你们两位想捉弄一个可怜的老黑人。可是你们糊弄不了老杰克。布兰福德少爷,我一眼就认出你来了。你离家来北方时还是个十四岁刚出头的小不点儿的孩子;可是我一眼就认出你了。你同老爷简直是一个模子里脱出来的。另一位先生同你很相像;可是老杰克不会认错弗吉尼亚老家的人,你糊弄不了他。"

两个卡特雷特家族的人微笑着同时伸出手来接表。

杰克大叔满是皱纹的黑脸失去了强扮出来的被逗乐的表情。他知道自己受到了作弄,从安全方面考虑,他把那件传家宝交到哪一只伸出来的手里事实上并没有什么区别。可是他觉得,非但他自己的尊严和忠诚处于危险之中,而且弗吉尼亚的卡特雷特家族的尊严和忠诚也岌岌可危。战争期间,他在南方听说北方的另一支卡特雷特家族"替另一方打仗",这件事始终使他痛心。他眼看"老主人"在战时和战后家道中落,从荣华富贵变得几乎赤贫。如今他受"老夫人"之托,带着老主人最后的遗物和纪念不远万里(他觉得有这么远)来交给一个佩带它的人,由他来上弦、珍惜、听它滴滴答答的声响打发卡特雷特家族生活的清白的时光。

在他的印象中,北方人是一些穿蓝色军服的、烧杀掳掠的暴君——"下三滥的社会渣滓"。他曾看见许多像卡特雷特家那么大的宅邸焚烧时的黑烟在南方昏昏欲睡的天空中升起。现在他面对他们中间的一个,却无法把这个人同他专程前来准备交付王权标志的少爷区别开来——即使采取把神剑交到亚瑟王右手里的那条"神奇的戴白色织锦手套"的手臂所采取的方式①也不行。他面前有两个和善、客气、亲切的年轻人,任何一个都可能是他要找的。老杰克为自己低下的判断能力感到羞愧困惑。他握着鹿皮表盒子的右手在冒汗,深深感到屈辱和挫折。现在他的带黄色的突出的眼睛认真地扫着两个年轻人。审视结果,他只看出一点不同:一个戴着狭窄的黑色领带,别针上有一颗白色珍珠;另一个戴的是狭窄的蓝色领结,别针上有一颗黑色珍珠。

此刻,使老杰克感到宽慰的是突然出了一件事分散了大家的注意。"戏剧"盛气凌人地敲门,"喜剧"不得不拍拍翅膀飞走,"戏剧"面带笑容站到了脚灯前亮相。

憎恨磨坊设备的帕西瓦尔拿着一张名片进来,像下战书似的把它交给蓝色领结。

"奥利维亚·德奥蒙德。"蓝领结看了名片后说。他带着询问的神色看看他的堂兄。

"干吗不让她进来,"黑领带说,"了结这件事呢?"

"杰克大叔,"另一个年轻人说,"请你在角落里的那把椅子上坐一会儿好不好?一位女士有点事需要解决。我们过一会儿再谈你的事。"

帕西瓦尔引进来的那位女士很年轻,漂亮得有点张扬,自以为是,装腔作势。她的衣着华贵而简单,反而让人觉得繁琐的花边和皱褶俗不可耐。她的帽子上饰有一根硕大的鸵鸟毛,无论在什么美人堆里都使她显得鹤立鸡群。

---

① 英国传说中,亚瑟王从岩石里拔出一把神剑,被拥戴为英格兰王,亚瑟王仗此剑建立了大量功勋,最后身负重伤,垂死之际,嘱咐手下一个骑士将剑归还给当初授予他的"湖中夫人",骑士把剑投入湖中,"水里伸出一只戴白色织锦手套的手臂接过"。

奥利维亚·德奥蒙德小姐在蓝领结桌子旁边的转椅上就座。两个男士把皮面椅子拉近一些,开始谈天气。

"是啊,"她说,"我注意到天气暖和了。"她朝蓝领结嫣然一笑,接着说:"但现在是办公时间,如果不谈公事,我不能占用你们太多的时间。"

"好吧,"他说,"你不介意我的堂兄在场吧?一般说来,我们哥俩亲如一人——尤其是在生意问题上。"

"噢,当然不介意,"奥利维亚·德奥蒙德小姐娇滴滴地说,"我倒希望他在场听听。反正他都了解。事实上,他可以算是目击证人,因为当你——当发生这件事的时候,他也在场。我以为你也许早就——正如律师们所说的,在诉讼之前想把这件事谈谈清楚。"

"你是不是有什么建议要提?"

奥利维亚·德奥蒙德小姐沉思地瞅着脚上一只小山羊皮鞋的鞋尖。

"有人曾向我求婚,"她说,"假如求婚继续有效,建议就可以不谈。我们先把求婚的事情明确一下。"

"呃,至于——"蓝领结开口说。

"对不起,堂弟,"黑领带插嘴说,"原谅我打断你的话。"接着,他和颜悦色地转向那位小姐。

"我们先概括一下,"他快活地说,"我们三个人,以及我们一些共同的朋友,一起像云雀一样在外面有过快乐的时光。"

"我恐怕不喜欢云雀这种叫法。"奥利维亚·德奥蒙德小姐说。

"好吧,"黑领带兴致不减地接着说,"我们不妨把'求婚'叫做'小鸟',把'建议'叫做'云雀'。你思想很敏捷,奥利维亚·德奥蒙德小姐。两个月前,我们五六个人坐汽车到郊外去玩一整天。

我们在一家客栈吃饭。我的堂弟在那里向你求婚。当然,他之所以这么做,完全是受了你的无可否认的美丽和魅力的影响。"

"但愿我有像你这样的一个宣传员就好了,卡特雷特先生。"漂亮小姐粲然一笑说。

"你是演艺圈子里的人,奥利维亚·德奥蒙德小姐,"黑领带往下说,"毫无疑问,有许多人爱慕你,也许还有别人向你求婚。你一定记得,那次我们玩得很痛快。喝了不少香槟酒。我们不能否认我的堂弟向你求了婚。可是你难道不知道,这种事情在第二天的阳光下看来根本不是认真的?如今的'时髦人物'中间有个约定俗成的规矩,前一天晚上的胡闹,第二天就一笔勾销?"

"我知道,"德奥蒙德小姐说,"我很清楚。并且一向赞成。你似乎——在被告的默认下——负责处理本案,我还有些情况要让你知道。我手头有他重申求婚的信件,信上有他的签名。"

"我明白,"黑领带一本正经地说,"那些信你开个价吧。"

"我要价不低,"德奥蒙德小姐说,"但是我决定给你们优惠。你们两位都出身名门。既然我是演艺圈里的人,不能让谁说我坏话。再说,钱只是一个次要的问题。我要的不是钱。我——我相信了他——而且——而且我喜欢他。"

她从长长的睫毛下面朝蓝领结投出迷人的眼光。

"要价多少?"黑领带追问道。

"一万元。"那位小姐甜蜜地说。

"或者——"

"或者履行婚约。"

"我认为现在该让我说几句话了,"蓝领结插嘴说,"堂兄,你我属于自视甚高的家族。你成长的地区和我们家族的一支所在的地区截然不同。然而我们都是卡特雷特家的人,即使我们的某些生活方式和理论有所不同。你记得家族的传统,卡特雷特家的人从来没有不尊重妇女,也没有不履行诺言的情况。"

蓝领结显出下定决心的神情转向德奥蒙德小姐。

"奥利维亚,"他说,"你什么时候同我结婚?"

她还没有回答,黑领带又插嘴了。

"从普利茅斯岩石到诺福克湾①,"他说,"路途遥远。我们在这两点之间看到了几乎三百年带来的变化。在这段时间里,旧秩序已经改变。我们不再焚烧女巫,也不拷打奴隶了。现如今我们既不脱下大氅铺在泥泞地上让妇女走过去,也不用浸刑椅来惩罚泼妇。现在是通情达理,调整和配合的时代。我们全体——先生小姐,女人男人,北方人南方人,君子小人,演员,推销员,参议员,泥瓦工,政治家——取得了共识。'尊重妇女'的含义每天都在变化。'家族荣誉'也有多种解释——表现手段可以是在结满蜘蛛网的殖民式的宅邸里维护千疮百孔的傲慢,也可以是迅速偿还债务。

"我想我的自说自话已经让你们听烦了。我学到了一点生意经,有了一点生活经验;堂弟,我认为我们的先辈,最早的卡特雷特,会赞成我对这件事的看法的。"

黑领带转过椅子,在办公桌的支票本上写了一张撕下来,房间里只有清脆的支票纸上齿孔的撕断声。他把支票放到德奥蒙德小姐面前。

"公事公办,"他说,"我们生活在商业时代。这里是我一万元的私人支票。你说呢,德奥蒙德小姐——到底是婚礼的橘花还是现金?"

德奥蒙德小姐不在意地拿起支票,塞进她的手套。

---

① 诺福克湾是1620年英国新教徒搭乘"五月花号"离开的地点;普利茅斯岩石在美国马萨诸塞州的普利茅斯港,据说是新教徒们登陆的地点,但实际是在普林斯顿的科德角。

"哦,行啦,"她平静地说,"我只不过想来一次,听听你们的意见。我觉得你们人不错。但是女人是有感情的,你们知道。我听说你们中间有个南方人——不知是谁?"

她站起来,甜蜜地一笑,向门口走去。雪白的牙齿一闪亮,硕大的鸵鸟毛微微一颤,她便消失了。

两个堂兄弟暂时忘了杰克大叔还在场。但这会儿他们听到他从角落里的椅子上站起身,朝他们走来的地毯上的脚步声。

"少爷,"他说,"收好你的表吧。"

他毫不犹豫地把那块古老的金表交到了它的名正言顺的主人手里。

供 求 定 律

芬奇在三马路上开了一家"电气洗帽,立等可取"的商店,店面只有九英尺宽、十二英尺深。你一旦光顾,就永远成了他的主顾。我不明白他有什么商业秘密,但是每隔四天,你的帽子就必须再次清洗。

芬奇脸色灰黄得像是皮革,走路缓慢,年纪在二十和四十之间。从他的衣着来看,你会以为他的父亲是埃塞克斯街一家估衣铺的老板。洗帽店生意清淡时,他喜欢聊天,于是我的帽子洗得更勤了,希望能从芬奇嘴里了解一些血汗作坊的情况。

一天下午,我路过芬奇的店铺,顺便进去,只有他一个人在。他开始用一种神秘的药水处理我的巴拿马草帽,那种液体能像磁石吸铁一样吸引灰尘。

"据说这种草帽是印第安人在水里编织的。"我想引出他的话头。

"别信它,"芬奇说,"无论印第安人或者白人,在水里都待不了多久。你是不是很关心政治?我在报上看到好像通过了一条叫做什么'供求'的法律。"

我尽可能向他解释那不是什么法律,而是一条政治经济学的定律。

"我搞不清楚,"芬奇说,"一年多前,我老是听人说起,不过只是片面的。"

"不错,"我说,"政治演说家大量引用。事实上,他们从来没有停过。我想你在东区也听到那些夸夸其谈的家伙提到供求。"

"我是听一个国王说的,"芬奇说——"南美洲一个印第安部落的白人国王说的。"

我很感兴趣,但并不惊奇。对于许多闯荡世界、发现脚下的道路并不平坦的人来说,纽约这个大城市仿佛是母亲的怀抱。傍晚时,他们总是回家,坐在门口的台阶上。我认识一个在非洲猎过狮子的人,如今在低档咖啡馆里弹钢琴;一个在英国军队里打过祖鲁土著的人,如今在旅馆里当侍者;一个落到巴塔格尼亚吃人生番手里,当救援船只驶到时,生番已经把他的左臂像蟹螯似的折断,准备把他扔进大锅煮着吃的人,如今在快运公司当司机。因此,洗帽商店的老板有个国王朋友并不使我奇怪。

"换条新帽箍吗?"芬奇皮笑肉不笑地问道。

"好吧,"我说,"比老的再宽半英寸。"其实五天前我已经换过一条新的。

"一天晚上,我遇到一个人,"芬奇打开了话匣子——"皮肤褐得像鼻烟的颜色,每个口袋里都装有钱,在施拉格尔餐馆吃德国式猪蹄。那是两年前的事了,当时我在第九十八消防队开水管车。他的话题转到了金子方面,说是南方一个名叫危地马拉的国家有几座山里满是金子。印第安人从山涧里掏出许多许多金沙。

"'哟,是吗!'我说,'印第安人!南方可没有印第安人,'我告诉他,'除了大角鹿,马卡比和秋季毛皮的收购商人。印第安人都住在指定的保留地里。'我说。

"'我对你说的话也有保留,'他说,'他们可不是野牛比尔时期的印第安人;他们长得矮胖一点,品种比较好。人们管他们叫做印加和阿兹特克,他们是莫克特苏马当墨西哥国王时的原居民。他们从山涧里淘洗出金沙,'那个褐色皮肤的人说,'装在羽毛管里,然后倒进红陶罐,陶罐积满后再装进鹿皮袋子,每袋重一个阿罗巴——每阿罗巴是二十五磅——存放在一间石头屋子里,屋子门口有个烫头发、吹笛子的石头浮雕像。'

"'他们怎么消费这些淘到的金子呢?'我问道。

"'他们不消费,'那人说,'那是一个财富高速积累却没有消费的悲哀的例子。'

"我们谈完后,从他嘴里已经挖不出什么信息了,我同他握手告别,对他说抱歉得很,他的话我不信。一个月后,我带着积攒了五年的一千三百元在他所说的危地马拉海岸登陆。我认为我了解印第安人的喜好,置办了适销对路的货物。我雇了四条驮骡,装运红色的毯子、熟铁锅、女人用的镶珠宝的梳子、玻璃项链和安全剃刀。我还雇了一个黑人伙计,据说他会赶骡子,又会当翻译。结果发现他确实能替骡子当翻译,但是驾驭不了英语。他的名字听起来像是弹簧锁钥匙插反的声音,我便叫他麦克林托克,发音多少有点相似。

"到这个产金子的村落要走四十英里山路,我们花了九天工夫才找到。一天下午,麦克林托克领着骡子和我过了一条横跨悬崖的皮索桥,我觉得桥下的山谷足有五千英尺深。过桥时,牲口的蹄子发出擂鼓似的声音,仿佛乔治·科汉①初次上台似的。

"这个村落里没有街道,房屋都是用泥巴糊石块砌成的。有几个黄褐色的人探出头来张望,个个像是浇了熔化的干酪和辣酱油的烤面包。村里最大的一座有门廊的房屋里出来一个白人,他身材高大,皮肤红得像是甜菜,身穿棕色的鹿皮衣服,脖子上挂着一条金链子,嘴上叼着一支雪茄。像他这种容貌和身材的人,我在美国见过,有参议员,也有侍者领班和警察。

---

① 科汉(1878—1942),美国演员、剧作家、通俗歌曲作曲家,演过许多音乐喜剧。

"他走过来,打量着我们,麦克林托克卸完货,一面抽烟,一面向领头的骡子翻译。

"'喂,布廷斯基①,'那个气宇不凡的人对我说,'你是怎么入局的?我没看见你买筹码呀。谁给了你这个城市的钥匙?'

"'我是个不在行的旅行推销员,'我说,'骑骡子更不在行。对不起。你是这里管事的,还是吓唬人的?'

"'不用管你的非驴非马的牲口了,'他说,'进屋去吧。'

"他举手示意,一个村民匆匆跑来。

"'这个人照看你的牲口,'他说,'我来照看你。'

"他带我进了那座最大的房屋,搬出椅子和一种乳白色的饮料。那是我生平见过的最精致的屋子。石墙挂满了丝绸帷帘,地上铺着红色黄色的地毯,还有盛水的红陶罐和盛酒的安哥拉山羊皮囊,竹制家具布置五六个海滨别墅都绰绰有余。

"'首先,'那人说,'你想知道我是谁。我是这个印第安部落的独家承租人和业主。他们管我叫做大雅库马,意思是这批人的国王或者头儿脑儿。我的权力比临时代办、炸药包和纽约蒂法尼首饰店的赊销账户加起来还要大。事实上,我是大棒,棒上的疤节比卢西塔尼亚号那次创纪录航行时船身上的还多②。是啊,我偶尔也看看报纸,知道一些新闻,'他说。'现在听听你的头衔,'他接着说,'然后开始会谈。'

"'好吧,'我说,'我的姓名是 W. D. 芬奇。职业:资本家。地址:东三十二街 541 号——'

"'纽约,'那个大人物插嘴说,'我知道,'他咧嘴一笑,'你不止一次在拘留登记簿上登记过。我从你自报家门的样子上就看出

---

① 布廷斯基像是俄罗斯人的姓氏,在美国口语里指"爱管闲事的人"。
② 卢西塔尼亚号是一艘美国客轮,1915 年 5 月 7 日被德国潜艇击沉,舆论大哗,促使美国参加了第一次世界大战。

来了。好吧,解释解释"资本家"是什么意思。'

"我如实告诉他,我来此地的目的,怎么来的。

"'金沙?'他像一个小娃娃沾糖蜜的手指上有根羽毛似的露出莫名其妙的神情,'那可怪了。这个国家并不开采黄金。而你居然听了一个陌生人的话,把资本全部投了进去?好吧,我的这些印第安人——他们是皮切族的最后的残余——头脑像孩子似的简单。他们对金子的购买力一无所知。我想你大概上当了。'他说。

"'也许吧。'我说,'不过我觉得很有道理。'

"'W.D,'国王突然说,'我给你一个公平待遇。我难得和白人打交道,你既然下了本钱,我得给你一个机会。也许我的选民们衣服缝里藏有几粒金沙。明天你不妨把你带来的货物摆出来,看看能不能卖出去。现在我来做一个非官方的自我介绍。我的名字是沙恩——帕特里克·沙恩。我凭征服的权利——单枪匹马,勇往直前地征服——拥有这个皮切印第安部族。四年前我闯到这里,凭我的身材、肤色和勇气镇住了他们。我在六个星期里学会了他们的语言——很简单,你只要一口气发出尽可能多的辅音,然后指着你想要的东西就行了。'

"'我轰轰烈烈地征服了他们,'沙恩往下说,'然后向他们灌输政治经济学、法律、花招和一些新英格兰的伦理和勤俭节约思想。每星期日,或者据我估计大概是星期日的日子,我在市议会(我是议长)向他们传道,讲讲供求定律。我赞扬供给,抨击需要。每次都用同样的稿子。你不会想到,W.D,'沙恩说,'我这个人还有诗才吧?'

"'嗯,'我说,'我不知道你的传道算不算诗。'

"'丁尼生,'沙恩说,'为我传布福音提供了诗意的素材。我一向认为丁尼生是诗人中间的老大。原文是这样的:

　　假如人们能学会无欲无求,淡泊超脱,

就比整天在芬芳花园里的苏丹更自得其乐。

"'你明白,我教导他们割舍需要——供给才是最主要的。我教导他们除了最简单的需要之外,不要追求任何东西。他们只要一点羊肉、一点可可和从外面运来的一点水果,就会感到快活。我已经把他们训练出来了。他们用植物纤维和麦草织布、编帽子,自给自足,十分满意。依靠这种简单的办法使人们快乐,真是了不起的事情。'沙恩总结说。

"第二天,经国王恩准,我带麦克林托克到村里的小广场上,打开两袋货物。成千上万的印第安人蜂拥而来,把廉价柜台围得水泄不通。我向他们抖露红毯子,亮出戒指和耳环,给妇女们试珍珠项链和梳子,给男人们试红袜子。这一切毫无用处。他们眼巴巴地看着,像一尊尊雕塑,我一笔生意都没有做成。我问麦克林托克毛病出在哪里,他打了三四个哈欠,卷了一支烟,同骡子说了几句悄悄话,然后才赏脸告诉我:人们没有钱。

"这时候,帕特里克国王溜溜达达地过来了,他胸前挂着金链条,嘴里衔着雪茄,像往常一样高大、红润、气派。

"'买卖怎么样,W.D?'他问道。

"'不错,'我说,'像抢购大甩卖便宜货似的。我有一批货没带来,卖完就清仓了。我还有二十打安全剃刀,是减价的火灾受损物品,明天拿来。'

"沙恩笑得直不起腰,陪他来的一个奴隶兵或者私人秘书不得不搀扶他。

"'哟,我神圣的耶鲁沙姑妈!难道你对买卖一窍不通,W.D?难道你不知道印第安人刮脸根本不用剃刀?他们是用手连根拔的。'

"'我的剃刀正好派这种用场,'我说,'用过一次后刀口就不快了。'

随 意 选 择

"沙恩走开了,他的笑声在一个街口外还能听到,假如村里有街口的话。

"'告诉那些人,'我对麦克林托克说,'我要的不是钱——告诉他们,我收金沙。告诉他们,我按每盎司十六元的价钱做交易。我要的就是这个——金沙。'

"麦克林托克把我的话翻译给他们听,你会以为一队警察冲过来驱散了他们。不出两分钟,每个叔叔的侄子和每个姑姑的侄女都不见了。

"当天晚上,我和国王在王宫里谈论白天的事。

"'他们一定把金沙藏在什么地方,'我说,'否则不会这么敏感。'

"'他们没有金沙,'沙恩说,'你为什么一口咬定有金子?你在看爱德华·阿伦·爱伦坡①的小说吗?他们根本没有金子。'

"'他们把金沙装在羽毛管里,'我说,'然后倒进陶罐,再装进鹿皮袋子,每袋重二十五磅。我了解情况。'

"'W.D,'沙恩笑起来,咬着雪茄说,'我难得见到白人,不妨向你说说清楚。反正我认为你不会活着离开这里,我告诉你吧。上这儿来。'

"他拉开屋子角落里的丝织帷帘,给我看一堆鹿皮袋子。

"'一共四十袋,'沙恩说,'每袋重一个阿罗巴。按整数计算,你面前是价值二十二万元的金沙。全是我的。大雅库马的。全是村民交给我的。二十二万元哪——你想想看,你这个卖玻璃珠子的小贩,'沙恩说——'全是我的。'

"'这对你没有好处,'我鄙视地恨恨地说,'敢情你是这帮挣

---

① 应为埃德加·爱伦·坡(1809—1849),美国诗人、小说家、批评家,在西方被认为是侦探小说的鼻祖。

钱而没有钱的人的政府储存所?难道你不支付储户一点利息,让他花四元八角五分买一颗号称价值二百元的缅因州奥古斯塔普尔曼公司的碳素钻石?'

"'听我说,'帕特里克·沙恩额头在冒汗,'我把你当做知心朋友,因为我对你有好感。你生平有没有体会过黄金的常衡力量——不是称金银宝石的金衡,而是十六盎司一磅的常衡?'

"'从来没有,'我说,'我从来不收劣币。'

"沙恩跪在地上,张开双臂抱住金沙袋子。

"'我爱它,'他说,'我喜欢日日夜夜都有触摸它的感觉。它是我生命中的欢乐。一进这间屋子,我就是国王和富翁。再过一年,我就是百万富翁。这堆金沙袋子月月在增大。整个部族都在山涧里替我淘金。我是全世界最幸福的人,W.D.我最喜欢挨近这堆金子,知道它属于我,知道它每天都在增加。现在你该明白,我的印第安人为什么不买你的货色了。他们没有能力。他们把金沙都给了我。我是他们的国王。我教导他们无欲无求。你不如关门歇业吧。'

"'我告诉你,你是什么,'我说,'你是个不折不扣、卑鄙的守财奴。你宣扬供给,排斥需要。其实,供给除了供给之外什么都不是。与之相反,'我说,'需要的概念远远超过推论和断言。需要包括我们的妇女儿童的权利,包括慈善和友谊,甚至包括一点街头的乞讨。两者必须达到和谐。我还有一些商业谋略,'我说,'可以同你的政治经济学的歪论见个高低。'

"第二天早晨,我吩咐麦克林托克再运一驮货物到广场,摆开摊子。人们还像昨天那样围观。

"我摆出手头最好的项链、手镯、梳子和耳环,让妇女们试戴。然后我打出了王牌。

"我拿出五打有柄的镜子,分发给妇女们。这种玻璃后面贴锡箔的玩意儿,皮切族印第安人还是第一次看到。

"笑容满脸的沙恩过来了。

"'买卖有起色吗?'他问。

"'这会儿正在照镜子呢。'我说。

"不久后,人群中发出了喃喃的说话声。妇女们从那不可思议的玻璃里看到了自己的美丽,把这秘密告诉她们的男人。男人们像是在大选前夕那样强调资金短缺,生活艰难,但是他们的借口不起作用。

"我大显身手的时候到了。

"我把同骡子聊得起劲的麦克林托克叫过来,让他翻译。

"'告诉他们,'我说,'用金沙可以买到这些适合全世界国王王后佩戴的首饰。告诉他们,他们替部族的神圣不可侵犯的大雅库马和鸿章杂碎从山涧里淘洗出来的黄色沙子,可以买到这些珍珠宝贝和魅力,可以使他们青春美貌、护身驱邪。告诉他们,匹茨堡银行的存款利率是百分之四,邮汇寄到,而这个一心敛财的公款保管人,从不提利息。你要不停地对那些淘金沙的人说,让他们采取行动。你要像反对布里安竞选总统的人那样反复告诉他们时代不同了。'

"麦克林托克依依不舍地向他的骡子挥挥手,然后朝购物的群众发表了几盘七号铅字的讲话。

"一个皮肤颜色像杜仲树皮的印第安男人站上一块石头说了一通,说话的声音像是竹筒倒豆子。依偎在他身边的女人脖子上戴着我的三条鱼鳞珍珠和一条充大理石珠子项链。

"'他的意思是,'麦克林托克翻译说,'人们不知道用金沙可以买东西。女人们气疯了。大雅库马说金沙除了驱邪之外,毫无用处。'

"'钱上面是没有邪可驱的。'我说。

"'他们说,'麦克林托克继续翻译说,'雅库马欺骗了他们。他们吵得很凶。'

"'开啦!开啦!'我说,'金沙或者现钞可以通吃。金沙当着大家的面称重,按每盎司十六元算——危地马拉沿海一带的最高价。'

"群众突然散了,我不明白是怎么回事。麦克和我收起他们交还的首饰和镜子,牵着骡子回到村里替我们安排的牲口圈。

"我们听到嘈杂的叫喊声,只见帕特里克·沙恩从广场那面匆匆跑来,衣服给扯掉了一半,脸上全是抓伤,似乎同豁出九条性命的猫打过一架。

"'他们在抢劫金库,W.D,'他喊道,'他们要宰了我,还要宰你。马上备两头骡子。我们必须立刻逃跑。'

"'他们发现了供求定律的真相。'我说。

"'主要是妇女,'国王说,'以前她们对我是何等尊重!'

"'那时候她们还没有照过镜子。'我说。

"'他们都有刀和斧头,'沙恩说,'抓紧时间吧!'

"'你骑那头花毛骡子,'我说,'你和你的供应定律!我骑这头褐色的,它奔跑的速度每小时要快两海里。花骡子一条腿不利索,但是能逃得了,'我说,'假如你的政治纲领里有互惠一说,我也许会把褐色骡子让你骑。'我说。

"沙恩、麦克林托克和我骑上骡子,刚过皮索桥,皮切部族已经到了悬崖那一边,他们开始朝我们扔石块和长刀。我们割断了这边桥头的皮带,直奔海岸。"

这时候,一个高大的警察进了芬奇的店铺,胳臂肘支在柜台上。芬奇友好地朝他点点头。

"我在凯西那边听说,"警察嗄声说,"洗帽工会星期日要在伯根海滩举行野餐会。有这事吗?"

"当然,"芬奇说,"肯定很热闹。"

"给我五张票。"警察拿出一张五元的钞票放在柜台上。

"怎么,"芬奇说,"你未免太大手大脚——"

"得啦!"警察说,"你的票是卖的,对吗? 总得有人买。有时间的话我希望也去。"

我很高兴发现芬奇在这一带人缘这么好。

接着,进来了一个七岁左右的小姑娘,脏兮兮的脸上长着一双纯蓝的眼睛,衣服穿得很单薄,脏兮兮的。

"妈妈说,"她背诵似的尖声说,"问你要八十分付给杂货店,十九分付给送牛奶人,五分给我买冰激凌——后面这句可不是妈妈说的。"小精灵说后,诚实而期待地咧着嘴。

芬奇拿出钱,数了两遍,我注意到小姑娘得到的是一元零四分。

"供求定律是条正确的法则,"芬奇一面说,一面仔细地挑断我帽箍上的几处针脚,确保它过不了几天就会脱落,"不过两者必须相辅相成。我敢打赌,"他干笑着说,"她拿那五分钱准是去买软糖的——她爱吃软糖。如果没有需要,供应起什么作用?"

"国王后来怎么了?"我好奇地问道。

"哦,我忘了告诉你,"芬奇说,"刚才进来买野餐会票子的就是沙恩。他和我一起回纽约,现在当了警察。"

觅 宝 记

傻瓜有多种多样的。喂,大伙儿坐好了,指名叫到谁,谁再站起来,好不好?

我自己就当过各种傻瓜,只差一种。我挥霍了祖传的家产,妄想结婚;我打扑克,玩草地网球,做没有本钱的投机买卖——我的钱财很快就各奔前程,同我分了手。但是有一种头戴系铃帽子的丑角我还没有扮演过。那就是寻觅宝藏的人。很少有人会犯这种愉快的狂热病。然而,在所有追随迈达斯国王的人中间,觅宝人的追求最富于美妙的憧憬。

但是我还要说几句离题的话——拙劣的作者都难免如此——我这个傻瓜属于多情的类型。我见到梅·玛莎·曼格姆后,就是她的人了。她年方十八,皮肤像新钢琴的象牙键那么白皙,她容貌秀丽,仿佛一个天真无邪的天使谪降人间,注定要生活在得克萨斯草原上一个沉闷的小镇里;因此她的姣好端庄更增添了动人爱怜的魅力。凭她的气质和妩媚,她原可以像摘木莓似的摘下比利时或者任何一个花哨的王国的皇冠上的红宝石,但她自己并不知道,我也没有向她点破。

你明白,我要赢得并留住梅·玛莎·曼格姆;我要她同我常相厮守,每天把我的拖鞋和烟斗放到我晚上找不着的地方。

梅·玛莎的父亲留着大胡子,戴着眼镜,胡子和眼镜几乎把他整个人都遮住了。他活着就是为了同甲壳虫、蝴蝶,以及天上飞的、地上爬的、钻进你脖子里的,或者落到黄油上的虫子打交道。他是昆虫学家,或者那一类的人物。他整天在外面用纱网兜捕甲虫目的飞鱼,用大头针把它们钉住,给它们起名字。

他们家只有他和玛莎两个人。他珍视她,把她看成是精美的人类标本;因为她照料他,让他不时能吃上饭,衣服不穿反,让保存标本的玻璃瓶里的酒精经常盛满。据说科学家们多半是心不在焉的。

除了我以外,还有一个人也有意于梅·玛莎·曼格姆,那就是古德洛·班克斯,一个刚念完大学回家来的年轻人。书本上的造诣他都具备:拉丁文、希腊文、哲学,尤其是数学和逻辑学的高等分支。

若不是为了他那逢人就卖弄自己的知识和学问的习惯,我本来会很喜欢他的。即使如此,你光看表面的话,仍会以为我们是好朋友。

我们一有空就在一起厮混,因为每个人都想从对方嘴里打听一点消息,从而探悉梅·玛莎·曼格姆着意的风向——这种比喻未免牛头不对马嘴;古德洛·班克斯才不会犯这种毛病呢。情场角逐的人都是这样的。

你也许会说,古德洛倾向于书本、礼貌、文化、智力和衣着。我会使你更多地想到垒球和周五晚上的辩论会——算它同文化沾些边吧——也许还会想到一个骑马的好手。

但是在我同他的闲聊中,以及我们去拜访梅·玛莎时的谈话中,古德洛·班克斯和我都摸不清她到底喜欢我们中间的哪一个。梅·玛莎生性不爱明确表态,早在摇篮里的时候,就懂得让人们去琢磨猜测。

我已经说过曼格姆老头总是心不在焉。很久以后的一天,他发觉——准是一只小蝴蝶告诉他的——有两个年轻人想网走那个照料他生活的年轻姑娘,或者女儿,或者诸如此类的法律上的附属物。

我从来没有料到科学家们居然也能设法应付这种局面。老曼格姆在口头上把古德洛和我定了性,轻巧地把我们归入脊椎动物中最低级的纲目;他用的还是英语,没有说什么拉丁文,只提了一句 Orgetorix, Rex Helvetii①——我懂得的拉丁文也只有这么一句。他还通知我们,下次再看到我们在他家附近转悠,就要把我们加进他收集的标本。

古德洛·班克斯和我回避了五天,想等这场风波平息。等我们鼓起勇气再登门拜访的时候,梅·玛莎·曼格姆和她父亲已经走了。走了! 他们承租的房子空关着,他们不多的几件家具也搬走了。

梅·玛莎没有给我们两人中的任何一个留下告别的话——没有在山楂树上钉一张飘动的白色便条;没有在门柱上画个粉笔记号;也没有在邮局里留一张明信片,给我们一点线索。

整整两个月,古德洛和我分头想方设法追踪这两个逃亡者。我们同火车站的售票员、出租马车行里的人、火车上的乘务员,以及镇上惟一的那个警察套近乎,拉关系,可是毫无结果。

于是,我和古德洛便成了比以往任何时候都更亲密的朋友和更势不两立的仇人。每天下午工作结束后,我们都在斯奈德酒馆的后屋里碰头,玩玩骨牌,谈话时勾心斗角,互相套对方的口气,想知道有没有什么新的线索。情场角逐的人就是这样的。

古德洛·班克斯老是嘲弄似的卖弄自己的学问,把我列为那类只配念念"简·雷真可怜,她的小鸟死了,她没有什么可玩了"的童谣的人。不过我倒挺喜欢古德洛,我蔑视他那套大学里的学问,而且人们都认为我脾气好,所以我压住火气。再说,我想探听

---

① "奥格托里斯,赫尔维蒂之王"。赫尔维蒂指古瑞士,奥格托里斯曾企图征服包括赫尔维蒂在内的高卢,但未成功。

他有没有梅·玛莎的消息,我这才按捺住性子,继续同他来往。

一天下午,我们聊天时,他对我说:

"即使你找到了她,埃德,你又能有什么指望?曼格姆小姐很有头脑。也许她天真未凿,但她注定要享受更高级的东西,那些东西可不是你所能提供的。同我交谈的人中间,惟有她才能欣赏古代诗人作家以及吸收并发展了他们的生活哲学的近代文人的魅力。你不认为你找她是在白白浪费时间吗?"

"我对幸福家庭的概念,"我说,"是得克萨斯草原上一幢八居室的房屋。旁边有一泓池水,四周有橡树环抱。起居室里,"我接着说。"有一架带自动弹奏器的钢琴,牧场上圈三千头牛作为开端,一辆四轮马车和拴在柱子上的小马随时听候太太使唤——梅·玛莎·曼格姆可以随心所欲地花费牧场的收益,同我长相厮守,每天把我的拖鞋和烟斗放到我晚上找不着的地方。情况将是这样,"我说,"你的课程、文化、哲学连一颗无花果都不值——并且还是干瘪的、小贩摊上的无花果。"

"她应该享受更为高级的东西。"古德洛·班克斯又说了一遍。

"不管她应该享受什么,"我回说,"反正她现在不见了。我要尽快找到她,用不着大学帮忙。"

"这副牌打不通了。"古德洛放下一张骨牌说;我们便喝啤酒。

不久,我认识的一个年轻农民来到镇上,给我带来一张折好的蓝色纸。他说他爷爷刚去世。我忍住了眼泪,他接着又说,老人家把这张纸珍藏了二十年。他把它当做遗产的一部分留给家人,其余的只有两头骡子和一块不能耕作的土地。

那是废奴主义者同分离主义者打仗时期①使用的古老的蓝色

---

① 指1861年至1865年的美国南北战争。

纸。纸上标的日期是一八六三年六月十四日，记的是价值三十万元的十驮金币和银币的埋藏地点。老朗德尔——也就是孙子山姆的爷爷——从一个西班牙教士那里听到这消息，埋钱的时候教士在场；许多年前——不，许多年后——教士是在老朗德尔家去世的。老朗德尔根据教士的口授记录下来。

"你爸爸干吗不去找藏宝呢？"我问道。

"他还没有去，眼睛就瞎了。"他回答。

"你自己干吗不去呢？"我又问。

"嗯，"他说，"我是十年前才知道有这张纸的。春天要犁地；接着要在玉米地里锄草；然后要替牲口准备饲料；冬天很快又来了。一年年这么下去，给耽误了。"

我觉得这话十分在理，当场就决定同小李·朗德尔一起着手觅宝。

纸上的说明很简单。驮财宝的骡队从多洛雷斯县一个古老的西班牙传教基地出发。他们根据罗盘方向，直奔南方，到了阿拉米托河。涉水过河后，他们把财宝埋在两座大山中间一座驮鞍形的小山顶上。藏宝地点有一堆乱石作为标志。几天后，整个骡队被印第安人杀死，只有那个西班牙教士逃脱性命。这一秘密是独家垄断的。我认为确凿可信。

李·朗德尔建议添置一套野营装备，雇一个测量员测出西班牙传教基地到藏宝地点的路线，然后挖出那三十万元的金币银币，去沃思堡游山玩水。但是，正因为没有受过高深的教育，我倒有个省时省钱的主意。

我们去州土地局，请他们根据老传教基地到阿拉米托河一带的全部测量图绘制一幅实用的所谓工作略图。我在图上对着南方划了通向河岸的直线。略图准确标明每张测量图的线长和地区。我们凭这些资料，找到河岸上的那一点，然后把它同洛斯安尼摩斯五里格的测量图上一个重要的、标志明确的地区——西班牙国王腓力的授地——联系起来。

这一来,我们不需要雇测量员来测定路线,可以省掉许多费用和时间。

李·朗德尔和我套好一辆两匹马拉的大车,装上所有的应用物品,赶了一百四十九英里路,到了奇科,那是离我们要去的地点最近的一个小镇。我们在镇上找到县测量员的代理人。他替我们找到洛斯安尼摩斯测量图上的地区,按照我们略图上的要求,往西赶了五千七百二十巴拉①,在那一点上放一块石头,喝了咖啡,吃了咸肉,然后搭上装运邮件的马车回奇科。

我认为我们很有把握找到那三十万元。李·朗德尔只能分到三分之一,因为我承担了全部勘探费用。有了那二十万元,我知道,只要梅·玛莎·曼格姆在世上,我准能找到她。有了这笔钱,我还能使蝴蝶在曼格姆老头的鸽笼里扑腾。只要我找到那注藏宝就好啦!

李和我扎好帐篷。河对岸有十来座小山,长满了郁郁葱葱的雪松,但是没有一座像是驮鞍。我们并不泄气。情人眼里出美人,驮鞍也是如此。

我和藏宝的孙子仔细搜索了那些长满雪松的小山,就像太太们寻找捣乱的跳蚤那般认真。我们沿着河岸两英里踏勘了每座山的山坡、山顶、周围、平均高度、角度、斜坡和凹处。我们干了整整四天。然后我们套好那两匹花毛马和暗褐色马,把剩下的咖啡和咸肉拉了一百四十九英里路,回到康卓城。

回程路上,李嚼了许多烟草。我急于回去,只顾赶车。

我们空手而回后,古德洛·班克斯和我很快就在斯奈德酒馆

---

① 西班牙长度单位,一巴拉合 0.8359 公尺。

的后屋玩骨牌,探听消息。我把寻觅藏宝的远征经过告诉了古德洛。

"假如我找到那三十万元,"我对他说,"我就可以走遍全世界去找梅·玛莎·曼格姆。"

"她注定要享受更高级的东西的,"古德洛说,"我自己去找她。不过你倒说说,你是怎么去寻觅那笔出土的横财被人轻率地埋藏的地点的?"

我详详细细地告诉了他。还给他看了制图员绘制的略图,上面的距离标得清清楚楚。

他大大咧咧地瞥了一眼,在椅子上往后一靠,对我发出一阵讽刺的、高人一等的、大学式的哄笑。

"嘿,吉姆,你是傻瓜。"他笑得喘上气时对我说。

"该你下注啦。"我捏住手里的双六,耐心地说。

"二十。"古德洛说罢,用粉笔在桌子上画了两个叉。

"我傻在哪里?"我问道,"以前许多地方找到过藏宝。"

"因为,"他说,"在计算你那条路线同河岸相交的一点时,你没有考虑到磁差。那里的磁差应该是偏西九度。把你的铅笔给我。"

古德洛·班克斯在一个旧信封背面迅速地做了一些计算。

"从西班牙传教基地自北往南的那条路线的距离,"他说,"恰好是二十二英里。据你所说,这条线是凭袖珍罗盘画的。考虑到磁差因素,你该寻觅宝藏的地点是在阿拉米托河岸上离你实际到达的地点偏西六英里九百四十五巴拉。哎。吉姆,你真傻!"

"你说的磁差是什么玩意儿?"我问道,"我认为数字始终是可信的。"

"磁差,"古德洛说,"是罗盘磁针和真正子午线之间的偏差。"

他目空一切地笑笑;接着,我看到他脸上出现了寻觅藏宝的人特有的那种急切的、贪婪的神情。

"有时候,"他带着预言家的口气说,"这些有关埋藏钱财的古老传说并不是没有根据的。你不妨把那张记述藏宝地点的纸给我看看。也许我们一起——"

结果,古德洛·班克斯和我从情场上的敌人变为探险时的伙伴。我们从铁路线上最近便的亨特斯堡搭驿车去奇科。到了奇科以后,我们雇一辆有弹簧的带篷马车拉运野营装备。我们仍旧请原先的测量员,按照古德洛根据磁差修正的距离重新测定路线,然后打发测量员回去。

到达目的地时,天色已经晚了。我喂了马,在河边生了火做晚饭。古德洛本来可以帮帮忙,但是他的大学教育使他不适于做实际工作。

我干活的时候,他就用古时死人流传下来的伟大思想给我解闷。他大段大段地引用希腊文的译文。

"阿那克里翁①,"他解释说,"曼格姆小姐最喜爱的一段——正如我朗诵的。"

"她注定应该享受更高级的东西。"我引用他的话说。

"还有什么东西,"古德洛问道,"能比整天同古典作品共处,生活在学问与文化的气氛中更为高级呢?你常常诋毁教育。由于你连简单的数学都不懂,你不是白费了许多力气?如果我的知识没有指点出你的错误,你要花多少时间才找得到藏宝?"

"我们先看看河对岸的那些小山吧,"我说,"看我们能找到什么。我对磁针仍表示怀疑。我活到这么大,一直相信磁针是正对北极的。"

当时是六月,第二天早晨阳光明媚。我们一早起来,吃了饭。

---

① 阿那克里翁(公元前约570—?),古希腊抒情诗人,作品多歌颂爱情和美酒。

古德洛被周围的景色迷住了。我在烤咸肉的时候,他在朗诵诗——我想大概是济慈、凯莱或者雪莱的诗吧。前面的河只能算是一条浅浅的小溪。我们准备好渡河,到对岸去勘探那些尖顶的、长满雪松的小山。

"我的好奥德修斯①啊,"我在洗吃早饭用的铁皮盘子时,他拍拍我的肩膀说,"让我再看看那张藏宝图。我记得上面说明要爬一座像是驮鞍的小山。我从来没有见过驮鞍。驮鞍是什么形状的,吉姆?"

"这次文化可吃不开了,"我说,"我一看就知道。"

古德洛看着老朗德尔的那份文件,嘴里突然迸出很没有大学风度的骂人的词儿。

"你过来,"他对着阳光举起那张纸说,"你瞧。"他指点给我看。

那张蓝色纸上——以前我从未注意——有几个明显的颜色较浅的字母和数字:"莫尔文②,1898。"

"那又怎么样?"我问道。

"那是水印,"古德洛说,"这张纸是一八九八年制造的。纸上文字的日期是一八六三年。分明是伪造。"

"哦,我可不敢说,"我说,"朗德尔一家都是很可靠,很纯朴,没有受过教育的乡下人。也许是造纸厂设的一个骗局。"

接着,古德洛在他受过的教育所许可的范围内大发脾气。他摘下眼镜,直瞪着我。

"我时常说你是傻瓜,"他说,"我两次在你的计划里发现了严重的毛病,如果你受过普通学校教育的话,你就不至于犯这种毛

---

① 奥德修斯,希腊神话中的英雄,勇敢机智,在特洛伊战争中用木马计获胜,回国途中历尽艰险。
② 美国阿肯色州西南部城市。

病。此外,"他接着说,"这场坑人的觅宝把戏害我花冤枉钱,我可玩不起。我不干啦。"

我站起身,拿着一把从洗盘子水里捞出来的锡镴勺子指着他。

"古德洛·班克斯,"我说,"你的教育在我眼里连颗煮得半生不熟的豆子都不值。别人的教育我勉强可以容忍,你的教育我一向就看不顺眼。你的学问对你有什么好处?它祸害了你自己,招惹你朋友讨厌。去吧,"我说——"去你的水印和磁差。它们对我毫无影响。动摇不了我觅宝的决心。"

我用勺子指着河对岸一座驮鞍形的小山。

"过一会儿我就去那座山上搜寻藏宝,"我接着说,"你现在赶快决定干不干。假如你为了水印和磁差就打退堂鼓,你算不上真正的冒险家。赶快决定吧。"

河边的路上升起一蓬白色的尘土。那是赫斯帕鲁斯去奇科的装运邮件的马车。古德洛招呼它停下。

"我可不再上当受骗了,"他恼怒地说,"现在只有傻瓜才把那张纸当做一回事儿。好吧,吉姆,你一向是傻瓜。你自作自受,我管不着。"

他收拾好个人物品,爬上邮车,气呼呼地扶了扶眼镜,在尘土雾中飞快地离去。

我洗好盘子,把马匹牵到一块新鲜的草地上拴好,然后涉水过河,缓缓穿过雪松林,爬上驮鞍形的山头。

那是一个美妙的六月天。我活到这么大,还没有见过这么多的禽鸟、蝴蝶、蜻蜓、蚱蜢,以及别的天上飞的、地上爬的、长翅膀的、带蜇刺的生物。

我从山脚到山顶搜遍了那座驮鞍形的小山。找不到有关藏宝的任何迹象。没有乱石堆,树上没有指示道路的旧刻痕,朗德尔老头的文件上开具的三十万元连影子都没有。

下午凉爽一点的时候,我下了山。我在雪松林中走着走着,突然闯进一个风景如画的翠绿的山谷,那里有一道小溪潺潺注入阿拉米托河。

使我吃惊的是我看到了一个野人模样的生物,披头散发,胡子蓬松,在追捕一只翅膀绚烂的硕大无比的蝴蝶。

"他也许是从疯人院里逃出来的。"我暗忖着;他居然跑到离教育和学问这么远的地方真使我纳闷。

我再走前几步,看到小溪旁边有一幢墙上爬满藤枝的村舍。林间一块小草地上,梅·玛莎·曼格姆正在摘野花。

她站起来,瞅着我。我认识她以来,第一次看到她那像新钢琴的白象牙琴键的脸上泛起了红晕。我一言不发,朝她走去。她摘好的花枝慢慢地从手里掉到了草地上。

"我知道你会来的,吉姆,"她清晰地说,"爸爸不让我写信,但是我知道你会找来的。"

以后的事情你可以猜得到——我的车辆马匹就在河对岸。

我时常纳闷,一个人受的教育太多,如果不能为自己所用,教育又有什么好处。如果所有的好处都归了别人,他受的教育又能起什么作用?

我这么说,是因为梅·玛莎·曼格姆同我厮守在一起。橡树环抱的地方有一幢八居室的房子,有一架带自动弹奏器的钢琴,牧场上的牛群相当可观,已是三千头目标的良好开端。

我晚上骑马回家时,烟斗和拖鞋都给放到我找不着的地方了。

但是谁在乎这一点?谁在乎——谁在乎呢?

机 不 再 来

哈得孙河畔隐士在他的岩洞里忙得异乎寻常。

岩洞位于偏离卡茨基尔山脉、伸向河边的一道山梁的尖坡上,由于没有轮渡票,只得在那里停住。秀美的小山上树木葱茏,凶恶的松鼠和啄木鸟到处可见,经常威胁在这里歇夏的游客。一条碎石路像是编织得很粗糙的缏带,穿过山麓的绿色裙子和河畔泡沫似的花边。幽暗蜿蜒的小径离开舒适的山路后,通向崎岖山顶上隐士的岩洞。河上游一英里的地方有家观景旅馆,城里人的公寓里有电风扇,相当凉快,但是人在城里身不由己,有时不得不在炎热的阳光下奔波,便来这里度夏,坐在摩托快艇里尖叫怪嚷,驾驶快艇的是一些盾牌上没有纹章的、细长腿的莫德雷德①。

请把你的观剧望远镜对准隐士,仔细看看他的模样,你便会对主人公更加亲切。

不往多里说,他年纪四十左右,长长的头发末端拳曲,眼睛特别有神,两撇棕色的胡子像是几年前充斥西部的、自命为"神医"的江湖郎中。他的外衣像是麻袋布,式样新颖,伦敦的服装设计师如果从中得到启发,很可能发一笔财。他的修长的手指、端正的鼻子和从容的姿态,使他的气质高出一般的隐士,那些隐士不爱洗脸,把钱藏进空牡蛎罐头,埋在岩洞的角落里,然后在石墙上凿出

---

① 莫德雷德是英国传说中背叛亚瑟王的十二圆桌骑士之一。

粗糙的十字符号加以标志。

这个隐士的家其实不完全是岩洞。岩洞只是一座棚屋的附加部分,棚屋用木柱做墙,外面抹上泥,顶上用质量最好的防锈铁皮覆盖。

棚屋里有几块当做凳子的石板,一个用毛坯杨木板做的书架,两块花岗石上搭块木板当做桌子——屋里的陈设既有点像祭司庙宇,又有点像百老汇路地下室牛排餐馆。壁上挂的野兽毛皮,是在纽约第八街和大学区附近的商店买来的。

棚屋后部和岩洞连成一片。隐士在这里的石灶上做饭。他用一把旧斧头在石壁上耐心凿出搁物架,存放面粉、咸肉、猪油、滑石粉、煤油、发酵粉、薄荷苏打片、胡椒、盐,以及防止手脸皮肤皲裂和粗糙的橄榄油乳剂。

隐士在那里隐居了十年。他是观景旅馆的一笔资产。对于住店的客人来说,他的号召力仅次于"鬼谷的神秘回声",可以和"情人岩"抗衡。他的名声传得很远(但因为地形关系,远而不广),人们都知道他是个才华过人的学者,由于情场失意,才遁世隐居。观景旅馆每星期六晚上悄悄给他送来一篮子食品。他从不离开隐居处周围。旅馆的客人看过他后都说,他的学识、智慧和闪光的哲学思想令人叫绝。那年夏天,观景旅馆客人爆满。于是,星期六晚上给隐士送去的食物篮子里多了一些番茄罐头,牛腿肉也换了牛腰肉。

读者已经看到了本案的事实陈述。现在该由浪漫史上场了。

隐士显然在等来访者。他细心地梳理了长发和两撇使徒式的胡子。石壁搁物架里的花九十八分买的闹钟五点钟响起来时,他细心地把麻布长袍刷了一遍,拿起橡木拐杖,缓缓走进隐居所周围的密林。

他并没有等多久,幽暗中,在铺满松针、地毯般柔滑的小径上,贝阿特丽丝出现了:她是有名的特伦霍姆四姐妹里最年轻、最美丽的一个。从帽子到帆布便鞋,她一身蓝色,只是色泽不同,有的像是春季星期六拂晓时风铃草的浅蓝,有的像是星期一早晨九点钟洗衣女工没有如约来干活时让人烦恼的深蓝。

贝阿特丽丝把天蓝色的阳伞深深插进松针层,叹了一口气。隐士用一只脚的大脚趾悄悄地蹭掉另一只穿凉鞋的脚踝上的草叶。她的钴蓝色的眼睛把他也染蓝了——并且几乎给他上了浆,熨烫平整。

"当个隐士,"她气喘吁吁地小声说,"有女士爬山上来同你谈话,肯定是愉快的事。"

隐士双臂合抱,靠在一株树上。贝阿特丽丝又叹了一口气,像青鸟还巢似的坐在松针地毯上。隐士学她样子,也坐下来,笨拙地把脚缩到麻布衣服下面。

"能当座山,"他故作轻松地说,"有蓝衣天使爬上来,而不是飞到你头上,那才是愉快的事。"

"妈妈害神经痛,"贝阿特丽丝说,"要上床休息,否则我也不可能来。那家可怕的老旅馆太热了。可是我们没有钱,今年夏天不能去别的地方。"

"昨晚,"隐士说,"我爬到那块大岩石上面。我能看见旅馆的灯光,顺风时能听到一两阵音乐声。我揣摩你在芬芳的花香和梦也似的华尔兹乐声陪伴下,在别人怀里时优美的舞姿。你想,当时我感到多么孤独!"

有名的特伦霍姆姐妹中最年轻、最漂亮、钱最少的那个发出一声叹息。

"你说得不完全对,"她可怜巴巴地说,"我优美地在为另一个人的胳臂忙碌。妈妈双肘双肩周期性的风湿痛发作了,我不得不用那可怕的油膏替她擦了一个小时。我希望你不至于认为油膏的气味像花香。你知道,昨晚的每周定期舞会上有几个西点军校的学员和城里来的一游艇的年轻人。妈妈可以在打开的窗口前一连坐上三个小时,身体一半的温度是华氏八十五度,另一半降到了霜点,可从来不打个喷嚏。但是只要有一群不够格的年轻人来到我所在的地方,她的关节就开始红肿,她就开始叫痛。我就不得不陪她回房间里去。你替她在胳臂上抹药时,皮肤面积之大会使你吃惊。我想当个隐士一定很愉快。你穿的长外套——还是叫袈裟?——非常得体。是你自己裁剪的吗?——当然你得有几身换洗的。穿凉鞋一定非常舒服。而我们不得不忍受穿鞋的痛苦——我买的鞋总是硌脚。哎,女人也能当隐士就好了!"

特伦霍姆姐妹中最年轻、最漂亮的那个伸出两只小巧的脚,上面两只硕大的蓝绸蝴蝶结几乎遮没了浅口便鞋,鞋子像是画片上仙女穿的那款,颜色是四十七种蓝色色调之一。隐士仿佛出于心灵感应,把光脚更往麻布衣服下面缩缩。

"我听说过你的浪漫史,"特伦霍姆小姐柔声说,"旅馆把它印在菜单背面。她十分美丽可爱吗?"

"菜单背面!"隐士喃喃说,"我何必为世俗的胡说八道烦恼呢?不错,她属于最高级、最了不起的类型。那时候,"他接着说,"那时候我认为世上不可能再有她那样的人了。于是我看破红尘,来到这个与世隔绝的山上——在对她的回忆中消磨我的余生。"

"真了不起,"特伦霍姆小姐说,"绝对了不起!我觉得隐士的生活太理想了。没有要账的人,吃饭不需要更衣打扮——我也想当隐士!可是我没有这份福气。假如我这次不结婚,我相信妈妈一定会逼我去担任社区工作,或者去修剪草帽。倒不是因为我岁数大或者长得丑,而是因为我们剩下的钱不多了,不能跻身高级阶层。其实我不想结婚——除非遇上我喜欢的人。因此我想当隐士。隐士从不结婚的,是吗?"

"结婚的多的是,"隐士说,"只要找到合适的对象。"

"然而他们当了隐士,"那个最年轻、最漂亮的说,"因为他们失去了合适的对象,是吗?"

"因为他们认为是这样的,"隐士心不在焉地说,"无论身在山洞,或者人们所说的'名流'圈子里的人都会获得智慧。"

"尤其是'名流'之一给山洞里的人带去智慧的时候,"特伦霍姆小姐说,"我的家人都算是名流。问题就出在这里。夏天的海滨名流太多了,我们排不上号,只能算一些小浪花。于是我们把所有的钱投入河流和港口的拨款。你知道,我们家有四个女孩子。我是惟一剩下的。其余的都嫁出去了。嫁给有钱的人。妈妈为我的姐姐们感到骄傲。每年圣诞节,姐姐们给妈妈送最好看的擦笔布和艺术挂历。现在只有我一个待价而沽。没有钱的人,妈妈连看都不让我看一眼。"

"可是——"隐士刚要开口。

"可是,哦,"那个最漂亮的女儿说,"隐士们都有大坛大坛的金子和金币埋在三株橡树附近什么地方。他们都有。"

"我可没有。"隐士遗憾地说。

"我真抱歉,"特伦霍姆小姐说,"我一直以为他们有。现在我该走了。"

毫无疑问,她是最美的女儿。

"美丽的小姐——"隐士说。

"我是贝阿特丽丝·特伦霍姆——有人叫我特丽丝,"她说,"你一定要去旅馆看我。"

"十年来,我没有离开过岩洞附近。"隐士说。

"你必须去旅馆看我,除了星期四,每晚都行。"

隐士无奈地笑笑。

"再见啦,"她提起浅蓝色的裙摆说,"我等你。但是星期四晚上不行,请记住了。"

今后,观景旅馆的菜单背面如果添上几行字肯定会更有意思,可以这么说:"山居隐士在十多年的孤独生活中,只有一次离开过他那著名的岩洞。吸引他去旅馆的是贝阿特丽丝·特伦霍姆小姐的难以抗拒的魅力——著名的特伦霍姆姐妹中最年轻、最美丽的一位——她的豪华婚礼——"

哎,同谁的婚礼呀?

隐士走回他的住所。门口站着一个人:他的老朋友和遁世以前的伙伴鲍勃·宾克利——穿着鲜亮的夏装、像是温室里的兰花的鲍勃——长着坚毅、光滑、精明的胖脸,手上戴着钻戒,打褶的衬衫前胸挂着闪亮表链的百万富翁鲍勃。他比隐士大两岁,但看上去要年轻五岁。

"你是汉普·埃利森,尽管留了两撇胡子,穿了那件浴衣似的东西,我还是认得出你,"他嚷道,"我在旅馆的菜单上看到有关你的介绍。他们把你的小传印在奶酪类和'顾客衣物阳伞自理,遗失概不负责'之间。你这是干什么,汉普?并且有十年之久——哎呀呀!"

"你没有变,"隐士说,"进来坐坐吧。坐在那块石灰岩上,比花岗岩软一点。"

"我不明白,老兄,"宾克利说,"你放弃一个女人有十年之久,我能理解,但不能理解的是怎么能为了一个女人而放弃十年时间。我当然知道你这么做的原因。谁都知道。那是因为伊迪丝·卡尔。除了你以外,她还蹚过四五个人。不过你是惟一找个地洞躲起来的。有的人求助于威士忌,有的去加拿大克朗代克淘金,有的投身政治,找些以毒攻毒的办法。可是,汉普,伊迪丝·卡尔几乎是世上最好的女人——她漂亮、骄傲、高贵,为了达到目的不惜一切手段。她确实是第一流的。"

"我隐居以后,"隐士说,"再也没有听到有关她的消息。"

"她和我结了婚。"宾克利说。

隐士靠着岩洞前屋的木壁,扭动着脚趾。

"我了解你的感觉,"宾克利说,"可是她有什么别的办法呢?她有四姐妹,还有她妈妈和卡尔老头——你记得老头把所有的钱都花在飞艇上面的事吗?呃,对他们一家来说,飞艇没有上天,别的却一落千丈。呃,我像你一样了解伊迪丝,尽管同她结婚的是我。当时我的财产有一百万,后来我把它翻到五六百万。其实她希望得到的并不完全是我——情况就是这样:她有一家子人需要照顾。你转入地下两个月以后,伊迪丝和我结了婚。那时我也以为她是喜欢我的。"

"现在呢?"隐士问道。

"我们成了比以往任何时候更好的朋友。两年前,她和我离了婚。无非是性情不合。我没有反对。哎,汉普,你这个岩洞确实很有意思。你一向像是小说里的人物。投合伊迪丝心意的似乎是你。也许是这样——但是起作用的是资金,老兄——你的岩洞和胡子不管用。说老实话,汉普,你是不是觉得自己是个大傻瓜?"

他一向瞧不起那个庸俗的、惟利是图的宾克利,即使那些粗鲁的话也不会使他生气。再说,他隐居后的冥思和潜心研究使他看破了尘世的浮华。他的小山头几乎像是众神居住的奥林匹斯,他微笑着眺望投射到下面山谷里芸芸众生头上的闪电。他十年的隐居、思索、理想、对肮脏世界的蔑视,难道毫无意义?那个最年轻、最漂亮——比伊迪丝更漂亮——比雅各为之干了七年活的拉结[①]

---

① 拉结是《旧约·创世记》中拉班的女儿,雅各为了娶她,替拉班干了七年活,拉班食言,雅各又干了七年,才如愿以偿。

还要可爱一又七分之三倍的特伦霍姆小姐,居然从尘世上山来看他。因此,隐士蓬乱的胡子下面露出一丝微笑。

宾克利走后,隐居所不再受到玷污,暗淡的星星在松树林上空出现时,隐士从碗柜里取出发酵粉罐。他胡子下面仍带着微笑。

门口有些动静。隐士回头,只见伊迪丝站在那儿,十年不见,她显得更美丽、华贵、气派不俗。

她言语一向不多,睁着那双沉思的黑色大眼睛默默地瞅着隐士。隐士惊呆了,像她一样一动不动地站着。由于颜面关系,他下意识地慢慢转动手里的发酵粉罐头,把有红色商标的一面按在胸前隐藏起来。

"我在旅馆下榻,"伊迪丝清晰地低声说,"我听说你在这里。我觉得我非见见你不可。我要请你原谅。我为了金钱牺牲了幸福。家里需要维持生活——但那也不能替我开脱。我只想看看你,请你原谅。他们说你在这里住了十年,总是忘不了我!我真瞎了眼,汉普顿。当时我不明白,全世界的金钱都抵不上一颗忠诚的心。如果——当然,现在已经太晚了。"

对于一个怀着爱意的女人的自尊来说,她这番话是竭力掩饰的询问。通过那层薄薄的伪装,隐士发现他的爱已经回到他身边——只要他作出这种选择。他赢得了一顶金冠——只要他乐意戴上。他十年忠贞不渝的回报就在眼前——只要他想伸手撷取。

他被往昔魅力的回光返照着有一分钟之久。接着,他相继感到被人抛弃的男子汉的愤慨,对别人回心转意找上门来的厌恶。最后——最后竟然产生这种感觉是多么奇特啊!——特伦霍姆姐妹中最美丽的那位的浅蓝色形象浮现在他心目中,使他拿定了主意。

"太晚了。"他把发酵粉罐头按在胸前,深沉地说。

她慢慢地沿着小径走去,其间回过一次头。隐士刚想拧开发酵粉罐盖,又把它藏在麻布衣服里面。他在暮色里看到她那双悲哀的大眼睛;但他坚定地站在棚屋门口,没有任何表示。

星期四晚上月亮刚升起时,一阵尘世的疯狂突然使隐士心烦意乱。

山下旅馆那面,隐隐约约传来乐队在凉棚里演奏的乐声,比魔境的号声更微弱。夜色中的哈得孙河仿佛是一片无边无际的海洋——对岸隐约可见的灯光仿佛不是平凡的电车路线的信标灯,而是几百万英里之外的低垂的星星。旅馆前的水面上飞舞着萤火虫——还是带汽油和机油气味的摩托艇?隐士以前了解这些事物,曾在红白条纹相间的布篷荫下同村女们戏耍。十年来,他没有理睬过浮躁世界的遥远的回声。但是今晚有些不对劲。

凉棚里的乐队在演奏一支华尔兹——一支华尔兹舞曲。他也曾沉湎于财富带来的虚假的欢乐,他故意把十年时间从那种生活的日历上硬撕下来,该有多么傻啊!不过那些时光也没有白白虚掷——它岂不是为他引来了世界的星星和珍珠,那位最年轻、最美丽的——

"星期四晚上不要来。"她曾坚持说。这会儿,也许她正被西点军校的学员或者城里来的人紧紧搂在怀里,随着华尔兹的音乐翩翩曼舞,而从她眼里看到了十年时光损失的补偿的他,却像野兽似的闷闷不乐地憋在山洞里。他凭什么——

"该死的,"隐士突然说,"我说干就干!"

他抛开他的马库斯·奥雷利乌斯[①],脱掉麻布长袍,从岩洞角落里拖出一只尘封的大箱子,费劲地打开箱盖。

他不缺蜡烛,烛光很快照亮了岩洞。十年前的老式衣服、剪

---

① 马库斯·奥雷利乌斯(121—180),罗马皇帝,禁欲主义哲学家。

刀、剃刀、帽子、鞋子等等闲置的衣物给挖了出来,撒了一地。

他先用剪刀把胡子剪短,好让钝剃刀勉强发挥它的功能。隐士没有替自己剪头发的本领。只得把头发尽可能往后梳梳平整。一个远离社会和男子用品商店多年的人,忙乱和辛苦的程度可想而知。

最后,隐士到岩洞深处的一个角落,开始用一把长柄铁勺挖土。他从挖开的坑里取出一个铁皮罐头,从罐头里取出一卷用油绸包紧的三千元钞票。这一点可以证明他是个真正的隐士。

他匆匆下山时,你不妨瞧他一眼:一套长及小腿肚的皱皱巴巴的黑色礼服,同熨斗久违了的白色帆布裤子,粉红色的衬衫,白色的硬领,鲜蓝的领带,用钮扣的半统靴。可是,先生们,女士们,你们想想看,毕竟有十年之久!一顶条纹帽箍的窄边草帽下面披着长发。任你怎么精明,也猜不出他的身份。你会说他是扮演汉姆莱特的演员——或者是吹大号的——或者是玩纸牌的——你怎么也不会斩钉截铁地说他是个隐士,为了一位女士的爱,在岩洞里生活了十年——现在希望赢得另一位女士的爱。

跳舞的凉棚延伸到河面上。彩色灯笼和磨砂玻璃电灯泡洒下柔和迷人的光线。百来位来自旅馆和度夏别墅的女士和先生在凉棚里面和附近轻快地走动。隐士下山经过的那条灰扑扑的碎石路左面就是旅馆和小餐厅。那里仿佛也有什么活动。窗内灯光明亮,传出阵阵乐声——不同于凉棚乐队演奏的两拍和三拍的圆舞曲。

有着巨大的花岗石门柱和熟铁灯座的铁门里出来一个穿白色上衣的黑人。

"今晚这里有什么活动?"隐士问道。

"呃,先生,"侍者说,"凉棚里举行定期的星期四晚上舞会。餐厅里是牛排晚餐,先生。"

隐士抬眼看山脚下的旅馆,那边突然传出一阵辉煌的乐声。

"那面在演奏婚礼进行曲,"他说,"那是怎么回事呀?"

"旅馆里,"黑人说,"在举行婚礼。宾克利先生,一个很有钱的人,同特伦霍姆小姐举行婚礼,先生——小姐是这里有名的美人,先生。"

诚 则 灵

假如我能多活一千年——只不过短短的一千年——到时候我也许能更挨近传奇女神,触摸到她的裙边。

人们从海船上,从荒野、森林、阁楼和地下室来到我这儿,唠唠叨叨把他们看到和想到的奇闻轶事讲给我听。把他们的故事记录下来无非是竖起耳朵和动动手指之劳。我只怕两类灾难——失聪和书写痉挛。幸好我的手还相当稳定;这些印成文字的东西如果同那个追求财富的冒险家亨基·马吉讲给我听的原话有出入,那只能怪耳朵了。

先得耽误读者一点时间做些介绍——我第一次见到亨基时,他是三马路查布小牛排餐馆兼酒馆的侍者领班。除他以外,餐馆只有一个侍者。

此后,我在纽约这个大城市的小街上撞见他几回,每回他都是刚从外面回来。他去过阿拉斯加淘金,在一个寻找宝藏的探险队里充当厨师远航加勒比海,在阿肯色河采过珍珠,但都一无所获。在这些冒险活动的间歇,他通常回到查布餐馆来休整一下。风浪太大时,查布餐馆似乎是他的港口;你在那里吃饭,亨基去端你点的牛排时,你永远也说不准他是去厨房呢,还是去马来群岛停泊。你对他的模样可能不感兴趣——他说话声音柔和,但是面相难看,查布餐馆顾客中出现骚乱苗头时,他只要用一个眼睛就能平息。

一天晚上,我在第二十三街和三马路的拐角上遇到了几个月没有见面的亨基。不出十分钟,我们已经坐在酒馆的一个清静的角落里,我的耳朵开始忙活起来。我不需要什么手段和计谋,就让亨基打开了话匣子——他的故事大致是这样的:

"谈到下一届选举,"亨基说,"你是不是很了解印第安人?不,我指的不是名叫库珀、比德尔、'水声哗哗',或者像是雪茄烟店门口标志的那类印第安人——我指的是现代的印第安人——那类在大学里得到希腊语评比优胜奖,在橄榄球比赛中剥掉对方中卫头皮的印第安人。那些人同生物学教授的女儿一起喝下午茶,吃杏仁小甜饼,回到他们祖传的茅棚后又猛吃蚱蜢和油炸响尾蛇。

"呃,他们并不太坏。同过去几百年中来到这里的大多数外国人相比,我更喜欢他们。印第安人的问题是这样的:当他们和白种人混在一起时,他们把原有的恶习都换成了白人的恶习——同时保留了自己的美德。呃,他们的美德一旦表现出来,足以动员后备力量。但是进口的外国人吸收了我们的美德,保留了他们自己的恶习——有时候需要我们动员全部常备军才能使那些人就范。

"我给你讲讲我和'喂蛇人'海伊·杰克去墨西哥的事吧,海伊·杰克是第三代柴罗基人,宾夕法尼亚大学毕业生,脚上穿的是最时髦的尖头、橡胶底、小山羊漆皮软鞋,身上穿的是印度马德拉斯的翻袖狩猎衬衫。他是我的朋友。我们是在塔勒夸房地产开发热期间认识他的,结果成了好朋友。他学到了大学以外的所有学问,回乡来领导他的人民走出埃及。他是个精英人物,经常写写文章,被邀请去波士顿的有钱人家做客。

"马斯科吉有个柴罗基姑娘,海伊·杰克常找她玩。他带我去见过她几次。她名叫'蓝羽'弗洛伦斯——名字虽然像印第安人,可是你千万别以为她是那种戴着鼻环、披着军用毛毯的印第安女人。这位年轻女士的肤色比你我都白,受的教育比我高出不知多少倍。你根本无法把她同三马路高级商店里购物的女士们区别开来。我很喜欢她,海伊·杰克不在的时候,我便独自去看她,朋友归朋友,在这种事情上不讲什么礼让。她在马斯科吉大学念书,专攻——哦,让我想想——人种学。那门学问追溯不同人种的后代,从水母到猴子,再到奥布赖恩们①。海伊·杰克在这方面也做了一些研究,关注各种各样扰乱治安的集会——例如肖陶扩族集会、巧克陶族集会、杂烩聚餐会等等。我想对那种陈腐信息的共同爱好大概使他们相互产生了好感。可是我不敢肯定!那不一定是人们所说的意气相投。当'蓝羽'小姐和我聊天时,她宣称挪得之地的首批家族和俄亥俄州的史前印第安人之间有嫡堂兄弟关系,我满怀敬意地听着,但不很理解,难道日耳曼人就不睡觉吗②?当我向她介绍鲍里街③和康奈岛游乐场,把我听到的牙买加黑人在教堂草坪聚会上唱的歌唱给她听的时候,她感兴趣的程度不下于听海伊·杰克说话,海伊·杰克告诉她的无非是他有一个烟斗,是美洲的第一批居民在新泽西特纳弗莱河水暴涨时踩着高跷带过来的。

"海伊·杰克还有一些事情,我要告诉你。

"大约六个月前,我接到他的一封信,信上说他受华盛顿人种学少数民族调查局委派,要去墨西哥翻译一些出土文物,或者查出废墟里某些速记符号的意义——或者诸如此类的事情。如果我想同行,他可以把开支打进他的差旅费一起报销。

---

① 美国有好几个姓奥布赖恩的著名编辑、记者、小说家、游记作家,如 Edward J. O'Brien(1890—1941),Fitz James O'Brien(1828—1862),Frederick O'Brien(1869—1932)等。
② 《旧约·创世记》第4章第16节,"于是该隐离开耶和华的面,去住在伊甸东边挪得之地。""挪得之地"(Land of Nod)原指流浪,由于 nod 可作"瞌睡"解,双关俏皮话中指"睡觉"。再,"嫡堂兄弟"原文是 cousins german,大写开头的 German 意为"日耳曼人"。
③ 鲍里街在纽约曼哈顿,是酒鬼、潦倒者出没之地。

"那一阵子,我臂弯里搭着一条餐巾在查布餐馆待的时间够久了,我便给海伊·杰克回封电报说'同意';他给我寄来一张车票,我在华盛顿和他见了面,他有许多消息要告诉我。第一个消息是'蓝羽'弗洛伦斯突然失踪,家里和附近都找不到她。

"'私奔了吗?'我问道。

"'不见了,'海伊·杰克说,'像太阳被云遮住时你的影子那样消失了。人们在街上还见过她,她拐了一个弯,从此再也没人见过她。整个社区都出动寻找,但没有任何线索。'

"'太糟糕了——太糟糕了,'我说,'她是个好姑娘,并且很聪明。'

"海伊·杰克似乎难以接受这个事实。我想他对'蓝羽'弗洛伦斯的评价一定很高。我发现他乞灵于威士忌酒瓶。那正是他的——以及许多别的男人的弱点。我注意到男人失去一个姑娘时,一般总是在事情刚刚发生之前,或者在事后好喝酒。

"我们从华盛顿乘火车到新奥尔良,再从新奥尔良搭一艘开往伯利兹的不定期的货船。我们在加勒比海上遇到劈头盖脸的大风,到了尤卡坦海岸一个名叫科阿科尤拉口的没有码头的小镇对面几乎翻船。如果船在黑夜里开进那个口里,麻烦就大了!

"'在欧洲待上五十年也比在海湾里遇到旋风强。''喂蛇人'海伊·杰克说。风小一点时,我们赶快要求船长放下一条平底小船让我们上岸。

"'我们就在这里寻找废墟,或者制造废墟,'海伊说,'拨款归拨款,政府才不关心我们在干什么呐。'

"科阿科尤拉口是个死镇。同这个名叫什么口的地方相比之下,我们在《圣经》里读到的那些小镇,即使毁灭以后,也热闹得像是纽约的第四十二街和百老汇路。根据人口普查员一五九七年的估计和刻在镇政府石头上的数字,它号称有一千三百个居民。居民是印第安人和别的印第安人的混合种,使我感到惊异的是有些人肤色很浅。镇上的房屋全挤在海岸边,周围树木十分浓密,法院的传票送达员要送传票的话,可能花了十年工夫连个猴子都找不到。我们感到纳闷的是它为什么没有被堪萨斯州兼并;可是很快就明白原因在于宾少校。

"宾少校是苍蝇周围的油膏①。他拥有当地胭脂虫、菝葜、洋苏木、胭脂树红,以及所有其他染料植物和纯净食物掺杂剂的经营特许权。当地六分之五的百姓替他干活,共负盈亏。这个把戏玩得太漂亮了。我在外省的时候,常听人吹嘘摩根、霍普金斯和我们的另一些最精明的人——现在却不行了。那个半岛把我们的小国家贬低成了潜水艇,连瞭望塔都淹没在水面下。

"宾少校的主意是这样的:他让当地人进入森林采集这些产品。采回来后上缴给他,他按五分之一的价值付给他们辛苦钱。当地人有时也会罢工,要求再加五分之一。少校总是作出让步。

"少校有座平房,离海岸很近,潮水涨到九英寸时会从厨房的地板缝里渗上来。我和他和'喂蛇人'海伊·杰克坐在门廊上喝朗姆酒,从中午喝到半夜。他说他已经攒了三十万元,存在新奥尔良的银行里,海伊和我如果愿意,可以永远同他待在一起。但是海伊·杰克似乎想到了美利坚合众国,开始谈起人种学来。

"'废墟!'宾少校说,'森林里多的是。我不知道它们的历史有多久,我到这里的时候,它们已经在那里了。'

"海伊·杰克问少校当地百姓有什么崇拜仪式。

"'呃,'少校擦擦鼻子说,'我说不上来。我想大概是异教,或者阿兹特克,或者非国教,或者那一类的。这里有个教堂——卫理公会或者什么会的——牧师姓斯基德。他声称已经让本地人皈依

---

① 英文成语里有"油膏里的苍蝇",相当于中文里的"坏了一锅粥的老鼠屎"。

随 意 选 择

了基督教。除了正式场合以外,他和我不怎么往来。我认为本地人仍旧崇拜某些神道或者偶像。不过斯基德说他已经使他们改邪归正了。'

"几天后,海伊·杰克和我荡来荡去,在森林里找到一条小路,足足走了四英里。接着发现左面有一条小径。我们沿着那条小径大约又走了一英里,面前出现的是见所未见的最壮观的废墟——整块的石头建筑,周围和里里外外都是树木、藤蔓和乱树棵子。石头上刻满了可笑的野兽和人的图形,如果按那种模样出现在杂耍场上,肯定会被警察按有伤风化罪加以逮捕。我们是从废墟后部进去的。

"我们登陆以来,海伊·杰克一直在猛喝朗姆酒。你了解印第安人的脾气——白人介绍他喝烈酒后,就决定了他的终身。海伊随身带了一夸脱酒。

"'亨基,'他说,'我们去探探古寺宇。风暴把我们打到这里也许是好兆头。人种学少数民族调查局从不测风云里面也许能够得益。'

"我们从那座废弃建筑的后门进去,首先看到的是一个没有澡盆的凹室。里面有一个花岗石的长榻,一个没有肥皂也没有排水口的石头脸盆架,壁洞里打了几枚硬木钉子,此外空无一物。从那个备有家具的房间出来,走进哈莱姆区过道尽头隔出的小卧室,觉得有天壤之别,像是在东区简陋的场所听了业余大提琴手的独奏演出后回到自己家里那么舒服。

"海伊察看墙上的象形文字时(准是石匠们的工具滑脱时留下的),我走进了前屋。前屋面积至少有三十英尺宽、五十英尺长,石板地,六个方形舷窗似的窟窿透进一点光线。

"我一回头,看到海伊·杰克的脸离我只有三英尺远。

"'海伊,'我说,'你这是——'

"我发现他的模样有点怪,便转过身去。

"他脱光了上身的衣服,似乎没有听到我的话。我碰碰他,然后几乎是拍打他。海伊·杰克竟然变成了石头。我也喝了一点朗姆酒,怀疑自己酒醉眼花。

"'石化了!'我大声对他说,'我知道你老是这么喝酒要出毛病的。'

"这时候,海伊·杰克听到我不知同谁说话,从凹室走了进来,我们便一起察看第二号'喂蛇人'先生。那是尊石头偶像,或者神道,或者经过修订的塑像,或者什么,反正同海伊·杰克一模一样,像两颗豌豆似的。石像的面孔、高矮和肤色同他完全一样,但是站得更稳。它站在一个底座上,你觉得它在那里已有一千万年之久。

"'我的堂兄弟。'海伊说,脸色随即变得严肃起来。

"'亨基,'他一手搭在我肩膀,另一手搭在石像的肩膀上说,'我在我祖先的圣庙里。'

"'呃,如果人可以貌相的话,'我说,'你找到了双胞胎兄弟。你站到他旁边去,看看有没有区别。'

"果然没有。你知道,印第安人愿意的话可以像花园里的铁狗塑像似的面部毫无表情,海伊·杰克不动声色时,你根本看不出他同塑像有什么区别。

"'塑像底座有几个字母,'我说,'但是我看不清。这个国家的字母表似乎只有五个韵母和孜、勒、特几个声母。'

"海伊·杰克的人种学暂时压倒了朗姆酒,他仔细察看铭文。

"'亨基,'他说,'这是特洛托帕克斯尔的塑像,古阿兹特克人信奉的权力最大的神道之一。'

"'见到他很荣幸,'我说,'不过他目前的情况让我想起了莎士比亚同裘力斯·恺撒开的玩笑。我们借用他的话来说你的

朋友:

  不管他多么自高自大,现在成了死石头——
  写信或者打电话找他都是白搭。

  "'亨基,''喂蛇人'海伊·杰克怪怪地瞅着我,'你信不信轮回转世?'

  "'在我听来,'我说,'那好像是屠宰厂的大扫除或者是波士顿石竹的新品种①。我说不准。'

  "'我相信,'我说,'我是特洛托帕克斯尔再生。我经过调查研究,确信北美部族中间,惟有柴罗基人可以自夸是骄傲的阿兹特克族的最嫡系后裔。那是我和"蓝羽"弗洛伦斯自鸣得意的理论。而她——如果她——'

  "海伊·杰克拽住我的胳臂,瞅着我,眼珠直转。那会儿他更像是臭名昭著的绰号叫'疯马'的印第安杀人犯。

  "'别老是如果她,如果她啦,你喝醉了,'我说,'假冒偶像,相信什么轮回再世。我们再喝一点吧,'我说,'这里怪吓人的,像是半夜里捻小煤气灯的布鲁克林一家假肢厂。'

  "正在那时候,我听见有人来了,便把海伊·杰克拖进没有床的卧室。墙上凿有窥视孔,可以看到寺宇的整个前部。宾少校后来告诉我,古时负责管理寺宇的祭司常常从窥视孔里观察善男信女。

  "几分钟后,一个印第安老太婆捧着一个盛满食物的椭圆形的大陶土盘子进来。她把盘子放在雕像前面一块方石上,匍匐在地,使劲用脸在地上擦了几下,然后起身走了。

  "海伊·杰克和我肚子饿了,我们便出来看看食物。有山羊

---

① "轮回转世"(reincarnation)和"石竹"(carnation)原文后半部分相同。

肉排和煎米粉饼,大蕉和木薯,烤陆栖蟹和芒果——和查布餐馆里吃的东西大不相同。

"我们美美地吃了一顿——又喝了一点酒。

"'准是特库姆塞①——或者不管叫什么名字的酋长——的诞辰,'我说,'难道每天都这么供奉他?我原以为神道只喝香草酒和卡塔万普斯牌的啤酒呢。'

"不远处又出现一些短打装束、露出要害部位的土著人,我和海伊不得不再躲进开山祖师的私室。他们带着各种供奉,有的是单独一人,有的是三三两两结伴而来——供奉的食品足够宾厄姆的九个战神吃的,剩下的还够参加海牙和平会议的代表们管饱。他们带来一坛坛的蜂蜜、一串串的香蕉、一瓶瓶的酒,还有玉米面饼和精美的披肩,那是印第安妇女用一种蚕丝似的植物纤维编织的,每条至少值一百元。那些男女伏在地上,在石壁彩绘神像前扭动身体,然后起来,悄悄出去,消失在树林里。

"'不知道这些油水归谁?'海伊·杰克说。

"'哦,'我说,'树林里什么地方自有一批勤奋的祭司,或者代理偶像,或者捣乱委员会。凡是有神道的地方,就有人等着收拾祭品。'

"我们又喝了一大口朗姆酒,到客厅前门去凉快凉快,因为里面热得像是帕利塞兹丘陵的夏令营。

"我们迎着微风站在那里时,朝小径望去,看见一位年轻姑娘向废墟走来。她身穿白色长袍,光着脚,手里拿着一个白色的花环。她走近时我们发现她的黑色头发上插着一根蓝色的长羽毛,再走近时,我和海伊·杰克互相抓紧,以免跌倒地上;因为姑娘的

---

① 特库姆塞(1768?—1813),美国肖尼印第安族酋长,在1812年美英战争中支持英国人。

脸太像'蓝羽'弗洛伦斯了,而海伊·杰克的脸却像托克希洛基老国王①那么死白。

"海伊·杰克肚子里的酒淹没了他的人种学体系。他拉着我走到塑像后面说:

"'抱住它,亨基。我们把它搬到另一间屋子里去。我一直有这种感觉,'他说,'我是洛科莫托拉塔克西亚神②的轮回再世,"蓝羽"弗洛伦斯是我一千年前的新娘。她来我主持的寺宇找我。'

"'好吧,'我说,'在朗姆酒问题上争论毫无用处。你抱住脚。'

"我们抬起那尊重三百磅的石像,把它搬到酒馆——我指的是寺宇——的后屋,竖在墙边。那比除夕夜在纽约百老汇路的小酒馆里打翻三个活人还费劲。

"海伊·杰克跑出去,拿了两条印第安丝披肩回来,开始脱衣服。

"'哦,岂有此理!'我说,'这是怎么回事?烈性酒怎么会有加减功能?你心里烧得慌,还是有野性的呼唤?'

"海伊·杰克过于亢奋,甘蔗酒又在肚子里作怪,根本顾不上回答。他把衣服脱到曼哈顿海滩管理条例允许的范围,用红白两色的披肩裹住身体,神像似的站到底座上面,一动不动。我从窥视孔里看他如何动作。

"几分钟后,拿花环的姑娘进来了。她走近时,我发现她同'蓝羽'弗洛伦斯简直长得一模一样,顿时傻了眼。'不知道她是不是也经过轮回转世,'我暗忖道,'只要我能看看她左面有没有

---

① 托克希洛基是杜撰的国王名字,原意为"毒物学"。
② 这也是杜撰的神道的名字,原意是"运动失调病"。

一颗黑痣——'紧接着,我觉得她的肤色比弗洛伦斯要黑八分之一层次,但显得更俊俏。海伊·杰克尽管喝了那么多朗姆酒,居然还站得很稳。

"姑娘走到离假偶像前不到十英尺的地方,像别人一样伏在地上,用鼻子擦地面。随后,她再朝前挪近一点,把花环放在海伊·杰克脚下的石块上。我虽然也有酒意,却不糊涂,心想她供奉的不是家用物品或厨房食物,而是鲜花,倒是善解人意的。即使是石头神像也欣赏堆在他面前的吃食杂货上加一点带感情的东西。

"这时候,海伊·杰克从底座上悄悄下来,说了几个字,发音正像废墟墙上刻的象形文字。姑娘朝后跳了一小步,眼睛睁得有炸面饼圈那么大;但她没有拔腿逃跑。

"她为什么不逃?我来告诉你我的想法。像她那样的姑娘不会由于一尊石头神像为她活过来而感到不可思议、不太可能、诧异吃惊的。如果不是她,而是树林那面的塌鼻子、棕色皮肤的姑娘,那就是另外一回事了——现在是她!我敢打赌她一定是这样想的:'啊呀!你自顾自待了这么久,我真有点不愿意理你呐。'

"她和海伊·杰克手拉手一起走出了寺宇。我刚喝了一口酒,赶到外面时,两人已经沿着姑娘先前来的林中小径走了二十码远。在天然布景下,他们真有点戏剧效果——她抬头望着他,他则报以印第安人所能表露的最深情的眼色。但是那种轮回再世和风云突变,对我可不是有趣的。

"'喂!印第安人!'我大声叫海伊·杰克,'我们还欠镇上的房饭钱,我身上一分钱都没有,你哪能一走了之?清醒一下,别同那个那不勒斯渔家姑娘胡闹啦,我们回去吧。'

"但是两人头也不回,一直走去,消失在树林里。从那天以后,我再也没有见到'喂蛇人'海伊·杰克,也没有听到有关他的消息。我不清楚柴罗基人是不是来自阿斯皮克斯;如果是的话,他们其中之一又回去了。

"我所能做的是赶紧回到那个叫什么口的地方,向宾少校求助。他从他的盈余里破费一点,给我买了一张回国的船票。现在我又在查布餐馆干我的老营生,打算长干下去。你有空来坐坐,牛排还像以前那么好。"

我不知道亨基·马吉对他说的故事有什么看法;便问他对轮回再世和形貌改变以及他的神秘经历有没有研究。

"根本没有那类事,"亨基断然说,"海伊·杰克的毛病出在喝酒和受的教育太多。印第安人一沾上这两样,都会犯这种毛病。"

"那么'蓝羽'弗洛伦斯小姐是怎么回事呢?"我追问道。

"喂,"亨基咧嘴笑笑说,"我第一次见到那位赢得海伊·杰克好感的小姐时,她确实使我震动,但只是一会儿的工夫。我告诉过你,海伊·杰克说'蓝羽'弗洛伦斯小姐一年前失踪的事,你还记得吗?呃,四天后她落脚的地方是第二十三街一套精致的五居室的公寓——此后她一直是马吉太太。"

胜 利 时 刻

本·格兰杰是个退伍军人,二十九岁——这就让你揣摩出战争是怎么回事了。他又是濒临墨西哥湾的加的斯镇上主要的商人兼邮政局长。

在把西班牙人赶出大安的列斯群岛的要塞的战争中,本出过力;此后他长途行军,跨过半个地球,转战菲律宾人出没的热带丛林。如今,他的刺刀换成了奶酪切片机,他和他那班亲密战友不是聚集在棉兰老岛的林莽里,而是在他店铺门廊的荫翳下。他的兴趣和爱好一向偏重于行动,而不在言语;然而有关动机的思考和领悟也在他力所能及的范围之内,他讲的下面的故事就是明证。

"促使人们甘冒危险,赴汤蹈火,忍饥挨饿,经历战斗等等艰险的动机是什么呢?"一个月色很好的晚上,我们坐在他店铺的箱笼木桶中间时,他问我说,"他为什么总想胜过同伴,即使是他最好的朋友,他为什么要显得比他们勇敢、坚强、大胆呢?他玩的是什么把戏?他指望从中得到什么?总不见得是为了呼吸新鲜空气和锻炼身体吧。比尔,一般说来,普通人在世界上文明和不文明地方的市场、讨论会、打靶场、学园、战场、高尔夫球场、煤渣跑道、竞技场上奋力拼搏,忙忙碌碌,究竟图的是什么?"

"嗯,本,"我审慎地说,"我认为我们可以把追求名声的人的动机归纳为三个方面——希望博得众人赞扬的雄心;指望成功带来物质利益的贪婪;得到已经拥有,或者想要拥有的某个女人的爱。"

本琢磨着我的话时,门廊旁边牧豆树梢上的一只模仿鸟叫了十来声。

"我想,"他说,"按照习字帖和历史读本上的规则,你作出的判断基本上已经很全面了。可是我考虑的是我的老相识威利·罗宾斯的案例。如果你不介意的话,我在店铺打烊之前把他的事讲给你听听。

"威利是我们圣奥古斯丁镇上的伙伴。当时我在那里的布雷迪-默奇森呢绒和牧场生活用品批发公司当职员。威利和我同属一个日耳曼俱乐部、运动协会和军训连队。我们有个四重奏乐队,每周有三个夜晚在镇上演奏小夜曲,闹得天翻地覆,威利负责敲三角铁。

"威利同他的名字十分相配。他穿夏季衣服时体重大约一百磅,他的神情太像羔羊了,以致你几乎觉得他身上长了羊毛。

"可是你用带刺铁丝网也无法把他同姑娘们隔开。你了解那种年轻人——那种傻瓜和天使的混合物——他们争先恐后跑来,既怕互相践踏,又从不放过践踏的机会。凡是热闹快活的场合总少不了他,正如报上说的,他像国王那么快乐,同时又像配着甜泡菜的生牡蛎那么不自在。他跳舞时像是后腿拴在一起的马;他言语不多,词汇只有三百五十个,并且是分摊给四个沉默寡言的德国人在一星期里说的,即使在两次丰盛的晚宴和一次星期日的登门拜访中,他说的话也不超出那个范围。我觉得他像是马耳他猫、含羞草和流落他乡的演出《两孤儿》①剧团的成员的混合物。

"我先介绍一下他的生理和形象特征,然后快马加鞭讲我的

---

① 《两孤儿》是法国剧作家德内里和科尔蒙于 1875 年写的情节剧,19 世纪末十分流行,美国曾改编为默片,由当时著名演员莉莲和多萝西·吉什两姐妹主演。

311

故事。

"威利的外貌和举止有点像高加索人。他的头发是乳白色的,说话断断续续。他的眼睛蓝得像是你的爱伦姑妈摆在壁炉架右角的瓷狗的眼睛。他与世无争,我对他从来没有敌意。我让他自生自灭,别人也是这样。

"可是这个威利居然动了心,爱上米拉·阿利森,圣奥古斯丁镇上最活泼、最聪明、最机灵、最美丽的姑娘。我告诉你吧,她有最黑的眼睛、最光泽的鬈发、最撩拨人的——哎,你想到哪儿去了——我可没有为她神魂颠倒。我有这个心,却没有这个胆。我有自知之明,不敢插手。一开头就是乔·格兰伯里。他把所有闲杂人等逐出两里格以外,然后立下标桩和土墩子。不管怎么说,米拉像是秋季剪的纯种美利奴羊毛,打成九磅重的标准包,装上四匹马拉的货车,准备运往圣安东尼城。

"一天晚上,圣奥古斯丁镇的斯普拉金斯上校夫人家里举行有冰淇淋招待的联欢会。专为我们这伙人在楼上准备了一个大房间,让我们放帽子衣物,梳理梳理头发,换上我们夹在帽箍里面带去的干净硬领——总而言之,高级活动场所都有的那种房间。走廊那头过去一点是女士们的房间,她们可以在里面抹抹粉,打理打理。楼下是我们圣奥古斯丁交谊舞狂欢俱乐部一伙人跳舞的地方,客厅里放了一张担架,准备抬走累垮的人。

"威利·罗宾斯和我还在我们称之为衣帽间里的时候,米拉·阿利森从女士房间里出来,跳跳蹦蹦地穿过走廊要下楼去。这时威利正站在穿衣镜前,专心致志地弄平头上给他找麻烦的淡黄色的乱草。米拉生性活泼,一向喜欢恶作剧。她在我们的房门口站住,探头进来。她确实长得好看。但我知道乔·格兰伯里在追求她。威利也知道;可是威利仍旧像羊似的跟着她,咩咩直叫。他那股韧劲同他的淡黄色头发和浅蓝色眼睛很不相称。

"'喂,威利!'米拉说,'你在草地里干什么呀?'

"'我想显得利索一些。'威利说。

"'嘿,你永远利索不了。'米拉笑着说,她那特有的笑声是我的空饭盒碰到鞍头的撞击声之外最叫人恼火的声音。

"米拉走后,我回头看看威利。他脸色煞白,似乎表明她的话搅乱了他的灵魂。我并不认为她的话里有什么特别伤害男人自尊心的地方,但他的挫折感的严重程度超出你的想象。

"我们换了干净硬领下楼后,威利那晚再也没有挨近过米拉。说到头,他这种人本来像是兑过水的脱脂牛奶,乔·格兰伯里把他挤兑出局,本来就是意料中事。

"第二天,'缅因号'战舰被炸①,紧接着有人——我想大概是乔·贝利,或者是本·蒂尔曼,或者也许是美国政府——向西班牙宣战。

"梅森-汉姆林线②以南所有的人都清楚,北方本身不可能打败像西班牙这样大小的国家。于是北方佬开始呼救,联邦士兵响应号召,他们唱道:'我们来了,威廉姆老爹③,人数有十万之多。'于是舍曼进军、三K党、九美分一磅的棉花和黑人专用电车条例所划的分界线消失了。我们成了单一的不可分的国家,没有北部,东部很少,西部占一大块,以及像八元买的新手提箱上第一枚外国标签那么显眼的南部。

"当然,如果没有得克萨斯第十四团圣奥古斯丁步枪十连的

---

① 美国战舰"缅因号"1898年在哈瓦那港口爆炸沉没,原因不明,美国借此向西班牙宣战。
② 应为梅森-狄克逊线,美国南北战争前,宾夕法尼亚自由州与马里兰及弗吉尼亚蓄奴州的分界线,在北纬39度43分26秒。
③ "威廉姆老爹"是刘易斯·卡罗尔《艾丽丝漫游奇境记》里一首幽默民谣的人物,其中说:"您上了年纪,威廉姆老爹,"年轻人说,"您的头发已经变得雪白,/您的怪话越来越多——/您觉得像您这种年纪是否合适?"

参加,兵燹就不完整了。我们连是首批在古巴登陆、吓破敌人胆的部队之一。我不打算给你讲那场战争史;我之所以把这件事抖搂出来,只为了填补我讲的威利·罗宾斯故事的空白,正如共和党之所以把它抖搂出来,是为了替一八九八年总统选举加一把火一样的道理。

"假如谁有英雄瘾的话,威利·罗宾斯就是一个。他一踏上西班牙暴君占据的土地,就像猫舐奶油似的去舐危险。他确实让我们连里上尉军衔以上的每个人大吃一惊。你原以为他一定会当上校的勤务兵,或者兵站的打字员——绝对不是。他扮演的不是手里握着重要急件,倒在上校脚下死去的角色,而是带着缴获生还的亚麻色头发的少年英雄。

"我们的连队开进一个充满古巴风光的地方,最肮脏、最默默无闻的战役之一就在那里发生的。我们每天在丛林周围戏耍,难得同西班牙部队遭遇,即使遭遇,战斗也像是无精打采的小争执。我们觉得这场战争像是个玩笑,他们也不感兴趣。如果说圣奥古斯丁步枪连是为了维护星条旗而战,我们怎么看都怎么觉得像是一出喧闹的滑稽喜剧。至于那些该死的西班牙先生们,他们的薪饷不多,根本不关心自己是爱国者还是卖国贼。死人的事偶尔也会发生。我认为那是糟蹋生命。有一次我去纽约,在康奈岛游乐场看到他们叫做滑板车的玩意儿下坡时滑出轨道,摔死了一个穿棕色衣服的人。每当西班牙人杀死我们的一个弟兄时,我总觉得像那人一样死得不值,死得可惜。

"我扯远了,该回过来谈谈威利·罗宾斯。

"他想的只有流血、荣誉、雄心、勋章、嘉奖,和种种军事光荣的形式。他似乎不怕西班牙人、炮弹、罐头牛肉、火药,或者裙带关系之类的任何公认的军事危险的形式。他带着他淡黄色的头发和瓷狗的蓝眼睛,像你吃沙丁鱼似的吃掉西班牙人。战争和战争的轰响从不使他气馁。他能够一视同仁地忍受警卫任务、蚊虫叮咬、硬饼干、款待和炮火。历史上没有金发碧眼的人可以同他相比,除了纸牌里的方块杰克和俄罗斯的凯瑟琳王后。

"我记得有一次我们吃晚饭的时候,从一块甘蔗田后面出来闲逛的一小队西班牙人枪杀了我们连的上士鲍勃·特纳,按照军规要求,我们这批人贯彻了列队、向敌方致敬、装弹、单腿跪下射击等一系列常规战术动作。

"那不是得克萨斯打架的方式,但是作为常规军的极其重要的附加物和附属品,圣奥古斯丁步枪连必须遵循官僚主义的报复准则。

"我们把身边的《厄普顿战术手册》翻到第五十七页,'一、二、三,一、二、三'报了两次数,把空弹装进我们的斯普林菲尔德步枪的时候,那队西班牙人不断微笑,按班制卷了烟卷,大模大样地走开了。

"我立即去找弗洛伊德上尉,对他说:'山姆,我认为这场战争不规范。你和我一样清楚,鲍勃·特纳是从未骑过马的最清白的人之一,华盛顿的那些幕后操纵者使他的钟停了摆。他政治上显然已经死亡。他们为什么要继续这么干?他们如果想痛打一顿西班牙人,干吗不派圣奥古斯丁步枪连和乔·西利的突击连,再装一车得克萨斯西部的副警长,让我们来开除那些西班牙人的球籍?我打架一向不愿意按照切斯特菲尔德勋爵①的拳击规则。如果同我有私交的任何熟人在这场战争中受到伤害,我就提出辞呈,打道回府。山姆,如果你能找到替代我位置的人,'我说,'我下周一走人。我可不愿意在不给帮手机会的军队里干。至于我的薪饷,'我说,'你就不用费心了,让财政部长留着吧。'

---

① 切斯特菲尔德勋爵(1694—1773),英国政治家,有写给他儿子的书信集传世,谈绅士为人处世的方方面面。

"'喂,本,'上尉对我说,'你在战争战术、政府、爱国主义、卫兵交接班和民主方面的陈述和评估都很有见地。但是我对国际仲裁法和正当屠杀的伦理学的研究也许比你深刻一点。如果你拿定了主意,当然可以提出辞呈,从下周一开始甩手不干。如果是这样的话,'山姆说,'我就命令一班卫兵把你押到小溪旁边的石灰岩峭壁那里枪毙你,让你身上的铅弹多得足够充当潜水飞艇的压舱物。我是本连连长,我宣过誓,效忠合众国,不考虑什么地区差异、分离主义或者国会意见分歧。你有卷烟烟叶吗?'

"我之所以提出这些非单方面的证言,是因为威利·罗宾斯站在那里听我们说话。当时我是中士,他是列兵,但是在我们得克萨斯人和西部人中间,从没有正规军里那么多的战术和上下级关系。我们总是管连长叫做'山姆',除非现场有一些陆军少将和海军上将,为了顾全纪律,才用军衔称呼。

"威利·罗宾斯找我谈话,他的尖嗓门同他的浅色头发和以前的记录不很相称:

"'凭你表达出来的情绪,你应该枪毙。不愿意为自己的国家战斗的人比盗马贼更恶劣。我当连长的话,会关你三十天禁闭,让你吃辣味肉玉米卷饼。'威利说,'战争是伟大光荣的。我先前竟不知道你是个胆小鬼。'

"'我才不是呢,'我说,'如果是的话,我早就把你大理石的额头敲得不那么白了。我是可怜你,'我说,'正像我可怜西班牙人一样,因为你总是让我联想到有蘑菇搭配的羊肉。嘿,你这个沙洛特夫人①腔的小家伙,'我说,'你这个半生不熟的黄毛小子,你这个在阿尔卑斯山南侧德国制造的白松木士兵,你知道你是在跟谁说话

---

① 沙洛特夫人是英国《亚瑟王传奇》里的人物,她暗中爱慕十二圆桌骑士之首的朗斯洛,未得到回应,郁郁而死。

吗?我们以前一起混过,我一直迁就你,因为你老是显得那么温顺,对自己都不满意。我闹不明白你怎么突然对勇武和杀人产生了兴趣。你好像受到神灵启发,性格突然变了。那是怎么回事?'

"'哎,你不会明白的,本。'威利文雅地笑笑,转身要走。

"'你给我回来!'我揪住他的卡其上装的后摆说,'我一向不把你当做一回事,但你的态度真让我生气。你一心要充英雄,我想我知道什么道理。你不是脑子出了毛病,就是要借此引起哪个姑娘的注意。如果有姑娘因素的话,我现在给你看一件东西。'

"我本不愿意这么做,但当时实在气昏了头。我从后裤袋里抽出一份圣奥古斯丁镇的报纸,给他看一条消息:有关米拉·阿利森和乔·格兰伯里举行婚礼的报道,有半栏篇幅。

"威利哈哈一笑,我发现这并没有触到他的痛处。

"'哦,'他说,'那是谁都早就料到的事。我一星期前就听说了。'他又笑了一声。

"'好吧,'我说,'那你为什么不顾死活地追求名声的彩虹?你是想竞选总统呢,还是参加了哪个自杀俱乐部?'

"这时候山姆上尉进行干预了。

"'你们两个别再耍嘴皮子了,回自己的营房去,'他说,'不然我关你们禁闭。你们两个都走!走之前,谁有嚼烟留一点给我?'

"'我们不在值勤,山姆,'我说,'并且现在是晚饭时间。你知道我们在谈什么吗?我注意到你抛出许多锚钩,想钩住这个叫做名声的气球——说到头,雄心是什么?人们日复一日地甘冒生命危险,为的又是什么?你知道他最终得到了什么,能补偿他的辛苦?我要回家了,'我说,'我才不管古巴是沉下去呢还是游上岸,无论是苏菲亚·克里斯蒂娜女王或者查理·卡伯森来统治这些美丽的岛屿都与我无关;除了生还者的名单以外,我不希望我的姓名出现在任何别的名单上。可是我注意到,山姆,'我说,'你曾多次

在大炮的嗓子眼里寻找声名的气泡。你为了什么？为了雄心、事业，或者家乡的某个满脸雀斑的女子而逗英雄？'

"'呃，本，'山姆说，仿佛要从膝盖中间举起剑，'作为你的上级军官，我可以拿怯懦和开小差未遂的罪名把你送交军事法庭。但是我不这么做。我告诉你，我为什么要争取提升以及通常的战争和征服的荣誉。少校的薪饷比上尉高，而我需要这笔钱。'

"'你做得对！'我说，'我能理解。你追求名声的根子深植在爱国主义的土壤里。但是我不理解威利·罗宾斯的做法，'我说，'他家里的人生活很优裕，他自己则像胡子上沾着奶油的猫，一向很温顺，不愿意惹人注意，为什么突然发展成为一个咄咄逼人的、好勇斗狠的战士？他有个姑娘，但和别人结了婚，已经不在考虑范围之内。我想他的情况只是一般的雄心。也许他希望名垂青史，流芳百世。肯定是这样。'

"好吧，不必列举威利的事迹，已经可以证明他是英雄。他几乎整天哀求连长派他去当敢死队或者担任危险的侦察任务。每逢战斗，他总是第一个冲上去同堂阿尔方索们短兵相接。他身上不同部位中过三四颗枪子。有一次，他参加八个人的小分队，俘虏了整整一连西班牙人。他让弗洛伊德上尉忙着向司令部打报告，为他的英勇行为请功；他开始领到各种各样的勋章——有英雄主义，有打靶优秀，有勇敢好、战术好、服从命令好，以及国防部三等助理秘书认为是好的种种小成绩。

"弗洛伊德上尉终于被擢升为少将，或者什么指挥官的职务。他神气活现地骑着一匹白马到处转悠，身上乱七八糟的挂着金叶片、鸡毛和一顶戒酒会会员似的帽子，条例规定，他不能同我们直接说话。威利·罗宾斯升为我们的连长。

"也许他当时并不追求名声的花冠！以我所见，结束战争的却是他。在他亲自挑起的、而我认为没有必要的战役中，害我们死了十八个弟兄——也是他的朋友。有一晚,他带了十二个人,涉水渡过一条一百九十码宽的小河,爬过几座山,悄悄穿过一英里长的灌木林荒地和两个采石场,摸进一个穷苦的村落,俘虏了一个据说名叫本尼·韦杜斯的将军。我觉得本尼根本不值得我们花这么大的劲,他皮肤黧黑,没有穿鞋,衣衫不整,急想投降,由敌人来管他的伙食。

"但是那件事给了威利需要的一大促进。圣奥古斯丁《新闻报》和加尔维斯顿、圣路易斯、纽约和堪萨斯城的报纸刊登了他的相片和有关他的报道。老圣奥古斯丁为它'英勇的'儿子欣喜欲狂。《新闻报》声泪俱下地要求政府撤销常规军和国民警卫队,让威利单枪匹马结束这场战争。报上说,这个建议如果遭到拒绝,就可以证明北方对南方的妒忌心理依然十分严重。

"假如战争不是很快就结束的话,我不知道威利会如何飞黄腾达,好评如潮;他被委任为上校的三天后,双方停止了敌对行动,但他又收到用挂号邮包寄来的三枚勋章,打死了两个伏击时在喝柠檬汽水的西班牙人。

"战争结束后,我们的连队回到圣奥古斯丁。它没有别处可去。你知道吗?老镇用书信、电报、特快专递,还派一个名叫索尔的黑人骑一匹灰骡专程到圣安东尼奥通知我们,说他们准备举行盛大宴会欢迎我们,会上有吃有喝,有颂扬赞赏,热闹非凡,连镇外沙滩地上的斑沙鸰也不得安宁。

"我说欢迎'我们',但贵宾是前任列兵、事实上的上尉、当选上校威利·罗宾斯。全镇为他几乎发狂。他们通知我们说,同他们要举行的招待会相比,新奥尔良的食肉火曜日①简直像是在英

---

① 食肉火曜日(法文 Mardi Gras)是封斋节前的星期二(Mardi)、狂欢节的最后一天。巴黎庆祝这一天时,游行队伍由一头角上扎彩带的肥牛(Gras)为先导,有装扮成神父的人和乐队伴随,模仿古罗马的牺牲游行。美国新奥尔良的庆祝活动很有名。

国伯里圣埃德蒙兹教区牧师的姑妈家里吃下午茶点。

"圣奥古斯丁步枪连按预定时间回来了。全镇的人都去车站欢迎。两个铜管乐队奏乐,镇长出席,穿白衣服的女学生朝街上扔金樱子,拉着有轨马车的马匹给吓得乱蹦——总而言之,你也许见过内地小镇的庆祝场面。

"他们要名誉晋级的威利上校坐上马车,由镇上的知名人士和高级官员拉到军械库,但他坚持要和他的连队一起,带头在山姆·休斯顿大街上行进。两旁的房屋挂满旗帜,窗口阳台挤满了人,我们四人一排通过时,人人都喊'罗宾斯!'或者'喂,威利!'我生平从没有见过比威利那天更风光的人。他的卡其上装胸前至少有七八枚勋章奖章;他的面孔晒得像是马鞍皮革的颜色,他确实值得自豪。

"我们在车站时听说,晚上七点半开始,镇政府大楼灯火通明,有致辞讲话,王宫饭店有辣椒肉末招待。德尔菲娜·汤普森小姐准备朗诵著名诗人詹姆斯·惠特科姆·瑞安一首没有发表过的诗,胡克警官答应为我们用他当天缴获的从芝加哥偷运进来的炮鸣放礼炮九响。

"我们在军械库解散后,威利对我说:

"'愿意和我在外面走走吗?'

"'当然,'我说,'只要不走得太远,否则听不到饭店里的喧哗声。我肚子饿了,'我说,'很想吃点家乡的东西,不过我可以陪你走走。'

"威利带我穿过几条小街,到了一块新的宅基地,上面有一座白色的小平房,周围是用砖头和旧桶板圈起来的二十英尺宽、三十英尺长的草坪。

"'站住,口令,'我对威利说,'难道你不认识这个掩蔽部吗?这是乔·格兰伯里和米拉·阿利森结婚之前筑的窝。你去那儿

干吗?'

"但是威利已经推开了篱笆门。他沿着砖铺小径朝台阶走去,我跟着他。米拉坐在门廊里的一张摇椅上缝什么东西。她的头发随随便便地朝后一拢,束在一起。在那以前,我从没有发现她脸上有雀斑。乔在门廊的另一头,穿着单衬衫,没戴硬领,没刮脸,忙着在砖头和空罐头中间刨个洞,想种一棵小果树什么的。他抬头看看,一句话也不说,米拉也没有说话。

"威利穿着军服确实很神气,胸前一排勋章,腰上挂着新的金柄短剑。你绝对不会想到他就是以前那个被姑娘们支来支去、任意取笑的浅色头发的小窝囊废。他站了一会儿,脸上挂着古怪的微笑,然后慢慢的咬着字说:

"'哦,我不知道!如果当初我尝试的话,也许能够!'

"只说了这句话。威利揭揭帽子,我们就走了。

"他说那句话时,我不知怎的突然想起举行舞会那晚的情景,威利在镜子前面梳理头发,米拉从门外伸进头来取笑他。

"我们回到山姆·休斯顿大街时,威利说:

"'本,再见。我要回家,脱掉鞋子休息休息。'

"'你怎么啦?'我说,'镇上的人全等在镇政府大楼里准备向英雄致敬呢!还有两个铜管乐队,诗歌朗诵,旗帜,酒,食品都等着你呢!'

"威利叹了一口气。

"'好吧,本,'他说,'我他妈的居然把这事忘得一干二净。'

"正因为如此,"本·格兰杰总结道,"我才说你根本说不清雄心从什么地方开始,在什么地方结束。"

猎 头 者

西班牙和乔治·杜威①之间的战争结束后,我前去菲律宾群岛。我在那里的丛林里担任报社的战地记者,直到社长通知我说,编辑部认为我发回去的描写一条宠物水牛为一个摩洛族娃娃之死而伤心的八百字的电报不能算是战地新闻。于是我辞职回国。

我搭乘一条回国的贸易船,在船上仔细思考了我在那个黄棕色人种的离奇的群岛经历的种种怪事。我感兴趣的不是那场小规模战争的策略和冲突;使我着迷的是那个种族的捉摸不透的容貌,他们瞅着你时毫无表情的目光包含着无法解读的过去。

我在棉兰老逗留期间,那个有猎头者之称的、未开化的原始部族尤其吸引我的注意。那些矮小的人残忍、冷酷、无情,从不露面,只在蛮荒的森林、危险的山崖、无底的峡谷和人迹罕至的丛林里,悄悄地跟踪他们的猎物,始终在近处举着无形的死亡之手,阴沉沉的恐怖感即使在最热的中午也会使人脊梁直冒凉气,泄露他们存在的迹象惟有他们弄出的像野兽、禽鸟或者游动的蛇造成的声响——在汗流浃背的闷热的夜里折断树枝的断裂声、参天大树的浓密叶簇落下的阵雨般的水滴、湍流声中依稀可辨的窃窃私语——随时随地都存在的死亡的暗示——那些一心只想杀人的矮

---

① 乔治·杜威(1837—1917),美国海军上将。1898 年美西战争中马尼拉湾一役的英雄。

小的家伙使我极感兴趣。

你会发现,他们的方法简单有效,几乎到了美妙的程度。

你住在茅屋里,实现命运为你作出的安排。你的竹子门柱上挂着一个嫩枝条编织的篮筐。你出于虚荣、腻烦、爱情、妒忌,或者野心,时不时会拿起砍刀偷偷出去,不声不响地进行跟踪。你胜利归来,提着被你杀害的人血淋淋的头颅,带着可以原谅的自豪把它放进挂在门柱上的篮子里。那可能是你的敌人、朋友,或者陌生人的头,要看你当初的动机是竞争、妒忌,或者简单的闹着玩而定。

不论动机是什么,你的回报是十拿九稳的。村人们走过你门口时会停下来向你祝贺,正如普通邻居站住脚步,欣赏和赞美你前院种的秋海棠一样。你的棕色皮肤的侍女老是在你面前转悠,激动得呼吸局促,胸脯起伏,向你对她的爱慕的证据投出柔和的老虎般的目光。你嚼着槟榔子,满意地听着割断的颈动脉端断断续续的滴血声。当你想到由于你要装点门面而掉了脑袋的、那具冰冷的尸体在棉兰老的荒野里已被盘旋的兀鹫发现时,你露出牙齿,像水牛似的发出哼哼声——这就是你所能做到的近乎笑的动作。

快活的猎头者的生活确实吸引我。他把艺术和哲学简化成一条法则。取下你敌人的首级,装进你城堡门口的篮子,看它成了丧失狡诈、计谋和力量的死东西——在挫败他的计划,驳斥他的论点,树立你对他的技巧和智慧的优势方面,难道还有比这更好的办法吗?

我搭乘回国的那艘船的船长是个反复无常的瑞典人,他出于真正的怜悯,改变了航线,把我撂在一个中美洲共和国的太平洋海岸的某个小镇上,离他承诺把我送到的港口以南还有几百英里。但我已经厌烦了流浪生活和异国情调;便高高兴兴地跳到莫哈达村的沙地上,深信能在那里找到我渴望的休息。说到头,我认为在那里逗留,听着令人昏昏欲睡的海浪拍岸声和棕榈叶子的窸窣声,比坐在东部我老家的马鬃毛沙发里,腻烦了茶藨子酒和糕点,受着愚蠢的亲戚们的纠缠,给张口结舌的邻居们讲殖民地总督之死的悲惨故事要强得多。

我第一次看到克罗伊·格林的时候,她一身着白,站在她父亲的瓦顶土砖墙房子门口。她用布在擦一个银杯子,给人印象仿佛是放在黑天鹅绒上的珍珠。她用讨好而使人颓丧的目光瞅了我好久,然后进屋去了,嘴里哼着一支轻松的曲调,表明她对我的评价。

那并不奇怪:因为斯坦福大夫(朱诺和瓦尔帕莱索之间名声最不好的专家)和我两人东倒西歪地走在杂草丛生的街上,用《马瑟的小黑人》的调子唱《地久天长》的歌词。我们刚从制冰厂出来,那里是莫哈达邪恶的宫殿,我们经常在那里打台球,从老桑多瓦尔冰冷的大桶里钓出外面结着白霜的黑玻璃瓶子,打开来喝。

我突然清醒得像是教堂管理员,对斯坦福大夫大发脾气。我觉得我们简直成了扔在珍珠前面的猪①。

"你这个畜生,"我说,"有一半要怪你。另一半要怪这个该死的国家。我宁肯回到睡镇,喝茶藨子酒醉死,也不愿意看到这种事发生。"

斯坦福的笑声响彻空荡荡的街道。

"你才是畜生!"他嚷道,"一见钟情,居然像软木瓶塞弹出来那么快。不错,她确实让视网膜舒服。可是你小心别烫着手。莫哈达镇上的人都可以告诉你,路易斯·德瓦是那个主儿。"

"我们走着瞧吧,"我说,"别管他是不是主儿,先看看他是不是男子汉。"

我很快就和路易斯·德瓦见了面。这件事很容易做到,因为

---

① 英文成语里有"扔在猪面前的珍珠",相当于中文的"明珠暗投"。

莫哈达镇上总共只有十来个外国人；他们每天聚在一个土耳其人开的二流饭店里，替他们仅存的国家尊严和文明支撑门面。我寻找刚才在土砖房门口看到的珍珠之前，先去寻找德瓦，因为我稍稍懂得一点战争的游戏规则，知道出手之前，先要掂量掂量敌人的实力。

经过掂量，我心头一凉，感到几乎像是恐惧的沮丧。我发现面前的人十分沉着自信，很有魅力，洞察人情世故，非常老练圆滑，态度优雅从容，同时具有一种豁达傲慢的力量，以致我几乎越出观察的限度，想把他当成插在铁扦上的烤肉似的翻来覆去地找我渴望找到的弱点。但是我没有去碰他——我不得不承认路易斯·德瓦是值得我打击的绅士；我发誓要认真对待他。他在国内的买卖做得很大，进出口生意很赚钱。他整天坐在设备讲究、摆满艺术品、显示他高文化品位的写字间里，通过玻璃门窗指挥商号的业务。

他瘦瘦的身材不算修长；头颅不大，但有模有样，浓密的棕色头发剪得短短的；浓密的棕色胡子修得很帅气。他的举止完美无瑕。

没过多久，我就成了格林家受欢迎的常客。我像脱掉旧大衣似的抛弃了我的粗野的习惯。并且像职业拳击家那么刻苦，像婆罗门教徒那么克己，准备迎接考验。

至于克罗伊·格林，我不打算拿颂扬她容貌的十四行诗来亵渎各位的倾听。她是个极其温柔的姑娘，像十一月份的苹果那么可人，像窗玻璃那么晶莹剔透。她从生活中演绎出一些古怪的小理论，非常贴合埃皮克提图的格言①。我不知道那个市侩是不是真的那么精明！

---

① 埃皮克提图，公元前1世纪的希腊斯多噶派哲学家，主张知足常乐，幸福在于人的自由意志。

克罗伊的父亲是霍默·格林牧师,母亲体弱多病,不常露面,偶尔在幽暗的客厅里陪我们吃茶点。霍默牧师在做一件一辈子也干不完的工作。他在编一部《圣经》词汇索引,已经编到了《列王纪》。作为他女儿假定的求婚者,我自然成了他发泄文学激情的对象。我老是听他耳提面命,讲述以色列的家谱,结果我睡梦中也会大声说:"亚米拿达生结押希",等等,直到他开始另一书的索引。有一次,我计算了一下,等到《启示录》里提到的七印封严的书卷打开后的第三天①,霍默牧师的索引也就完成了。

路易斯·德瓦和我一样,也是格林家的常客和亲密的朋友。我在他们家碰到德瓦的机会比在别的地方为多,他是我生平最恨的、最讨人喜欢或者最有教养的人。

幸运的或者不幸的是,他们把我当做"孩子"似的接纳了我。我长相年轻,并且我想我那种恳求的和无家可归的神情总是引起女人的母性和男人家长的可恶的理论和兴趣。

克罗伊管我叫做"汤米",老是像姐妹似的取笑我追求她的企图。她对德瓦的态度要含蓄得多。德瓦是风流人物,能激起她的想象和内心深处的感情,使他更投合她的心意。我更接近她,但没有魅力;我面前的任务是用美国的斗争方式来赢得她——要靠光明正大、勇气和锲而不舍的精神,排除我们之间的友谊屏障,尽可能在光天化日之下,不凭月色、音乐或旁门左道的手段来得到她。

没有迹象表明,克罗伊准备把她活泼的爱情给与我们两人中间的任何一个人。但是有一天她向我透露了一点她所喜欢的男人的品质。她的标准使我极感兴趣,但要实施的话却非常困难。此前我一直缠着她,向她表述我对她的感情,已经有十多次了。

---

① 《新约·启示录》,封严书卷的第七印揭开后,七位天使吹号,天国在世上实现。

"汤米,"她说,"我不希望一个男人率领军队去攻打另一个国家,用大炮把人们从地面上轰掉。"

"据说女人嘴里说的同心里想的正好相反,"我回答道,"不知道你是不是这样。报上大量刊登俄罗斯有这类外交争端的消息。我的亲戚朋友认识华盛顿的一些大人物,他们同军队里的人很熟,我可以谋到炮兵部队的委任——"

"我不是那种女人,"克罗伊打断我的话说,"我说的是心里话。汤米,女人认为重要的不是世界上的大事。当骑士们全副披挂骑着马在国外屠龙时,许多留在家里的侍从追随孤独的女士左右,她的手套掉在地上时立刻替她捡起来,刮风时马上替她披上斗篷,从而赢得了她的好感。我最喜欢的男人,不论是谁,必须在这种小地方表示他的爱情。有些事情,我说过一次后,他就永远不可以忘记,比如说走路时我不喜欢人家在我左边;我讨厌颜色鲜艳的领带;我喜欢背光的座位;我爱吃蜜饯紫罗兰;我在看水面的月色时不喜欢人家同我说话;我经常想吃夹英国核桃的海枣等等。"

"鸡毛蒜皮的小事,"我皱皱眉头说,"任何调教好的仆人都能胜任。"

"当我自己也不知道我要什么的时候,"克罗伊接着往下说,"他还必须记得提醒我要什么。"

"你的要求越来越高了,"我说,"你需要的似乎是个洞察力极高的人。"

"当我说我非常想听贝多芬的奏鸣曲,并且跺跺脚的时候,他必须懂得那表示我衷心希望的是咸杏仁;他口袋里必须备有现成的。"

"那就叫我摸不着头脑了,"我说,"我可不知道你衷心希望的是演出经纪人呢,还是花色品种齐全的食品店的老板。"

克罗伊像珍珠似的朝我粲然一笑。

"别把我说的话当成玩笑,"她说,"别不重视小事情,孩子。该出手时就出手,但是不要做得太明显。女人大多数只是很大的孩子,男人大多数只是很小的孩子。要让我们女人高兴,不要试图压服我们。我们需要英雄的时候,即使从普通的食品店老板中间也能调教出一个,只要他在我们的手帕还没有掉到地上时在半空中抓住,连续三次就行了。"

那天晚上,我得了恶性热病,躺倒了。那是一种经过改良、加上高性能配件的海岸热病。你的体温直线上升,居高不下,鄙夷地、狂热地嘲笑金鸡纳树和从煤焦油里提炼出来的金鸡纳碱衍化物。恶性热病是初等数学家而不是医师的课题。它只是这样的公式:体力+活下去的愿望-热病的持续时间=结果。

我躺在我安排得很舒适的两居室的茅屋里,请人买了一加仑朗姆酒。不是我自己喝的。斯坦福大夫喝醉酒时是安第斯山脉和太平洋之间最高明的医师。他来了,坐在我床边,一面喝酒,一面进入状态。

"孩子,"他说,"白皙的、弃邪归正的罗密欧,药物帮不了你忙了。不过我仍旧给你吃金鸡纳霜,这药很苦,能激起你的憎恨和愤怒——为你的复原增加十分之一的机会。你的身体像水牛一般结实,只要热病不能乘你没有防备的时候把你一拳打倒,你会好起来的。"

我卧床两个星期,感觉像是河旁火葬场上的印度寡妇。老阿塔斯卡,一个没有受过训练的印度护士,像石雕似的坐在门口履行她的职责,主要就是一刻不停地守着时间的消失。有时候,我幻想自己回到了菲律宾,最糟糕的时候是幻想自己在睡镇的老家,从马鬃毛沙发上滑到地上。

一天下午,我打发走了阿塔斯卡,下了床,仔细穿好衣服。我测了体温,高兴地看到是104度。我精心打扮,选了一条颜色素净的领带。我照照镜子,发现这场病并没有损害我的形象。热病使我眼睛发亮,脸色红润。我一面照镜子,一面想到克罗伊·格林,上次见她以后过了太久太久,在这期间,路易斯·德瓦肯定比我大大领先,我脸上不禁一阵红一阵白。

我径直去她家。我好像不在走路,而像是在空中飘浮;几乎感觉不到脚下的土地;我想恶性热病对人身体肯定大有补益,居然使人感到如此强壮。

我看到克罗伊和路易斯·德瓦坐在房前的凉篷底下。她一跃而起,上前同我连连握手。

"我见到你再出来真高兴、真高兴、真真高兴!"她嚷道,每个字都像是项链上的一颗珍珠,"汤米,你气色很好——当然,甚至比以前更好。我想去看你来着,可是他们不让我去。"

"哦,不错,"我大大咧咧地说,"没什么事。只不过发个小烧。我不是又出来了吗。"

我们三人坐着聊了半个来小时。克罗伊渴望地眺望着,可怜兮兮地看着大洋远处。我在她湛蓝的眼睛里看到某些深沉强烈的愿望。该死的德瓦也看到了。

"怎么啦?"我们同时问道。

"椰子布丁,"克罗伊伤感地说,"哦,两天来,我一直想吃椰子布丁——不是一个念头;而成了痴迷。"

"椰子的季节已经过了,"德瓦说,他的声音有一种魅力,即使最普通的字从他嘴里说出来也使人激动,"我认为莫哈达很难找到。当地人只在椰子青的时候用新鲜的椰子汁。他们把熟椰子都卖给水果船。"

"吃个烤龙虾或者烤奶酪面包不是也一样吗?"我带着热病初愈的可爱的傻劲发表意见。

克罗伊在她愉快的性情和完美的容貌所允许的情况下噘起

了嘴。

霍默牧师从门口探出头来,给我们的谈话加了一条索引。

"老坎波斯,"他说,"有时候把干果存放在山上的小仓库里。但是,女儿呀,最好是克制不寻常的欲望,怀着感恩之情吃上帝赐给我们的每天的食品。"

"扯淡!"我说。

"你说什么话?"霍默牧师厉声问道。

"我的意思是,"我说,"格林小姐想吃椰子布丁之类的普通东西而吃不到,嘴里未免发淡。也许,"我讨好地接着说,"来一点腌核桃或者油焖匈牙利胡桃也可以吧。"

大家带着异样的眼光瞅着我。

路易斯·德瓦起身告辞。我看他悠闲地、大模大样地拐过街角,朝他的大仓库和商店走去。克罗伊也说她要安排七点钟的晚饭,进屋去几分钟。她在家务方面相当能干。我有幸尝过她做的布丁和面包。

大家都走后,我无意中回过头,看到门柱上挂着一个嫩枝条编织的篮筐。我发烫的太阳穴突突搏动,鲜明地回忆起猎头者——那些矮小的人残忍、冷酷、无情,从不露面,但他们暗中存在所引起阴沉沉的恐怖感即使在最热的中午也会使人脊梁直冒凉气……他们出于虚荣、腻烦、爱情、妒忌,或者野心,时不时会拿起砍刀偷偷出去,不声不响地进行跟踪……他们胜利归来,提着被他们杀害的人血淋淋的头颅……他们的棕色或者白色皮肤的侍女老是在他们面前转悠,激动得呼吸局促,胸脯起伏,向他们对她的爱慕的证据投出柔和的老虎般的目光。

我悄悄地溜出来,回到自己的茅屋。我把挂在墙上的砍刀摘下来,那玩意儿重得像是屠夫的剁肉大刀,锋利得像是刮脸剃刀。我暗自吃吃发笑,直奔那个妄想夺得太平洋海岸明珠的路易斯·

德瓦先生的设备讲究的私人写字间。

他脑筋一向动得很快;我进他的房间时,他看到我的脸和我手里的武器,似乎就在我眼前消失了。我追上去,一脚踹开后门,只见他像鹿那样飞快地向二百码外的树林子跑去。我大喝一声,紧追不舍。我记得路上的小孩和妇女们尖叫着,四散逃离。

他跑得快,我也不弱。跑了一英里后,我几乎追上了他。他狡猾地来个急转弯,冲进小峡谷前的灌木丛。我不顾一切地跟着,五分钟后把他逼到悬崖绝壁的角落里。保存自己的本能使他像走投无路的野兽似的定了神。他相当镇静地转过身,朝我狞笑着。

"哎,雷伯恩!"他竭力装出没事的样子,以致我很不礼貌地朝他大笑。"哎,雷伯恩!"他说,"得啦,我们结束这场无聊的把戏吧!当然,我知道热病使你有点失常;可是你镇定一下,老兄——把那件可笑的武器给我,我们回去好好谈谈。"

"我当然要回去,"我说,"不过要提着你的脑袋。当它放在她门口的篮子里时,一定谈得头头是道。"

"来吧,"他诱导说,"我一向很器重你,知道你只是开开玩笑罢了。不过即使高烧发昏的神经病人开玩笑也有一个限度。你说脑袋和篮子是什么意思?冷静一点,把那可笑的砍甘蔗的玩意儿扔掉。格林小姐对你会有什么想法?"他像哄骗闹别扭的小孩似的哄着我说。

"你听着,"我说,"你终于说到点子上了。她对我会有什么想法?你听着。"我重复了一遍。

"有些女人,"我说,"把马鬃毛沙发和茶藨子酒看得一文不值。对于她们,你那些娓娓动听的花言巧语只不过是夜里从树上掉下来的烂李子的噗噗声。她们是那些在村子里走来走去,朝那些企图博得她们欢心的小伙子门口的空篮子投以鄙夷目光的少女。她们中间有一个,"我说,"还在等着呢。只有傻瓜才在她们

331

家门口像牛皮大王似的自吹自擂,像仆人那样满足她们异想天开的要求。她们都是希罗底①的女儿,你要博得她们欢心,必须亲手把敌人的头颅放到她们面前。现在伸出头来,路易斯·德瓦。别做懦夫,也别在女士们的茶点桌上多嘴多舌了。"

"哎,哎!"德瓦结结巴巴地说,"你认识我,是吗,雷伯恩?"

"不错,"我说,"我认识你。我认识你。我认识你。可是篮子是空的。村里的老头和小伙子,皮肤黑的和皮肤白得像珍珠的姑娘,走来走去都看到篮子是空的。现在你自己跪下来呢,还是非要我费点劲把你制服不可?你平时很痛快,不是这么拖泥带水的。篮子还空着,等你的脑袋呢。"

他听了这话十分沮丧,像受惊的兔子一样想夺路而逃,我不得不抓住他。我把他打翻在地,踩住他的胸膛,尽管我一再吩咐他要注意风度,记住他身为绅士的责任,但他仍像蠕虫似的折腾。

他终于给了我机会,我挥起砍刀。

我没有费太大的劲,砍了六七下,他的脑袋掉了下来。他像鸡似的扑腾了一会儿,终于不动了,我便用手巾包好那颗脑袋。我走了一百码,这期间脑袋上的眼睛睁开了三次又闭上。脑袋滴下的血把我的腿脚都染红了,但那有什么关系?我的手摸到他浓密的棕色短头发和修得很短的胡子时,感觉非常好。

我到了格林家,把路易斯·德瓦的头扔到挂在门柱上的空篮子里。我坐在凉篷下面等着。再过两小时,太阳就下山了。克罗伊出来,表情有点诧异。

"你到哪里去了,汤米?"她问道,"我刚才出来时,你不在。"

---

① 希罗底本是腓力的妻子,后嫁给腓力之弟约旦王希律,施洗约翰对希律说你娶你兄弟的妻子是不合理的,希罗底怀恨在心。她的女儿萨洛美在希律王生日那天表演舞蹈,希律大喜,问她愿得什么赏赐,萨洛美要施洗约翰的头颅。见《新约·马太福音》第14章第3—12节,《马可福音》第6章第17—29节。

"瞧瞧篮子。"我站起来说。她瞧了一眼,发出一声尖叫——喜悦的尖叫,我愉快地注意到。

"哦,汤米!"她说,"那正是我要你做的事。有点滴漏,但没有关系。我不是告诉过你吗?小事情能说明问题。你没有忘记。"

小事情!她用白色围裙兜着路易斯·德瓦血淋淋的头。细细的红色流体在她的围裙上弥散,滴到地板上。她容光焕发,脉脉含情。

"确实是小事情!"我暗忖道,"猎头者是对的。女人希望你为她们做的正是这种事情。"

克罗伊走到我面前。周围没有人。她抬起湛蓝的眼睛瞅着我,说了一些以前从未对我说过的话。

"你心里有我,"她说,"你是我说的那种男人。你记住了小事情,而那些小事情使生活更美好。我心目中的男人必须考虑到我的小愿望,在小地方让我高兴。如果我十二月里想吃新鲜的桃子,他必须给我找来,我就会爱他到六月份。我不要全副披挂的骑士为我去杀他的情敌或者去屠龙。你让我非常满意,汤米。"

我弯下腰去吻克罗伊。我的额头汗津津的,我开始感到眩晕。我看到克罗伊围裙的红色污迹消失了,路易斯·德瓦的脑袋变成了一颗棕色的干椰子。

"晚饭有椰子布丁了,汤米,孩子,"克罗伊快活地说,"你一定要来。现在我得进去一会儿。"

她像快乐的小鸟似的飞走了。

斯坦福大夫匆匆跑来。他抓住我的手腕,仿佛我偷了他的东西逃跑似的。

"你是疯人员里逃出来的大傻瓜!"他生气地说,"你为什么下床?你干了多少傻事!——你的脉搏跳得像大锤。"

"我干了什么事?"我说。

"德瓦派人找我,"斯坦福说,"他从写字间窗口看见你跑到老坎波斯的商店,握着他的码尺逼他上山,然后又看见你捧着他最大的一棵椰子回来。"

"说到头,小事情能解决大问题。"我说。

"现在能解决你大问题的是你的小床,"大夫说,"你马上跟我走,不然我撒手不管了。"

那晚我没有吃上椰子布丁,但是我对猎头者的方法是否有价值产生了怀疑。几百年来,村子里的少女们也许沉思地瞅着门口篮子里的头颅,渴望得到其他小一点的战利品。

并非特写

为了避免多疑的读者把这本书扔到角落里去，我要及时声明这不是一篇新闻报道。你不会遇到只穿衬衫的、无所不晓的本市新闻版编辑，不会遇到初出茅庐、头角峥嵘的采访记者，不会遇到独家新闻，不会遇到——反正什么都不会遇到。

可是如果读者能允许我把第一场的背景放在《灯塔晨报》的记者室里，我一定投桃报李，严格遵守上面的诺言。

那时，我替《灯塔晨报》撰稿，领计件工资，希望有朝一日能当上正式职工。不知是谁拿耙子或铲子替我在一张堆满交换刊物、《国会记录》和旧资料本的长桌上清出一小块空地方来。我就在那里工作。我在街上逛得很勤，市上凡是有什么小声说的、大声嚷的、令人发笑的事情我都写，我的收入却不稳定。

有一天，特里普进来靠在我桌边。特里普在车间干活——我想他同图片有些关系，因为他身上有一股制版化学品的气味，他的手总是带着酸类染污和灼伤的痕迹。他大概二十五岁，可是看上去却有四十。他的脸被拳曲的红色短胡子遮去一半，像一块摆在门口、"欢迎"字样已经蹭掉的棕垫。他脸色苍白，很不健康，显出一副阿谀谄媚的可怜相，一天到晚净向别人借钱，数目是二十五美分到一元。一元是他的最高限额。他了解自己信用的额度，正如国家化工银行对附属担保品稍加分析，就了解它的水分一样。他坐在我桌子上的时候，一只手紧握着另一只手，好让两只手都不发抖。这是喝威士忌的结果。他有一种假装不在乎和冒充好汉的神气,但是骗不了谁,不过这在他借钱时有用,因为那种神气太可怜,装得太明显了。

那天,我死乞白赖地从出纳员那里领了五块亮晃晃的银元。那是星期日版编辑很勉强地采用了我的一篇特写的预支稿费。因此,我虽然并不觉得与世无争,至少已经对世界宣布了休战;我干劲十足地开始写一篇布鲁克林桥的月夜景色的稿件。

"哎,特里普,"我相当不耐烦地抬起头来看看他说,"怎么样?"他今天的模样比以往任何时候都更凄惨,更瑟缩,更憔悴和更潦倒。他可怜到了那种地步,那么强烈地激起你的同情,以致你真想踢他一脚。

"你有一块钱吗?"特里普带着他最阿谀谄媚的神情问道。他那狗一样的眼睛,在长得很高的、纠缠在一起的胡子和长得很低的、纠缠在一起的头发之间的狭窄的空白地带上一眨一眨。

"有,"我说;接着又重复一遍:"我有,"嗓门更高、态度更不客气,"此外还有四块。我可以告诉你,我是好不容易才在阿特金森老头那里硬要来的。我这笔钱,"我接着说,"是要办一件事——一件十万火急的要事,正好要用五块钱。"

我之所以强调这一点,因为我有一种预感,觉得当时就要损失一元钱。

"我不想借,"特里普说,这才使我心中一块石头落了地,"我想提供一篇好特写的线索给你,你会满意的。"他接着说,"我替你找了一个很精彩的题目,足够一栏的篇幅。如果你写的对路,一定很漂亮。取得这个材料,也需要你破费一两元。我自己不要任何好处。"

我变得和气了一些。这个建议证明特里普对于我过去给他的好处,虽然没有报答,还是知恩的。如果他当时开了窍,问我要二十五分,准能到手。

"什么样的题材?"我摆出编辑的架势,拿着铅笔问他。

"我告诉你,"特里普说,"关于一个姑娘。一个美人。绝顶漂亮。带着露珠的玫瑰花蕾——长满青苔的花坛上的紫罗兰——你可以放手描绘一番。她在长岛住了二十年,从没有到过纽约市。我在第三十四街遇上她。她刚搭东江的轮渡来纽约。我告诉你。她是个让谁见了都会神魂颠倒的美人。她在街上把我叫住了,问我在哪里可以找到乔治·布朗,问我怎么在纽约找乔治·布朗!竟有这等事!

"我同她聊起来,知道她下星期四就要和一个名叫多德——海勒姆·多德——的庄稼小伙子结婚。可是乔治·布朗在她年轻的幻想里还占着第一把交椅。几年前,乔治把他的牛皮靴上了油,到城里来碰碰运气。可是他忘了回格林堡去,海勒姆就入选为第二名。不过到了紧要关头,艾达——那姑娘的名字叫艾达·洛厄里——找了一匹马,骑了八英里地到火车站,搭早上六点四十五分的火车来到纽约。来找乔治,你知道——你了解女人的脾气——乔治不在,所以她就要找他。

"哎,你知道,我不能让她一个人在这个哈得孙河畔满是色狼的城里到处乱跑。我想她以为随便找个人打听,那人就会说:'乔治·布朗?——哦,是啊——我想想看——他是矮个子,蓝眼睛,是不是?哦,对了——乔治在第一百二十五街,杂货铺隔壁。他在一家马具店里当收账员。'她就是那么天真,那么美。你了解格林堡之类的长岛的水边小村——消遣的地方只有一两个养鸭场,收入只靠摸蛤蜊和那么八九个夏季游客的消费。她就是从那种地方来的。不过,喂——你真应该见见她!

"你说我有什么办法?我没有隔宿的钱,钱的模样我都记不清了。她买了火车票把零用钱全花了。只剩下二十五分,也买了口香糖。她捧着一纸袋的糖在吃。我领她去第三十二街我住过的一家寄宿舍,把她押在那里,要一块钱才赎得出来。这是麦金尼斯老大娘一天房租的价钱。我带你去。"

"这是什么话,特里普?"我说,"你不是说有一篇特写材料吗?东江上每条轮渡都有许多来去长岛的姑娘。"

特里普未老先衰的脸上皱纹变得更深了。从他那堆乱蓬蓬的头发里可以看出他心事重重地皱着的眉头。他摊开双手,伸出颤颤巍巍的食指来加重他回答的语气。

"难道你看不出来,"他说,"这材料可以写一篇多么精彩的特写?你可以写得很好。围绕着这段恋爱故事,你知道,描写描写这个姑娘,加些有关真正爱情的那套玩意儿,插进几段笑话——挖苦挖苦没有见过世面的长岛人,唔,还有——反正你知道该怎么写。不管怎么样,你这篇东西换十五块钱不成问题。你只要投进四元左右的成本,可以净赚十一元。"

"怎么要我花四元钱呢?"我满腹狐疑地问他。

"一元给麦金尼斯太太,"特里普马上答道,"两元给这个女孩子做回家的路费。"

"还有一元呢?"我很快地盘算一下问道。

"一元给我,"特里普说,"买威士忌。你干不干?"

我故弄玄虚地笑了笑,摆开两条胳臂,仿佛准备继续写我手头的东西。但是这个不屈不挠、垂头丧气、卑躬屈节、假装老实的牛蒡似的倒霉鬼怎么也摆脱不掉。他的脑门子忽然变得湿里透亮了。

"难道你不明白?"他带着绝望的镇静说,"今天必须把这个姑娘遣送回家!——不是今晚,也不是明天,而是今天。我没法帮她忙,你知道,我是倒霉俱乐部的门房兼通联秘书。我认为你可以根据这个材料写一篇东西,总可以拿到一笔钱。可是,不管怎么说,难道你不明白天黑之前,她就应该回到家里吗?"

这时我开始感到那种沉重的、使人丧气的、一般称作责任的感觉。为什么这种感觉要作为一个累赘和负担落在人们肩上呢?我知道那天我在劫难逃,我辛辛苦苦挣来的钱,一大部分要掏出来救济这位艾达·洛厄里。但是我对自己发誓,特里普休想弄到买威士忌的那一元钱。他可以慷他人之慨,拿我的钱去行侠仗义,可是事后休想痛饮一番来庆祝我的软弱可欺。我带着冷冰冰的愠怒,穿上大衣,戴好帽子。

恭顺、谄媚、想讨好我而又枉费心机的特里普,领我坐上电车,去麦金尼斯大娘的典当铺。坐车是我掏的钱。看来这位浑身都是火棉胶气味的堂吉诃德连一枚最小的小钱都没有。

特里普在一幢发霉的红砖寄宿舍前拉了一下门铃,他听到微弱的铃声,脸色刷地发白,就像兔子听到猎狗的声息似的,弯下腰,准备随时撒腿就逃。我猜到他以前过的是怎样的生活,他被房东太太的脚步声吓破了胆。

"先给我一块钱——快!"他说。

门打开了六英寸宽的一条缝。麦金尼斯太太站在那里,瞪着一双白眼——我没说错,是白的——一张黄脸皮,一手抓住身上肮脏的粉红色法兰绒睡衣的领子免得它散开来。特里普一声不吭,把一元钱塞进门缝,这才为我们买了路进去。

"她在客厅里。"麦金尼斯太太说罢便扭过身,把睡衣后背对着我们。

阴暗的客厅中央,一个姑娘坐在一张有裂纹的大理石桌子旁边,称心如意地哭着,同时嚼着口香糖。她是个毫无瑕疵的美人。哭泣只不过使她那明亮的眼睛更加光彩照人。当她嚼口香糖时,你只联想到这个动作的诗意,同时羡慕那块毫无知觉的糖。夏娃出世五分钟后,想必同现在这位十九岁或二十岁的艾达·洛厄里小姐是一个模样。特里普替我作了介绍,一块口香糖便因此受到冷落。这期间她对我表示了一种天真的兴趣,就像一头(评选得奖的)小狗可能对一只爬行的甲虫或者青蛙表示兴趣一样。

特里普在桌边站定,一手撒开五指,就像一位律师或者司仪。其实他什么"师""司"都不像。他那件褪色的上衣领子扣得高高的,似乎想掩饰领带和衬衫的欠缺。我看到他那乱蓬蓬的头发和胡子之间的一双游移不定的眼睛,就想起一条苏格兰狗。一刹那间,我觉得当着这样一位落难佳人的面,作为特里普的朋友被介绍给她,实在丢人。不过特里普显然打算主持所有的仪式,不论这些仪式是什么。从他的动作和姿态里,我认为他企图把这个场合当做报纸特写材料强加给我。他还存有一线希望,想从我这儿弄到买威士忌酒的一元钱。

"洛厄里小姐,我的朋友,"(我打了一个寒噤)"查默斯先生,"特里普说,"他的意见会同我刚才讲的一样。他是新闻记者,比我能讲话。所以我把他带来了。"(哦,特里普,难道你需要的是一位能说会道的演讲家吗?)"他懂得许多事情,他会告诉你怎么办最合适。"

我坐在那张摇摇晃晃的椅子上,实际上是用我自己的一条腿支撑着。

"唔——呃——洛厄里小姐,"特里普那套拙劣的开场白使我气得要命,只得这样开口说,"我当然乐于效劳,不过——呃——由于我还不清楚这件事的情况,我——呃——"

"哦,"洛厄里小姐粲然一笑说,"事情没有那么严重——没有什么情况,我五岁的时候来过纽约以后,这还是我自己头一次来,我没想到纽约有这么大。我在街上遇到——斯尼普先生,向他打听我的一个朋友,他就把我领到这儿来,让我等着。"

"洛厄里小姐,"特里普说,"我劝你把所有的事情都告诉查默斯先生,他是我的朋友,"(这时候我已经习惯了)"他会告诉你该怎么办,准没错儿。"

"当然可以,"艾达小姐嚼着口香糖对我说,"其实也没有什么好说的,就是——喏,什么都安排好了,让我下星期四晚上跟海勒姆·多德结婚,他有二百英亩地,水浇地很多;还有一个菜园子,在岛上算是数一数二的。可是今天早晨我备了马——一匹叫做舞蹈家的白马——我骑马到了火车站。我对家里人说我是去苏珊·亚当斯那儿玩一天。我想这是撒谎,不过我管不了这么多。我坐火车到了纽约,在街上遇见了弗里普先生。问他知不知道在哪儿可以找到乔——乔——"

"喂,洛厄里小姐,"在她期期艾艾的时候,特里普大声插嘴说,非常没有礼貌,非常鄙俗,"你喜不喜欢海勒姆·多德这个小伙子? 他挺不错,是不是?"

"我当然喜欢他,"洛厄里小姐说,"海很不错,他待我当然很好。谁对我都很好。"

这一点我可以发誓。在艾达·洛厄里小姐一生中,所有的男人都会对她很好的。他们一定会争先恐后替她打伞,替她取行李,捡起她的手绢,请她喝汽水。

"可是,"洛厄里小姐接着说,"昨晚我想起乔——乔治,我——"

她那金发光泽的脑袋倒在紧握着的、搁在桌上的两只胖乎乎的手上。一场多美妙的四月的暴风雨啊! 她尽情地呜呜哭了起来。我希望我能够安慰她。可我不是乔治。同时我又为自己不是海勒姆而庆幸——不过我也很难过。

这场骤雨慢慢过去了。她伸直了腰,显得很勇敢,露出了笑容。她一定能成为非常好的妻子,因为哭泣只不过使她的眼睛更明亮、更温柔。她往嘴里放了一块口香糖,开始讲她的经历。

"我想我也许傻得要命,"她一面抽抽噎噎地叹气,一面说:"可是我没有法子。乔——乔治·布朗跟我,从他八岁,我五岁的时候起,我们就爱上了。他十九岁那年离开了格林堡进城来——那是四年以前的事了。他说他要当警察或者铁路总经理之类的人,然后回来找我。但是此后再也没有听到他的消息。可我——我又喜欢他。"

看来第二阵眼泪已经迫在眉睫,可是特里普挺身而出,挡住了缺口。该死的家伙,我看透了他的把戏。他想把这个场合搞成特写材料,达到他卑鄙的目的,从中渔利。

"说吧,查默斯先生,"他说,"告诉这位小姐该怎么办。我就是这样告诉她的——你跟她直话直说。说吧。"

我咳了一声,竭力按捺住我对特里普的怒火。我明白我的责任所在。我被他骗进了狡猾的圈套,如今脱不了身。特里普的第一个论点倒是公平正确的。一定要把这位小姐当天送回格林堡去。一定要同她讲明道理,说服她,让她安心,教她怎么办,替她买好火车票,马上送她回去。我恨海勒姆,我鄙视乔治;但是责任一定要尽到。崇高的责任感同区区五元钱是不很相容的。但有时候也可以把它们调和一下。我的任务就是先当一阵子预言家,然后代付盘缠;因此我装出所罗门兼长岛铁路客票售票员的神气。

"洛厄里小姐,"我尽量把话说得动听,"生活毕竟是相当奇怪的,"说出口后,我自己觉得这些话有点耳熟,我希望洛厄里小姐从没有听到过科汉先生的歌词。"我们很少同初恋的情人结婚。我们早期的恋爱披上了青春的奇异光辉,往往不能实现。"最后一句话有点陈腔滥调的味道。"可是那些珍藏在心中的美好理想,"我接下去说,"不论它们多么不切实际、多么虚渺,往往在我们未来的生活上投下一片绚丽的余辉。然而生活除了梦幻之外,还充满了现实的东西。人们不能靠回忆生活。洛厄里小姐,我想请问一下,假如除了甜蜜的回忆以外,多德先生在其他方面似乎还——呃——还合格的话,你是否认为可以跟他度过幸福的——就是说,满足的、和谐的一生?"

"哦,海是挺好的,"洛厄里小姐回答说,"我可以跟他过得挺好。他答应给我买一辆汽车,一条摩托船,可是不管怎么样,婚期临近的时候,我不由得希望——不由得想起乔治来。他一定是出了什么事,不然总该写信来的。分手的那天,他和我用铁锤和凿子把一枚十分钱的银币凿成两半。我拿一半,他拿另一半,我们许了愿,彼此永不相忘,永远收藏着那两半银币,直到我们再次见面。我那一半现在藏在家里梳妆台抽屉的一个戒指盒里。我想我来这儿找他是犯傻。我没料到城里有这么大。"

这时,特里普刺耳地笑着插了嘴,他还想凑些小插曲、小花絮来博取他渴求的那可怜的一元钱。

"哦,那些乡下小子进了城,见了一点世面就忘乎所以了。我猜乔治大概成了流浪汉,不然就是被别的女人缠住了;再不然就是喝上了威士忌,或者迷上了赛马,把自己毁了。你听查默斯先生的话回家去,包你万事大吉。"

现在到了该行动的时候了,因为时针快指向正午。我皱着眉头瞪了特里普一眼,然后温和地、富有哲理地同洛厄里小姐讲道理,很细致地让她相信立刻回家的重要性。我还着重告诉她一个道理,就是她不必把她来到这个吞噬了不幸的乔治的城市的奇迹或者事实告诉海勒姆,即使她不说,也不会影响她未来的幸福。

她说她把马(倒霉的畜生)拴在火车站附近的一棵树上,特里普和我嘱咐她一到站就骑上那匹有耐性的马,尽快赶回家。到家以后,她要说怎么和苏珊·亚当斯痛痛快快地玩了一天。她可以向苏珊打个招呼——这点我想不成问题——然后什么事也没有了。

这时候，美色当前，我心里动了一下，对这种冒险也热心起来。我们三人赶到轮渡码头，我发现去格林堡的票价不过一元八十分。我买了一张票，又用剩下的二十分买了一束红而又红的玫瑰花送给洛厄里小姐。我们送她上了轮渡，站在码头上望着她向我们挥动手绢，直到变成一个几乎看不清的小白点。然后，特里普同我面面相觑，回到了尘世，干枯冷寂地留在生活的暗淡现实的阴影里。

美和爱创造出来的魅力在逐渐消退。我瞅着特里普，差点要发出冷笑。他比以往任何时候更显得苦恼，可鄙和恶劣。我摆弄着口袋里剩下的两枚银元，轻蔑地半阖着眼皮看看他，他勉强装出能抵挡一阵子的模样。

"你凭这些材料写不出一篇特写吗？"他沙哑地问我，"哪怕你捏造一部分，好歹总算一篇特写吧？"

"一行都写不了，"我说，"如果我拿这样的狗屁交上去，可以想象出格兰姆斯的脸色会变成什么样。不过我们总算帮了这位小姐的忙，恐怕只有这一点才算是我们的报酬了。"

"我很过意不去，"特里普说，声音小得几乎听不见，"害你破费，我很过意不去。我么，以为发现了一个好题目，我是说——一个可以写成相当精彩的特写的素材。"

"我们还是把它忘了吧，"我用值得赞扬的强颜为欢的口气说，"我们坐电车穿过市区回去吧。"

我横下心肠，不容他说出他那显而易见的欲望。不管他软磨硬抗，也休想搞到他渴望的那一元钱。那类冤枉事我已经干够了。

特里普软弱无力地解开他身上那件花纹已经褪色、边缘已经磨破的上衣，探手到一个很难够得着的、深得像窟窿似的口袋里去掏一条曾经是手帕的东西。他正掏着的时候，我看到他坎肩上横挂着一条廉价的镀银表链的闪光，表链上吊着一件东西。我伸出手去，好奇地一把抓住。那是用凿子凿开的半枚十分的银币。

"怎么?"我说,使劲盯着他。

"哦,是的,"他木然说道,"我就是乔治·布朗,又名特里普。有什么用?"

除了基督教妇女禁酒联盟以外,请问有谁不同意我马上掏出给特里普买威士忌的一元钱,并且毫不犹豫地放到他手里呢?

高等实用主义

一

上哪儿去找智慧已成为严肃的重大问题。古人丧失了信誉：柏拉图成了锅炉钢板；亚里士多德摇摇欲坠；马库斯·奥雷利乌斯头晕眼花；伊索在印第安纳州被当做商标注册；所罗门过于严肃；艾比克泰德那里用十字镐也刨不出什么名堂①。

多年来，学校读本里一向把蚂蚁当做智慧和勤奋的典范，如今却被证明是浪费时间和气力的白痴。作为智慧象征的猫头鹰今天遭到轰赶。肖托夸族的代表大会讨论的不是印第安文化而是空竹玩具。白发苍苍的老人大肆推销专利生发药水。报社出版的年鉴错字百出。大学教授成了——

且慢，不能进行个人攻击。

坐在教室里，钻研百科全书或者过去业绩的记录，不会使我们变得聪明。有位诗人说得好："知识是学来的，智慧滞留不去。"智慧仿佛是露水，在我们不知不觉间浸润我们，使我们神清气爽，使我们成长。知识像是水龙带射向我们的水柱，从根子里搅乱我们。

---

① 这里的六个人都是古希腊、罗马的哲学家、思想家，原文和各自后面的修饰词发音相似。

因此，让我们积累智慧吧。但是做到这一点需要知识。如果我们对一件事有所了解，我们就心知肚明，但我们往往不了解自己的聪明，于是——

闲话少说，言归正传。

二

有一次，我发现街心公园的长椅上有一本十美分的杂志。当我挨着他在长椅上坐下时，他问我要的就是这个价。他是本破旧肮脏的杂志，我敢肯定他有些稀奇古怪的故事。

"我是报社记者，"我试探他说，"我被派采写那些在公园长椅上过夜的不幸的人的经历。我可以问问你落魄的起因吗——"

一阵笑声打断了我的话——笑声如此陈旧生疏，我确信他多天来没有这么笑过。

"哦，不，不，"他说，"你不是记者。记者不是这样说话的。记者假装是和我们一样的人，说他们刚搭乘圣路易斯开来的闷罐行李车下车。我一眼就能辨出谁是记者。我们这种在公园过夜的流浪汉必须是判断人性的好手。我们整天坐在这里，看着人们来来往往。我能辨出在我椅子前走过的任何人的身份，准确的程度会使你大吃一惊。"

"好吧，"我说，"你说说你认为我是什么身份？"

"依我看，"那个研究人性的人迟疑了好久才说，"你是承包商——或者在商店工作——或者是写招牌的。你在公园里歇歇脚，是想把雪茄烟抽完，从我这里找些不用花钱的独白。不过你也可能是泥水匠或者律师——天色已经暗了，我看不太清，你知道。你的妻子不让你在家里抽烟。"

我皱起眉头。

"经过进一步的判断,"那个研究人性的人说,"我要说你根本没有妻子。"

"没有,"我烦躁地站了起来,"没有,没有,我没有妻子。但是我会有的,凭丘比特的箭发誓。只要——"

我的声音在疑惑和绝望中越来越低,含混不清。

"我看你本人就有一段故事,"那个灰头土脸的流浪汉鲁莽地说,"你不如收回那十分钱,把你的故事讲给我听。我自己也很想知道那些在公园里过夜的倒霉蛋生活里的甜酸苦辣。"

他的话引起了我的兴趣。我看看那个邋遢的无家可归的人。我确实有个辛酸的故事。干吗不讲给他听呢?我没有告诉过任何一个朋友。我一向是个感情不外露的谨慎的人。胆怯心理或者敏感——或者两者兼有。我突然有些冲动,要向这个陌生人和流浪汉推心置腹谈谈,不禁暗自好笑。

"我叫杰克。"我说。

"我叫迈克。"他说。

"迈克,"我说,"我讲给你听。"

"你要不要先收回那十美分?"他说。我递给他一元钱。

"那十美分是听你的故事的代价。"我说。

恋爱中人只向晚风和满月倾诉他们的烦恼,我却向那个落魄潦倒的人和盘托出我的秘密,似乎难以置信,但我这么做了。

我告诉他我朝思暮想、日日为米尔德里德·特尔费尔神魂颠倒。我谈到我的失望、伤心的白天和不眠的夜晚、低落的希望和情绪。我甚至向这个夜游神描述她的美丽和尊严,她在社会上的影响,和作为一个古老家族的长女的辉煌生活,那个家族的骄傲不是纽约的百万富翁们的美元所能买到的。

"你为什么不去追求那位女士呢?"迈克问道,他把我拽回现实的世界和语言。

我向他解释我身价很低,收入很少,生性胆怯,没有勇气向她表白我的爱慕之意。我告诉他,我一看见她就脸红,结结巴巴,她却带着有趣的微笑瞅着我,气得我要发疯。

"她的档次比较高,是吗?"迈克问道。

"特尔费尔家族——"我骄傲地开始说。

"我是指她的容貌。"迈克说。

"她受到广泛的高度的钦慕。"我谨慎地回说。

"她有姐妹吗?"

"有一个。"

"你还认识别的姑娘吗?"

"当然,认识几个,"我回答,"有几个。"

"喂,"迈克说,"告诉我——你能向别的姑娘表示你的心意吗?你能和她们攀谈,眉目传情,捏捏她们的手吗?你明白我的意思。你无非是在这位绝顶漂亮的女士面前胆怯而已——我说得对不对?"

"你说的大致符合实际情况。"我承认道。

"我也是这么想的,"迈克冷冷地说,"这让我想起了我自己的情况。我不妨告诉你。"

我有点生气,但不动声色。这个流浪汉或者任何人的情况怎能同我相比?再说,我还给了他一元十分钱呢。

"你摸摸我的肌肉。"我的谈话伙伴突然鼓起二头肌说。我机械地照他的话做了。健身馆里的人总是让你摸摸他们的肌肉。他的胳臂硬得像是铸铁。

"四年前,"迈克说,"纽约非职业拳击圈子里没有我的对手。你的情况和我一模一样。我来自西区——第十三街十四街一带——门牌号码就不必说了。我十岁起就爱打架,二十岁时,城里没有哪一个业余拳击手能同我打上四个回合。那是事实。你认识比尔·麦卡蒂吗？不认识？他是好几个俱乐部的拳击手的经纪人。比尔找来同我比赛的对手都败在我拳下。我是中量级，但必要时可以减轻体重，打轻量级。我打过西区所有的比赛、义赛、表演赛，从未败过。

"可是我一踏上拳击场，同职业拳击手交锋时，我就成了罐头龙虾。我不知道原因何在——我似乎泄了气。我想大概是我的想象力太丰富了。拳击场的正式和公开的气氛使我胆怯。轻量级和二流拳击手都来找我的经纪人签约，上台和我碰碰拳击手套，然后看我被击倒。一看见台下观众和许多穿晚礼服的人，看见一个职业拳击手跨进围栏索，我就像姜啤酒似的泄了气。

"当然，我不久就失去了支持者，再也没有机会同职业拳击手——甚至许多业余拳击手较量了。但是我告诉你——无论在拳击场内外，我都是够格的。只不过我和正式拳击手较量时，总会产生那种说不出所以然的感觉，总会完蛋。

"先生，我脱离这一行后，满腹怨气。我满街乱转，找普通老百姓和非职业拳击手出气。我在黑暗的街道上揍警察，一有机会就找电车售票员、马车夫和货车夫吵架。我不管他们身材如何高大，是否有拳击技巧，总是能把他们打得落花流水。我打遍拳击场外，没有遇到过敌手，如果在拳击场上也有这种信心，早就发了财，今天就会戴黑珍珠的装饰品，穿淡紫色的丝袜了。

"一晚我心事重重地在鲍里街附近转悠，遇上一群观光客。他们有六七个人，都穿着燕尾服，戴着那种哑光的丝礼帽。其中一个碰撞了我一下。我三天没有打架了，正腻得慌，便说：'十分高兴。'朝他耳朵后面挥了一拳。

"我们打了起来，那家伙身手不错，我们打得像是电影里的场面。我们在一条小街上，附近没有警察。对方是拳击行家，但我只用了六分钟左右就把他摆平了。

"几个穿燕尾服的人把他拖起来,让他靠在路边的台阶上,替他扇风。另一个走过来对我说:

"'年轻人,你知道你干了什么事吗?'

"'哦,走开,'我说,'我什么也没干,只玩了几下沙袋练习。把那毛头小伙子弄回耶鲁大学去吧,叫他以后别在人行道上研究社会学啦。'

"'朋友,'他说,'恕我眼拙,请教尊姓大名。你打倒的是中量级世界拳击冠军雷迪·伯恩斯!他昨天刚到纽约,想安排一场同吉姆·杰弗雷斯的比赛。如果——'

"我一听那个名字就晕了过去,醒来时已经躺在一家满是卤精气味的药房的地上。假如我早知道他是雷迪·伯恩斯,我会匍匐在地,从他身边爬过去,绝对不敢出拳的。假如我在拳击场上,看他翻过围栏索,我也早就晕了过去,把自己交代给嗅盐了。"

"那是心理作用,"迈克最后说,"正如我所说的,你的情况和我一样。你永远克服不了。你对付不了职业拳击手。我告诉你,在追求女人方面你也上不了台面。"

悲观主义者迈克刺耳地笑起来。

"我可看不到两者有什么相似之处,"我冷冷地说,"我对职业拳击赛了解不多。"

那个无家可归的人用食指碰碰我的袖管,强调他要说的话。

"每个人,"他神气十足地说,"对于他着意的东西都另眼相看。拿你来说,你不敢对那位女士说你想说的话。拿我来说,我克服不了拳击场上的恐惧。你和我一样也会落败的。"

"你凭什么认为我不行?"我不服地问道。

"因为,"他说,"你怕登上职业拳击场。你不敢面对职业拳击家。你的情况和我一样。你是业余的;也就是说你最好置身职业圈子之外。"

"好吧,我得走啦。"我站起来,做作地看看表说。

我走出二十英尺远时,那个坐公园长椅的人又招呼我。

"十分感谢那一元钱,"他说,"还有十美分。不过你永远得不到她。你是业余级的。"

"同一个流浪汉胡扯淡,自取其辱,我是自作自受。"我暗忖道。

但我走开时,他的话语似乎一直在我的耳边盘旋。我觉得我甚至开始恨那个人。

"我要向他证明!"我终于大声说,"我要给他看看,我也能同雷迪·伯恩斯交手——即使我不认识他是谁。"

我匆匆跑到一个电话亭,往特尔费尔家挂电话。

电话那头是一个柔和甜蜜的声音。我熟悉那个声音。我握听筒的手发抖了。

"是你吗?"我用每个打电话的人常用的愚蠢词汇问道。

"是的,是我,"回答是特尔费尔家族特有的低沉而清晰的音调,"请问您是谁呀?"

"是我,"我说,话虽然符合语法习惯,但自我中心的气息太重,"是我,我有点事情必须马上对你说,直截了当地对你说。"

"唉呀,"电话里说,"哦,是你,阿登先生!"

我觉得第一个字特别像"爱"。米尔德雷德说的话意味深长,事后让人要琢磨好一阵子。

"是啊,"我说,"正是。我们现在谈实质性问题。"我觉得口气咄咄逼人,但既然已经说出口,也顾不上停下来道歉。"你知道,当然,我爱你,我长期以来一直处于那种痴迷状态。我不想继续干蠢事了——也就是说,我立刻要从你那里得到答复。你愿不愿和我结婚?别挂电话,求你啦。别打岔,总机。喂,喂!你愿不愿意?"

那简直是给雷迪·伯恩斯下巴的一记上勾拳。电话里有了答复:

"哟,菲尔,亲爱的,当然愿意!我一直不知道——我是说你从未表示过——哦,请来我家吧——我在电话里不能讲我想讲的话。真有你的。还是请你来我家吧,好吗?"

那还用说?

我使劲拉特尔费尔家的门铃。有人开了门,带我进了客厅,请我稍等。

"不错,"我瞅着天花板自言自语,"人人都有可以学习的长处。迈克的哲学毕竟不错。他没有利用自己的经验,可是我却从中得益。假如你想跻身职业级,你必须——"

我停止了思考。楼梯上有人下来。我两腿开始发软。我了解迈克看到职业拳击手翻过围栏索时的感受。我傻乎乎地打量周围,看看有没有可以供我逃跑的门窗。如果下来的是另一个姑娘,我也许——

那时候门打开了,米尔德雷德的妹妹,贝丝,款步进来。我从没有发现她那么像一位荣耀的天使。她径直走到我面前,然后——然后——

我从没有注意到伊丽莎白·特尔费尔的眼睛和头发竟然这么美妙。

"菲尔,"她以特尔费尔家族的甜蜜动人的声调说,"你以前为什么不告诉我?我一直以为你喜欢的是我的姐姐,直到几分钟前你打电话给我的时候我才恍然大悟!"

我想迈克和我这辈子永远只能做没有出息的业余选手了。但是,就我的具体情况而言,我对结果还是极其满意的。

畅 销 书

一

去年夏季,我有一次去匹兹堡办些事。

我乘坐的豪华车厢里坐满了在豪华车厢常见到的人。大多数是穿棕色丝绸衣服的妇女,衣服有垫肩和网眼插绣,帽子上有圆点花纹的面纱,她们坚决反对打开车厢窗户。男人的数目像往常那么多,看上去几乎各行各业都有,去各个地方的人都有。某些研究人类天性的学者只要看一眼坐卧铺车的人,就能说出他们来自什么地方,从事什么职业,社会地位如何;我可永远做不到。只有列车遭到强盗拦劫,或者当我和旅伴在卧铺车厢的盥洗室里同时伸手去拿最后的一条毛巾时,我才能正确判断我的旅伴的为人。

服务员过来,把窗沿的煤灰扫到我的左裤腿上。我带着抱歉的神情把灰掸掉。温度高达华氏八十八度。一个面纱上有圆点花纹的女士要求再关上两扇气窗,高声谈着因特拉肯①。我无聊地靠在七号座位上,带着最平常的好奇心看着刚露出九号座位后背的有斑脱的黑色小脑袋。

九号突然把一本书扔到他座位和车窗之间的地板上,我看到

---

① 因特拉肯是瑞士中部图恩湖和布里茨湖之间的旅游胜地。

随 意 选 择

那是当今的畅销小说之一《玫瑰夫人和特里维廉》。接着,那个文艺评论家也好,不懂文学艺术的市侩也好,把他的座椅转向窗口,我顿时认出他是匹茨堡的约翰·A.佩斯库,一家平板玻璃公司的旅行推销员——我两年没有见到的老相识。

不出两分钟,我们照了面,握了手,谈完了下雨、市面繁荣、健康、家庭住址和此行行目的地等等话题。紧接而来的很可能是政治,但我的运气没有那么坏。

我希望你们认识一下约翰·A.佩斯库。他是那种运气不佳、得天不厚的英雄之一。他身材矮小,笑容满脸,眼睛仿佛老是盯着你鼻尖上的一个小红点。我注意到他只戴一种领带,喜欢用袖扣,穿纽扣鞋子。他像坎布里亚钢铁厂的所有产品一样坚实;他相信只要匹茨堡能够强制推广完全燃烧装置,地上就不会乌烟瘴气,看守天堂大门的圣彼得就会来到人间,坐在史密斯菲尔德街头,换别人去看守天上的天堂分部。他相信"我们的"平板玻璃是世上最重要的商品,谁到了他的家乡,谁就会奉公守法。

我和他在不夜城交往期间,从没有听他谈过他对生活、浪漫史、文学和伦理学的观点。我们见面时只是泛泛谈了地方上的大事,一起喝马尔高城堡葡萄酒,吃土豆洋葱炖羊肉,烤软饼,乡下布丁,喝咖啡(嗨!——牛奶另外放),然后分手。现在,我可以多了解一些他的思想。他用事实说明,党代表大会以来,生意有了起色,还说他要在库克镇下车。

二

"喂,"佩斯库用右脚鞋尖踢踢他扔掉的那本书说,"你有没有看过这种畅销书?书里的主人公多半是美国阔佬——有的甚至来自芝加哥——爱上另一个化名旅行的欧洲皇室公主,跟她回到她父亲的王国或者公国？我猜想你肯定看过。内容都大同小异。有时候，那个浪子是华盛顿一家报馆的记者，有时候是纽约范氏家族的成员，或者是身价值五千万的芝加哥小麦经纪人。但他随时准备闯进任何外国的皇室行列，那些国家派它们的王后和公主出来试试美国铁路公司的新型豪华车厢。从书中看来，她们之所以在美国似乎没有任何别的理由。

"正如我所说，这个家伙跟踪皇族回国，发现了她的真实身份。一天晚上，他在意大利或者奥地利的街道上同她邂逅相遇，洋洋洒洒来了十页谈话。她提醒说他们地位悬殊，他便滔滔不绝地大谈美国的无冕君王。如果你把他的话配上乐器，再抽掉音乐，就和乔治·科汉写的歌词一模一样了。

"如果你看过那种畅销小说，就知道后面的情节了——每当国王的瑞士籍卫兵碍他事的时候，他就把他们打得人仰马翻。此外，他还是击剑能手。我知道芝加哥有些响当当的非法生意人，但从未听说那里来了击剑手。他站在舒岑费斯滕斯坦城堡皇家楼梯的第一个平台上，手握长剑，把意图杀害国王的六小队叛徒打得落花流水。然后他又同两个大臣决斗，挫败了四个奥地利大公企图夺取王国改为汽车加油站的阴谋。

"最火爆的场面是也想博得公主芳心的费奥多尔伯爵在城堡吊门和废弃的小教堂之间向他发起攻击，伯爵配备了一架机关枪、一把弯刀和两条西伯利亚警犬。正由于有了这个场面，那本畅销书重版了二十九次，出版商才抽出时间给作者开一张预支稿酬的支票。

"那个美国主人公脱掉上衣，扔到警犬头上，一巴掌打飞了机关枪，对弯刀大喝一声'呀！'，一拳打中伯爵的左眼，出手之快可以和'小子'麦科伊相比。当然，小说里经常出现一些精彩的打斗描写。为了衬托主人公的英勇，伯爵本人似乎也精通武术；我们便有了科比特-沙利文①之战的文学版本。小说以经纪人和公主在格尔贡佐拉步行街的椴树下摆出约翰·塞西尔·克莱所画的封面男女的姿态为结束。爱情故事这样结束当然很好。但是我注意到书里回避了一个关键问题。即使畅销书也明智地不让芝加哥的谷物经纪人登上罗伯斯特波茨坦的王位,也不让真正的公主在密执安大街的意大利式小屋里吃鱼和土豆色拉。你说呢?"

"呃,"我说,"约翰,我不清楚。你知道,有句谚语说:'爱情不分阶级。'"

"是啊,"佩斯库说,"但是老实说,这类爱情故事太差劲了。我虽然做平板玻璃生意,对文学也略有所知。这类书不对头,但是我每次乘火车,劈头盖脸看到的都是这类书。旧大陆的贵族同我们这种新型美国人搞在一起不会有什么好结果的。真实生活里的人要结婚的时候,一般都找地位相同的对象。小伙子通常挑在同一个中学里念书、参加同一个歌咏会的姑娘。年轻的百万富翁谈恋爱时,找的歌舞女郎总是喜欢在龙虾上浇他也爱吃的那种调味汁。华盛顿报馆记者总是找比他们年纪大十岁、开寄宿公寓的寡妇太太结婚。不,先生,如果主人公像 C.D. 吉布森②画笔下的年轻人那么帅气,仰仗自己是塔夫脱③式的美国人,在体育馆锻炼过身体,而到国外去把别人的王国搞得天翻地覆,那种小说根本不对头。你再听听他们的谈话!"

佩斯库捡起那本畅销书翻查起来。

---

① 科比特(1866—1933),美国职业拳击手。1892 年 9 月 7 日击倒世界冠军沙利文,夺得冠军称号,保持了将近五年之久,1897 年 3 月 17 日败于菲茨西蒙斯。
② 吉布森(1867—1944),美国书刊插图画家,他画的男女人物代表了美国 19 世纪 90 年代的时尚。
③ 塔夫脱(1860—1936),美国雕塑家,纽约的名人祠有他塑造的美国禁酒运动领袖弗朗西斯·威拉德半身像,华盛顿特区、芝加哥、大湖等地有他设计的喷泉群像。

"你听这一段,"他说,"特里维廉在郁金香花园深处同公主调情。书里是这么写的:

> 别这么说,世上最美、最甜蜜、最可爱的花朵。我能不渴望吗?你是高挂在皇家天穹的一颗星星;而我只是——我自己。但我是男人,我有敢做敢想的心。除了无冕君王之外,我没有别的头衔;但我有可以把舒岑费斯滕斯坦从叛徒的阴谋中解救出来的手臂和长剑。

试想一个芝加哥人手握长剑,侈谈解救什么罐头猪肉之类的事情!他呼吁征收罐头猪肉进口税倒更合适。"

"我理解你的意思,约翰,"我说,"你希望小说作家写的人物和情景要保持一致。作家不应该把土耳其巴夏和佛蒙特农民、英国公爵和长岛摸蛤蜊的人、意大利女伯爵和蒙大拿牛仔,或者辛辛那提啤酒代理商和印度邦主搅和在一起。"

"也不应该把普通生意人同身份高于他们的贵族搅和在一起,"佩斯库补充说,"那不般配。不管我们承认不承认,人是分为阶级的,每个人都有忠于自己阶级的冲动。他们也是这么做的。我不明白,人们去上班时为什么要买成千上万的那种书。真实生活里看不到,也听不到这种无稽之谈。"

三

"好吧,约翰,"我说,"我好久没有看畅销书了。我的观点也许和你的相似。不过谈谈你自己的情况吧。在公司里干得不错吧?"

"棒极啦,"佩斯库立刻眉飞色舞地说,"上次和你见过面以后,我的工资提了两次,还有一个头衔。我在东区买了一块地皮,盖了房子。明年公司要让我买一些股票。不管谁当选总统,我反正已经全面繁荣了!"

"你找到了心上人没有,约翰?"我问道。

"哦,我没告诉你吗?"佩斯库笑得合不上嘴。

"喔嚯!"我说,"敢情你做玻璃生意之余还有时间搞点浪漫史?"

"不,不,"约翰说,"不是浪漫史——没有那种事!不过我可以给你讲讲。

"大约一年半前,我乘南行的火车去辛辛那提,发现过道那面坐着一个我生平从未见过的好看之极的姑娘。不是漂亮,你知道,而是那种你希望和她常相厮守的类型。呃,我一向不擅长调情,不会借捡手绢的机会同女的搭讪,不会主动问她们要不要搭便车,给她们写信,或者登门拜访,她也不是那种随随便便的人。她埋头看书,只顾自己的事,她的事就是待在世界上让世界更美好。我不断地用眼角的余光瞟她,最后的注意越出了卧铺车厢,到了一座草坪环绕、门廊上有藤蔓攀缘的小住宅。我没有想同她攀谈,但暂时把平板玻璃生意抛到了脑后。

"她在辛辛那提换车,乘 L-N 铁路公司的卧车到路易斯维尔。在那里她又买了票,前去谢尔比维尔、法兰克福、列克星敦。这一路我要跟上她相当困难。火车随自己高兴,说来就来,除了尽可能沿着铁轨和铁路用地行进外,似乎没有特定的目的地。随后,它们在换车站而不在城镇停车,最后彻底停住不走了。我敢打赌,如果平克顿①事务所了解我如何成功地跟踪了那位年轻小姐,肯定会出高价把我从平板玻璃行业挖过来替他们工作。我想方设法不让

---

① 阿伦·平克顿(1819—1884),原籍苏格兰,创办了美国著名的私人侦探事务所,南北战争期间曾为麦克莱伦将军收集军事情报,著有《侦探工作三十年》等书。

她发觉我,但始终没有跟丢她。

"她最后在弗吉尼亚州一个偏僻的小站下车,时间是下午六点左右。那里大约有五十幢房屋和四百个黑人。此外只有红色的烂泥、骡子和白毛黑斑猎狗。

"在车站接她的是个高大的老人,一头白发,脸刮得很光洁,神情像是同一张明信片上的、互不服气的裘力斯·恺撒和罗斯科·康克林那么傲慢。他的衣服相当破旧,但这一点是我后来才注意到的。他接过她的小背包,两人走过木板路,沿着一条小道上山。我在他们背后保持一定的距离,装着像是在沙地上寻找我妹妹上星期六野餐失落的一枚石榴石戒指似的。

"他们走进山顶的一扇大门。我抬头一看,倒抽了一口凉气。山顶一片树林里有一座宏伟的宅邸,白色的圆柱准有一千英尺高,院子里种着茂密的玫瑰、黄杨和紫丁香,如果宅邸不像华盛顿的国会大厦那么宏伟的话,万绿丛中根本看不到。

"'我竟然追踪到了这里。'我暗忖道。根据我的判断,我原以为她家境一般。这座房屋至少是州长府第,或者是新一届世界博览会的农展馆。我最好回村里去,在邮局局长或者药剂师那里打听打听。

"我在村子里找到一家松木板盖的名叫'湾景之家'的旅馆。起这个名字的借口恐怕只有在前院吃草的一匹栗色马①,我故作姿态,放下装样品的手提箱。我对旅馆老板说我接受平板玻璃订货。

"'我不要什么玻璃板,'他说,'我只需要添置一个盛糖浆的玻璃罐。'

"随后,我和老板攀谈起来,打听当地的情况,旁敲侧击问了

---

① 原文"bay"可作"海湾"和"栗色马"解。

一些问题。

"'哟,'他说,'我以为人人都知道山顶大房子里住的是谁。是阿林上校,弗吉尼亚或者任何别的地方的最了不起的人物。本州最古老的家族。下火车的是他的女儿。她去伊利诺斯探望生病的姑妈。'

"我在旅馆住下,第三天,我在围篱外面候到了在前院散步的那位年轻小姐。我停下来,揭起帽子打招呼——当时没有别的办法。

"'借光,'我说,'你能告诉我欣克尔先生住哪儿吗?'

"她冷冷地瞅着我,仿佛我是来看花园除草的闲人,但是我觉得她眼睛里有点好笑的闪光。

"'伯奇顿没有姓欣克尔的人,'她说,'就我所知,没有那个姓。您要找的那位先生是白人吗?'

"那句话把我逗乐了。'不开玩笑,'我说,'我不是来找黑人的,尽管我来自乌黑的匹茨堡。'

"'您可跑了不少路。'她说。

"'再跑一千英里我也干。'我说。

"'不见得,假如火车在谢尔比维尔开动时你还没有醒,你就跑不成了。'她说话时脸红得几乎像是院子里的一朵玫瑰花。我想起我曾等在谢尔比维尔车站的长椅上,看她乘哪一班火车,结果迷迷糊糊地睡着了,幸好及时醒来。

"然后我满怀敬意和诚意地告诉她我为什么来这里。我介绍了自己的全部情况,我做的事情,说我别无所求,只希望和她结识,使她喜欢上我。

"她有时微笑,有时脸红,但是眼睛从不混淆,总是盯着她与之说话的对象。

"'以前没有任何人像你这样同我说过话,佩斯库先生,'她

说,'你说你叫什么来着——约翰吗?'

"'约翰·A。'我说。

"'你在伯哈顿换车站差一点没赶上车。'她笑着说,我听来笑声像火车里程表一般美妙。

"'你怎么知道的?'我问道。

"'男人真笨,'她说,'我知道你在每一趟列车上。我以为你会同我说话,幸好没有说。'

"我们聊了一会儿;最后她脸上显出骄傲严肃的神情,转身指着大房子。

"'阿林家族,'她说,'在埃尔姆克罗夫特住了一百年。我们的家族十分高傲。瞧那座宅邸。有五十个房间。瞧那些圆柱、门廊和阳台。客厅、跳舞厅的天花板有二十八英尺高。我的父亲是束带伯爵的直系后裔。'

"'有一次我在匹茨堡的杜肯酒店也束过一个伯爵,'我说,'他并没有翻脸。他当时只顾喝孟农加希拉威士忌,同女继承人调情,闹得出了格。'

"'当然,'她接着说,'我父亲不会让旅行推销员踏上埃尔姆克罗夫特的。如果他知道我隔着围篱同一个推销员说话,他会把我锁在房间里,不准我出来的。'

"'你会让我去那儿吗?'我说,'如果我登门拜访,你会同我说话吗?只要你说我可以去看你,就我而言,什么伯爵不伯爵都可以束起来,吊起来,或者用别针别住。'

"'我不能同你交谈,'她说,'因为我们还没有经人正式介绍。这样不太合乎规矩。再见吧,先生——'

"'把姓说出来,'我说,'你不至于忘了吧。'

"'佩斯库。'她有点恼火。

"'名字呢!'我冷冷地说。

"'约翰。'她说。

"'约翰——后面是什么?'我说。

"'约翰·A,'她扬起头说,'你有完没完?'

"'我明天去看束带伯爵。'我说。

"'他会放出猎狐犬来吃了你。'她笑着说。

"'那样倒能提高猎犬的奔跑速度,'我说,'我自己多少也是个猎人。'

"'我得进去了,'她说,'我根本不应该同你说话。希望你回明尼阿波利斯——还是匹茨堡?——旅途愉快。再见!'

"'晚安,'我说,'不是明尼阿波利斯。你叫什么名字,请问?'

"她迟疑了一会儿,然后摘下一片灌木叶子说:

"'我叫杰西。'

"'晚安,阿林小姐,'我说。

"第二天早上十一点整,我拉响了那座世界博览会主馆的门铃。大约过了四十五分钟,一个八十岁左右的老黑人开了门,问我干什么。我给他一张名片,说是要见上校。他让我进去。

"你有没有砸过虫蛀的英国核桃?宅邸的情况同它一样。家具的数量还不够布置一个租金八元的房间。看到的只有几张旧的马鬃毛长沙发和三条腿的扶手椅,墙上挂着几幅祖先肖像画框。但阿林上校进来时,屋子里仿佛一亮。你几乎听到了乐队的演奏,看到了一批戴假发、穿白色长统袜的老家伙在跳方舞。使你产生那种印象的是他的气质,尽管他穿的仍是我在火车站看到的破旧的衣服。

"他使我感到慌张,大约有九秒钟之久,我差一点泄了气,想向他推销玻璃板。但我很快就镇静下来。他让我坐下,我向他坦白交代,告诉他我怎么从辛辛那提跟踪他的女儿,为什么要这么做,我告诉他我工资收入有多少,有什么前景计划,向他解释我的生活小准则——在家乡要奉公守法,在外一天不能喝四杯以上的啤酒,打牌输赢不能超过二十五美分。起初我以为他会把我从窗口扔出去,但我仍接着往下谈。不久后我抓住机会讲了那个丢了钱包和离婚女人的西部国会议员的故事——你知道那个笑话。他听了哈哈大笑,我敢打赌,墙上的那些祖先和屋里的马鬃毛沙发多年来没有听过这种笑声了。

"我们谈了两个小时。我把知道的事情全告诉他;他开始问些问题,我如实回答。我向他提出的惟一请求只是给我一个机会。假如我不受小姐的欢迎,我马上走人,不再打扰。他最后说:

"'如果我没有记错的话,查理一世时代有个考特尼·佩斯库爵士。'

"'如果有的话,'我说,'他同我们家没有亲戚关系。我们一直住在匹茨堡一带。我有个叔叔是做房地产生意的,还有一个叔叔在堪萨斯什么地方碰到一点麻烦。你可以向匹茨堡任何人了解我们家其余人的情况,都会得到满意的答复。你有没有听过捕鲸船船长要水手做祷告的故事?'我问他。

"'我印象中好像从没有这么幸运。'上校说。

"我便讲给他听。他又大笑一场。我真希望他是个客户。如果是的话,我能做成多么大的一笔玻璃买卖!他说:

"'佩斯库先生,我一向认为讲些奇闻和幽默故事是促进和保持朋友感情的特别愉快的方式,如蒙你允许,我要讲一个我亲身经历的猎狐狸的故事,也许能供你消遣。'

"他讲了故事。足足有四十分钟。我笑了吗?那还用说!等我的脸恢复正常时,他叫来老彼得,那个超龄的黑人,吩咐他去旅馆取我的手提箱。我在小镇逗留期间,可以住在埃尔姆克罗夫特。

"两天后的一个晚上,上校在想另一个故事,我有机会同杰西小姐在门廊上单独讲几句话。

"'今晚的夜色肯定很美。'我说。

"'他来啦,'她说,'这次他要讲的是老黑人和生西瓜的故事。总是在扬基佬和斗公鸡的故事之后。还有一次,'她接着说,'你差一点也赶不上火车——那是在普拉斯基市。'

"'不错,'我说,'我记得。我跳下来时,脚下一滑,几乎摔倒。'

"'是啊,'她说,'我——我——我真担心你摔倒,约翰·A。我真担心你摔倒。'

"她说着从一扇长窗跳进屋里。"

四

"库克镇到了!"乘务员穿过速度逐渐降低的车厢,懒洋洋地喊道。

佩斯库以老出门的悠闲和利索拿起帽子和行李。

"一年前我同她结了婚,"约翰说,"我告诉过你,我在东区盖了一座房子。束带伯爵——我指的是上校——也住在那里。我每次从外地回来,他总是等在大门口,想知道我路上有没有听到新的故事。"

我朝车窗外面望去。库克镇只是个杂乱的山坡,一堆堆凄凉的铁渣和矿渣中间有十来座阴郁的小屋。斜风急雨打在地上形成泛泡沫的小溪,在黑色的泥泞中流向铁路线。

"你在这里可推销不出多少平板玻璃呀,约翰,"我说,"你干吗在这个荒僻的地方下车?"

"是这样的,"佩斯库说,"有一次我带杰西去费城,回来时她仿佛看到这里有一个窗台上放着一盆秋海棠,同她在弗吉尼亚老家种的一模一样。因此我打算在这里过夜,看看能不能替她找些插条和花骨朵儿。我到啦。晚安,老兄。我告诉了你我的住址。有空来看看我们。"

火车继续前行。一位戴圆点花纹面纱的女士坚持要把窗户拉上去,因为雨把窗户打湿了。乘务员拿着他的魔棒过来,开始点亮车厢里的灯。

我看到地下的畅销书,把它捡起来,小心放在地板上没有雨点的角落里。我突然微微一笑,仿佛领悟到生活是没有地理边界的。

"祝你好运,特里维廉,"我说,"但愿你能找到给你的公主的秋海棠!"

都市里的乡下佬

如果以钱论人的话,有三种人是我不喜欢的:钱多得花不完的人;花钱大手大脚但仍有余钱的人;没有钱也要花的人。这三种人中间,我认为我最不喜欢的是第一种。然而就人论人的话,我相当喜欢斯潘塞·格伦维尔·诺思,尽管他的家产有二百万,一千万,或者三千万——我忘了究竟有多少。

那年夏天我没有离城。通常我去长岛南岸的一个村子。周围都是养鸭场,鸭子、狗、蚊母鸟和老旧的风车发出的声音如此嘈杂,以致我晚上睡得很安稳,正像我在纽约的离高架铁路只有六个门面的自己的公寓里一样。那年夏天我没有去。请记住。我的一个朋友问我为什么不去,我回答说:"因为,老兄,纽约是世上最好的避暑胜地。"你听过这句话。是我对他说的。

那一年,我是宾克利-宾戏剧演出公司的新闻广告员。你当然知道新闻广告员是干什么的。但是他不知道。行业秘密就在于此。

宾克利乘坐他新买的威廉逊牌汽车游历法国,宾去苏格兰学习冰上溜石饼游戏①,他心目中似乎把这同烧热的铁夹子联系起来,而同冰没有关系。他们离开之前,让我六、七两个月带薪休假,

---

① 原文 curling 是苏格兰的一种在冰上掷石饼比远近和准确性的游戏,也有"火烫卷发"之意。

这一举措符合他们慷慨大方的精神。但我仍留在纽约,因为我认为世上最好的避暑胜地是——

那句话我已经说过了。

七月十日,诺思从他在阿迪龙达克的营地来纽约。试想一下,那个营地有十六个房间,有抽水马桶、鸭绒被子、男管家、汽车库、纯银托盘,还有长途电话。当然,它在森林里——如果平肖先生①要保护森林,他可以给每位公民二百万、一千万或者三千万元,树木便会像伯南的森林迁移到邓锡南那样②,聚在夏令营地周围,得到妥善保护。

诺思到我的住处来看我,我住的是三居室带浴室的公寓,如果电灯用得过多,或者通宵不灭,要额外收费。他拍拍我的后背(下手之重,我宁愿胫骨被踢一脚),咋咋呼呼、兴高采烈地招呼我。他皮肤晒得黝黑,衣着讲究,让人看了很不痛快。

"我来城里待几天,"他说,"签署一些文件和别的东西。我的律师打电报叫我来的。好啊,你这个没精打采的城里人,你在城里干什么?我随便试试,打个电话,他们说你在这里。你每年夏天带着打字机和你的别扭脾气去长岛那个乌托邦,今年怎么啦?晚上老是在农场唱歌的——呃,是天鹅吧——出了什么问题?"

"是鸭子,"我说,"天鹅的歌声是有福之人听的。天鹅在富人庄园的人工湖里弯着脖子游弋,让命运的宠儿看了赏心悦目。"

"中央公园也有,"诺思说,"让移民和无所事事的人看了快活。我在那里就看过许多次。现在已经是盛夏,你还待在城里

---

① 平肖(1865—1946),美国林学教授,耶鲁大学林学院创办人,1923—1927,1931—1935年间两度任宾夕法尼亚州州长。
② 莎士比亚悲剧《麦克白》中,麦克白凭战功受封领主,在野心驱使和妻子怂恿下谋杀了国王,先此,女巫曾预言伯南(又译勃南)的森林迁移到邓锡南(又译邓西嫩)之日便是他的死期。全家被他杀害的麦克德夫兴兵复仇,命令部下携带伯南的树枝伪装,攻破了麦克白在邓锡南的城堡。

干吗?"

"纽约市,"我开始背诵说,"是世上最好的避——"

"得啦,"诺思打断我说,"别给我来那老一套。我知道你说的不是真心话。老兄,今年你应该和我们一起去度夏。普雷斯顿一家去了,还有汤姆·沃尔尼、门罗一家、露露·斯坦福,以及你很喜欢的肯尼迪小姐和她的姑妈。"

"我从来没有喜欢过肯尼迪小姐的姑妈。"我说。

"我不是说她的姑妈,"诺思说,"我们从来也没有玩得这么痛快过。梭鱼和鳟鱼那么贪嘴,我想即使你用蒙大拿空头铜矿的计划书做鱼饵,它们也会上钩。我们有两条电快艇,我告诉你,我们每晚或者每隔一晚是怎么玩的——我们的快艇后面拖一条划子,里面摆一台大留声机,有个小厮专门换唱片。水面上放音乐,离你二十码远,效果很不错。树林里的道路可以开汽车。我运了两辆汽车过来。三英里外有一家松崖旅馆。你知道松崖旅馆。这个夏季有些体面的旅客,我们每周去参加两次舞会。你能和我一起回去吗,老兄?"

我笑了。"诺思,"我说——"我直呼一位百万富翁的姓未免不够尊重,但是斯潘塞和格伦维尔这两个名字我都不喜欢——承蒙你盛情相邀,十分感谢,不过我还是待在城里过夏天为好。资产阶级都走了,我可以生活得像尼禄①那样舒畅——当城里荫处都热得火烧火燎,高达华氏九十度时,我至少不受声色犬马的骚扰。热带气氛像侍女似的侍候我。我坐在佛罗里达棕榈树下吃石榴,通过电风扇的咒语召来的北风之神朝我吹着阵阵凉气。至于鳟鱼,你自己也知道,莫里斯餐馆的法国厨师让做得比谁都好。"

---

① 尼禄(37—68),罗马皇帝,荒淫暴虐,据说他为了想看看特洛伊城焚毁的情景,下令纵火烧罗马城,自己弹琴取乐。

"要知道,"诺思说,"我的厨师是一流的。他在鳟鱼肚子里塞几片咸肉,用玉米包皮包好——你知道,嫩玉米的包皮——整个儿埋在热灰里,上面放几块烧红的煤。我们在湖边升起火,吃鱼当晚餐。"

"我知道,"我说,"仆人们搬来桌椅和花桌布,你们用银叉进餐。我知道你们这些百万富翁的营地是怎么样的。旁边的冰镇香槟酒的冰桶,使野花自惭形秽,毫无疑问,吃好鳟鱼后,有泰特拉齐尼夫人①在篷船里唱歌。"

"哦,不,"诺思担心地说,"我们的品位没有那么低。我们确实请了城里的杂耍团,每周表演三四个晚上,但演员还不是当红的明星。即使我含辛茹苦的时候,我也喜欢有些家里的舒适。别对我说你夏天喜欢待在城里。我不信。果真如此的话,过去四年里你为什么都在那里度夏,甚至乘夜班车偷偷出城,不告诉你的朋友那个世外桃源似的村子在什么地方?"

"因为他们可能跟踪我,发现那个地方。但是此后我得知牧羊女进了城。最清凉、最鲜活、最光彩、最精选的东西都可以在城里找到。你今晚如果没有什么事,我带你去看看。"

"我没有事,"诺思说,"我的汽车停在外面,我们坐车去。我想你既然皈依了城市,你心目中的乡村消遣无非是在中央公园骑自行车的警察中间兜兜风,然后在地下室酒馆里喝一大杯黏糊糊的啤酒,那里空气污浊,电风扇一星期转动的次数还不及尼加拉瓜一天里走马灯似的革命次数多。"

"我们兜圈子就从中央公园开始吧。"我说。我的小公寓里闷热恶浊的空气使我喘不过气,我要去外面凉快一下,向我的朋友证

---

① 泰特拉齐尼(1874—1940),意大利花腔女高音歌唱家,1910—1913年在美国巡回演出。

明,纽约是世界上最好的避——"

"你在哪里能找到比这更新鲜、更纯净的空气?"我们的汽车开进中央公园树木最茂密的小山谷时,我问道。

"空气!"诺思鄙夷地说,"你管这叫做空气?——这种带垃圾和汽油味的潮湿的烟雾也算是空气?老兄,我希望你白天能在松树林里吸一口阿迪龙达克的正宗货色。"

"我听说过,"我说,"但是就鼻孔里的芳香怡人的气息来说,我不愿用长岛上我的小船码头上的一阵海湾微风,换你的十阵带松节油的龙卷风。"

"那你为什么不去长岛,"诺思有点好奇地问道,"而要窝在这个大烤炉里呢?"

"因为,"我固执地说,"我发现纽约是世界上最好的避暑——"

"别重复啦,"诺思打断了我的话,"除非你得到了地下铁路客票主任的职位。你说的话连你自己都不相信。"

我颇费周折地向我的朋友证明我的理论。气象局和季节既然联手同我作对,恐怕要一个能说会道的律师才能使我的论点站得住脚。

这个城市仿佛直接搁在地狱火炉的烤肉架上。大马路上有一种勉强的欢乐气氛,主要表现在漫步街头的戴草帽和穿晚礼服的男人,和一排排竖起"空车"小旗、像是国庆节游行受堵的出租汽车。酒店保持灯火辉煌和殷勤好客的外观,可是里面空荡荡的,酒吧的搁脚档由于好久没有接触顾客的鞋底而金光锃亮、一尘不染。横贯全城的街道两边,老旧的赭石房屋的台阶上坐满了从天窗室和地下室出来乘凉的房客,他们带来自家门口的蹭脚草垫当坐垫,乱哄哄地高谈阔论。

诺思和我在一家酒店的顶层吃晚饭;我暂时觉得我在这里占

了优势。一阵几乎算是凉快的东风掠过露天的屋顶。隐蔽在紫藤底下的乐队演奏得恰到好处,既表现了音乐艺术,又让客人们有交谈的可能。

别桌的几位穿着无可挑剔的夏装的女士给现场增添了生气和色彩。一顿极好的晚餐,虽然原料主要来自冰箱,似乎成功地支持了我对于避暑地点的判断。但是诺思吃饭时老是嘟嘟囔囔,诅咒他的律师,唠唠叨叨地谈他该死的树林里的营地,我开始希望他赶快回去,让我安安静静地待在我的城市休养地。

饭后,我们去屋顶花园看一出评价不错的轻松喜剧。剧目相当精彩,场地冷气开放,供应冷饮,服务及时,观众衣着整齐,情绪很高。诺思却不感兴趣。

"你在五年不遇的最热的一个八月夜晚,假如觉得这里还不够舒服,"我有点讥刺地说,"不妨想想德兰西和赫斯特街的孩子们,他们躺在防火梯上,伸着舌头,想吸一口不是两面烤黄的空气。这么一对照,你也许可以知足了。"

"别宣扬社会主义,"诺思说,"今年五月一日,我捐助了五百元给免费派送冰块的基金会。我只是把这种陈旧、虚假、乏味的'娱乐'同树林里可以得到的享受加以比较罢了。你应该看看暴风雨时摆动得像跳裙子舞似的枞树和松树;你应该在追踪了一天鹿迹之后伏在地上喝清凉的山涧。那才是消夏的惟一办法。到大自然中间去生活吧。"

"绝对同意。"我着重说。

我暂时放松了警惕,透露了我的真实感情。诺思好奇地瞅了我好久。

"凭森林之神和太阳神的名义,"他问道,"你为什么言不由衷,在城里大唱夏天的赞歌?"

我想我大概露出了内疚的神情。

"哈,"诺思说,"我明白了。我可以问问她叫什么吗?"

"安妮·阿什顿,"我简单地说,"她在宾克利-宾推出的《银索》一剧里扮演南内特的角色。下一季,她可能有一个好些的角色。"

"带我去看看她。"诺思说。

阿什顿小姐和她妈妈一起住在一家小旅馆里。她们老家在西部,有点小积蓄,准备应付青黄不接的时候。作为宾克利-宾戏剧演出公司的新闻广告员,我尽力把她推向公众。作为罗伯特·詹姆斯·范迪夫,我不希望她抛头露面;因为如果要找个人陪伴范迪夫,一起在长岛南岸闻带有盐味的海风,晚上听鸭子的嘎嘎叫声的话,阿什顿是首选。

但是她的心气远在鸭子之上——超过鸭子,超过夜莺;哎,甚至超过天堂鸟。她非常美丽,举止文静,看上去很坦率。她在舞台上既有风格又有天才,但她喜欢待在家里看看书,替她母亲编织帽子。她对宾克利-宾演出公司的新闻广告员一贯和善友好。由于剧院在歇夏,她允许范迪夫先生以非官方的身份去拜访。我经常在她面前谈起我的朋友斯潘塞·格伦维尔·诺思;现在时间还早,轻松喜剧的第一个节目还没有结束,我们便去打电话。

阿什顿小姐说她很乐意见见范迪夫先生和诺思先生。

我们发现她正在替她母亲试戴一顶新织好的帽子。我觉得她的模样比任何时候都更可爱。

诺思的八面玲珑让我讨厌。他十分健谈,自有一套。此外,他有二百万、一千万,或者三千万家产,我记不清多少了。我无意之中赞扬了她母亲的帽子,她随即把现有的一二十顶都搬了出来,给我上了一堂钩边打褶的编织课。安妮的手指不管怎么发红、起皱、折边,都引不起我的兴趣,我只听到诺思没完没了地同安妮谈他可恨的阿迪龙达克营地。

两天后，我看到诺思同安妮小姐和她的母亲一起坐在他的汽车里。第二天下午，他来看我了。

"鲍勃，"他说，"夏天里这座老城市毕竟不算是坏地方。这几天我到处转转，觉得它好多了。屋顶和户外花园有些一流的音乐喜剧和轻歌剧。只要找到一流的场所，不喝烈性饮料，在这里也可以像在乡下一样凉爽。真见鬼！只要仔细想一想，乡下其实没有什么了不起。你搞得很累，晒得黢黑，冷冷清清，厨师给你吃什么，你就得吃什么，总是老一套。"

"确实不一样，是吗？"我说。

"是不一样。昨天我在莫里斯餐馆吃银鱼，用一种新的调味汁，比我吃过的任何鳟鱼都好。"

"确实不一样，是吗？"我说。

"大不一样。银鱼主要靠调味汁。"

"确实不一样，是吗？"我盯着他的眼睛问道。他明白了。

"听我说，鲍勃，"他说，"我正要告诉你。我不能自已。我光明磊落地同你比赛，但是我会赢的。我对她特别有意思。"

"好啊，"我说，"美国是个公平竞争的国家。不存在侵犯权利的问题。"

星期四下午，阿什顿小姐请诺思和我去她的公寓里吃茶。他十分投入，而她显得更妩媚。为了避免帽子的话题，我时不时插一两句。阿什顿小姐没话找话地问到下一季的演出路线。

"哦，"我说，"我不清楚。下一季我不在宾克利-宾演出公司了。"

"是吗？"她说，"我原以为他们把一号路线的演出团交给你负责呢。你好像对我说过。"

"有这件事，"我说，"但是现在不行了。我把我的打算告诉你。我要到长岛南岸买下海湾边上我看中的一所小房子。我要买一艘独桅艇、一条划子、一支散弹枪和一条黄狗。我攒的钱够买这些了。当风从海上吹来时,我整天闻着带有盐味的风;风从陆地吹来时,我闻带有松树气味的风。当然,我要写剧本,装满一箱子的剧本。

"我要做的第二件,也是最重要的事,是买下隔壁的养鸭场。了解鸭子的人不多。我可以一连看上它们几个小时。它们的步调比任何一连国民警卫队都整齐,它们玩的'学领袖'游戏不是民主党所能比的。它们的声音虽然不怎么样,可是我喜欢听。它们一晚上要吵醒你十来次,但是那些嘎嘎声更朴实,比起城里早晨你要睡觉时窗外'新鲜草莓啰!'的叫卖声更有音乐感。

"还有,"我兴致勃勃地接着说,"鸭子除了聪明、美丽、守秩序、声音好听之外,你知道它们的价值吗?它们的羽毛是一笔取之不尽的可靠收入。我知道有个养鸭场,卖鸭绒的收入一年有四百元。想想看!运到市场上去卖的鸭子还可以换回许多钱。是啊,我喜欢养鸭和带盐味的海风。我打算请个中国厨师,有他做饭,有夕阳景色和狗做伴,我日子会过得不坏的。我再也不过这种沉闷、燠热、无聊、喧嚣的城市生活了。"

阿什顿小姐露出吃惊的神色。诺思大笑。

"今晚我就着手写一个剧本,"我说,"因此我必须走了。"我说罢起身告辞。

几天后,阿什顿小姐打电话找我,让我下午四点钟去看她。我去了。

"你一向对我很好,"她吞吞吐吐地说,"我认为应该告诉你。我要离开舞台了。"

"是啊,"我说,"我想你会的。有了钱以后,一般都会离开。"

"钱倒没有,"她说,"或者很少。我们的钱差不多用完了。"

"不过我听说,"我说,"他有二百万或者一千万或者三千万——我记不清是多少了。"

"我明白你的意思,"她说,"我不想装模作样。我不准备同诺思先生结婚。"

"那你为什么离开舞台?"我严肃地问道,"你要谋生,还能干什么呢?"

她向我更靠近一点,但说话时我仍能看到她的眼睛。

"我能摘鸭绒。"她说。

我们第一年的鸭绒卖了三百五十元。

靠不住的规律

我一向认为,并且时常断言,女人并不神秘;男人可以对她作出预言、分析、驯服、了解和诠释。女人神秘一说,是她们自己强加在轻信的人们头上的。我的话对不对,下文自见分晓。《哈珀斯杂志》以前常说:"下面这个有趣的故事讲的是某小姐、某先生、某先生和某先生。"

至于"某主教"和"某牧师",同我们的故事沾不上边,恐怕只能割爱了。

那年月,帕洛马还是南太平洋铁路线上的一个新兴城镇。新闻记者或许会用"雨后春笋"之类的词儿来形容它的蓬勃发展;可是不行。帕洛马自始至终是属于毒菌类的。

中午,列车在这里靠站,给火车头上水,让乘客们也喝水吃饭。镇上有一座新盖的黄松木板旅店,还有一个羊毛仓库,三十来个住家棚屋。其他只有帐篷,牛仔骑的矮种马,黑蜡似的泥泞和牧豆树,再有就是一望无际的草原了。帕洛马是个略具雏形的城市。房屋代表信心;帐篷代表希望;每天两班的火车值得称颂地充当了慈善的角色,因为你待不下去时可以搭火车离开。

巴黎饭馆坐落在镇上雨天最泥泞,晴天最炎热的地点。饭馆老板、经理兼领班是个姓欣克尔的老头,他老家在印第安纳州,特意来到这个流炼乳和高粱糖浆之地,想发大财。

他们一家住在一幢有四个房间,钉着檐板,未经油漆的木板房子里。厨房旁边用木杆搭出一个凉棚,上面用栎树枝条覆盖。棚子底下摆开一张长桌子和两条各长二十英尺的板凳,那都是帕洛马本地木工的手艺。巴黎饭馆菜单上的烤羊肉、熬苹果、煮豆子、苏打饼干、布丁或者馅儿饼、热咖啡就在这里供应。

欣克尔大妈同一个只闻其名、不见其人的叫"贝蒂"的下手在厨房里掌勺。两根大拇指能耐高温的欣克尔大爷亲自端出滚烫的菜肴。一个墨西哥小伙子在开饭最忙的时候,帮他跑堂,招呼顾客;上菜空闲的时候,就卷烟抽烟。巴黎筵席的习惯最后一道是甜食;我把甜美的东西也放在我的文字菜单的最后。

艾琳·欣克尔!

拼法没有错,因为我见过她本人是这么写的。毫无疑问,给她起名字时是单凭发音;不过再差劲的缀字法用到她身上也照样出色。假如汤姆·莫尔①见到了她的话,也会认可这种表音法的。

艾琳是欣克尔家的女儿;如果自东向西划一条通过加尔维斯顿和德尔里奥的线,艾琳就是第一个进入这条线以南地区的女出纳员。她坐在厨房门口凉棚下一个粗糙的松木大柜台——是柜台还是殿堂?——里面的高脚凳上。她面前还有一张铁丝网保护着,网上开了一个拱形小窗,你付钱时就从那下面递进去。为什么要铁丝网,只有天知道;在那里吃巴黎式饭菜的人个个都愿意豁出性命为她效劳,绝不会伤害她。她的工作很轻松;每餐饭一元钱,你把钱搁在窗口下面,她只消收钱就行了。

我本想为你把艾琳·欣克尔好好描绘一番,但我必须介绍你看看埃德蒙·伯克②的一部书,书名是《我们对崇高与美的概念的哲学探源》。这是一部论述十分详尽的著作,先谈到美的原

---

① 指爱尔兰浪漫主义诗人托马斯·摩尔(1779—1852),摩尔的作品中也有名叫艾琳的人物,但拼法和这里的原文不同。
② 伯克(1729—1797),生于爱尔兰的英国政治家、作家,以雄辩著称。

始概念——我记得伯克说的是圆润和光滑。说得很有道理。圆润具有明显的魅力;至于光滑——女人脸上的皱纹越多,人就变得越滑。

艾琳纯粹是植物性化合物,根据亚当被逐出伊甸园那年颁布的《纯正仙食与基列乳香法案》①,保证不掺假。她是鲜果摊式的金发女郎——草莓、桃子、樱桃等等,美不胜收。她两眼分得很开,神态里具有一种暴风雨前的宁静,但是暴风雨永远不会来到。我认为用文字(不论稿费标准高低)来描绘美总是徒劳无益。因为美同幻想一样,"来自眼中"。美女有三种类型——我命中注定爱发议论,说着说着就跑了题。

第一种类型是你喜欢的雀斑脸、塌鼻梁的姑娘。第二种是莫德·亚当斯②式的。第三种是布格楼③画中的女人。艾琳·欣克尔是第四种。她是纯洁无瑕的女市长。同她相比,特洛伊的海伦只能算是洗衣妇,一千个金苹果都应该判给她④。

巴黎饭馆自成中心,吸引着方圆数英里的顾客。即使在它影响范围之外的地方,也有人骑马赶到帕洛马来博她一笑。他们总能如愿以偿。一顿饭——笑一笑——一元钱。不过,尽管艾琳对她的爱慕者一视同仁,她似乎特别赏识其中的三个。根据礼貌的原则,我最后才提我自己。

第一个是名叫布赖恩·杰克斯的人工产物。这个名字显然碰

---

① 美国有《纯正食物与药品法案》,禁止制造商掺假,损害人民健康;这里是作者杜撰的法案名称;"基列乳香"典出《旧约·耶利米书》第8章第22节,当时已发现乳香有活血止痛等作用,可用来入药。
② 莫德·亚当斯(1872—1953),美国女演员。
③ 布格楼(1825—1905),法国装饰画与宗教画家。
④ 据希腊神话,天后赫拉、智慧女神雅典娜和爱神阿佛洛狄特争夺刻有"属于最美者"字样的金苹果,请特洛亚王子帕里斯公断,分别以荣誉、财富和美女私许帕里斯,帕里斯愿得美女,把金苹果判给阿佛洛狄特,后来得到她的帮助,诱走斯巴达王的妻子美人海伦,引起特洛伊战争。

到过许多钉子①。杰克斯是铺柏油马路的大城市里的产物。他五短身材,像是柔韧的砂岩之类的材料做的。他头发的颜色如同砖砌的贵格会教徒聚会所;他的眼睛好像两颗酸果蔓的果实;他的嘴则像信箱的投信口。

从东北的班戈到西海岸的旧金山,往北到波特兰,再往南偏东四十五度到佛罗里达的特定的一点,这个范围里的每一个城市,他都熟悉。世界上的各种技艺、行当、游戏、事务、职业和运动,他无不精通;从他五岁开始,东西海岸之间发生的每一重大事件,他都亲眼目睹,或者正赶去参加。你可以打开地图册,随便指点一个城市,杰克斯在你合上图册之前就能把那里三个著名人士的小名告诉你。他谈到百老汇路、灯塔山、密执安路、尤克利德路、五马路以及圣路易四大院时,态度大大咧咧,甚至带有轻蔑。如果要同他比见多识广,流浪的犹太人简直像是隐士了。世界能教给他的东西,他都已学会,他还愿意讲给你听听。

我不愿意听人提起波洛克②的《时间的历程》,你也如此;可是我一看到杰克斯,就会想起这位诗人描写另一位诗人拜伦时所说的话,他说拜伦"饮得早,饮得深——他的量超过了芸芸众生,然后渴死了,因为无可再饮"。

这几句话很符合杰克斯的情况,只不过他没有死,却到帕洛马来了,这同死也相差无几。他是铁路报务员兼货运售票员,每月工资七十五元。我不明白,一个什么都懂、什么都会的年轻人,怎么会甘心做这样一份默默无闻的差事;尽管有一次他露了点儿口风说,他之所以这么干,是他个人帮南太平洋铁路公司的董事长和股东们一个忙。

---

① 指他的名字与威廉·布赖恩(1860—1925)的姓相同。布赖恩三次竞选总统均失败。

② 波洛克(1798—1827),苏格兰诗人,《时间的历程》是他的一篇诗体论文。

我再形容两句就把杰克斯交给你们了。他穿一套鲜蓝色的衣服,脚登黄色皮鞋,打的领结和衬衫的料子一样。

我的第二号情敌是巴德·坎宁安,他在帕洛马附近的一个牧场上工作,协助把不听话的牛群管得俯首帖耳。在我见过的舞台下的牧人中间,惟有巴德像是舞台上的牧人。他戴着阔边帽,穿着皮套裤,脖子上围着一块手帕,结打在颈后。

巴德每周骑马从绿谷牧场进两次城,来巴黎饭馆就餐。他骑的是一匹飞扬跋扈的肯塔基马,快得吓人;跑到凉棚角上的牧豆树前时,他猛地勒住缰绳,马蹄在肥土上犁出的沟有好几码长。

当然,杰克斯和我是饭馆的常客。

在这个到处都是黑蜡样泥土的地方,欣克尔家的前房可算是很整洁的小客厅了。客厅里的柳条摇椅上垫着手织的罩布,摆着不少照相册和一排海螺壳。角落里还有一台立式小钢琴。

杰克斯、巴德和我——有时碰运气只有我们中间的一个或两个人——等饭馆生意忙过之后,晚上常去那里坐坐,"拜访"欣克尔小姐。

艾琳是个思想有深度的姑娘。她不该整天坐在铁丝网后面收钱,而注定要过高人一等的生活,如果还有什么比目前的工作位置更高的话。她注意阅读、倾听和思索。换一个志趣不高的姑娘,单凭长相就能干出一番事业;但是艾琳超越了单纯的容貌美,她要建立一个文艺沙龙之类的东西——帕洛马独一无二的沙龙。

"你认为莎士比亚是不是伟大的作家?"她扬起弯弯的眉毛问道。她的模样那么俊俏,如果已故的伊格内修斯·唐纳利①本人见到她的话,就很难袒护他的培根了。

---

① 伊格内修斯·唐纳利(1831—1901),美国作家,他根据考证认为莎士比亚的作品全部出自英国哲学家培根的笔下。

艾琳还认为,波士顿的文化修养高于芝加哥;罗莎·邦乌尔[①]是最伟大的女画家之一;西部人比东部人开朗坦率;伦敦准是一个多雾的城市;春天的加利福尼亚一定很美。她还有许多别的见解,表明她绝不落后于世界上最优秀的思潮。

不过,这些都只是从道听途说和明显的事实中捡来的;艾琳还有她自己的理论。她尤其不厌其烦地向我们传播其中的一条,那就是她厌恶恭维。她声明,言行的坦率和诚实是男人和女人心灵的主要光辉。假如她喜欢任何人的话,就因为那个人具有这种品质。

"人们老是赞美我的外貌,"有一晚,我们三个牧豆树下的火枪手在小客厅里时,艾琳说道,"真叫我腻味。我知道自己并不美。"

(巴德·坎宁安后来告诉我,她说这话的时候,他好不容易才忍住没有说她言不由衷。)

"我只不过是个中西部的小姑娘,"艾琳接着说,"只求简单朴素的生活,帮衬着爸爸餬口谋生。"

(欣克尔老头每月要运出一千元现大洋的净利,存在圣安东尼奥的一家银行里。)

巴德坐在椅子上不踏实地扭着身子,不停地窝着帽檐;这顶帽子,他无论在什么场合都不肯脱手。他拿不准她要听的究竟是她口头所说她爱听的那种话,还是她心里明知道她应当得到的恭维话。

"唔——呃,艾琳小姐,正如你会说的,美并不是一切。我不是说你长得不美,不过你善待你爹妈的那份温顺厚道,一向使我比对什么都更为钦佩。一个人待父母好,又顾家,不一定要长得太

[①] 罗莎·邦乌尔(1822—1899),法国女画家,以画马著名。

漂亮。"

艾琳给了他一个最甜蜜的微笑。"谢谢你,坎宁安先生,"她说,"我认为这是我长久以来所听到的最好的夸奖之一。我宁愿多听这种话,而不愿听你夸我的眼睛和头发。我说我不喜欢别人恭维我,你信了我的话,真让我高兴。"

我们已经得到了暗示。巴德猜准了。杰克斯当然不会错过机会。他马上凑了上去。

"确实是这样,艾琳小姐,"他说,"漂亮的人并不一定事事都行。当然,你长得并不难看——不过那毫不相干。我在杜布克见过一个姑娘,脸长得像椰子似的,可是她在单杠上可以不换手,连续做两次悬垂穿腿后翻,然后成后悬垂。尽管有的姑娘长得闭月羞花,这一手可不在行。我见过——呃——长相比你难看的人,艾琳小姐;但是我喜欢的是你做事有条有理。冷静和聪明——这是女孩子讨人喜欢的品质。那天欣克尔先生告诉我说,你干这份工作以来从没有收进一块铅大洋或是一块哑板。女孩子就应该这样——那才是让我喜欢的地方。"

杰克斯也博得了一个微笑。

"谢谢你,杰克斯先生,"艾琳说,"你真应该知道我多么欣赏有啥说啥、不爱恭维的人!人们老是说我长得好,真让我厌烦。我认为有几个讲实话的朋友是再好不过的事了。"

这时候,艾琳朝我瞟了一眼,我觉得她脸上有期待的神情。我突然有一种难以遏止的冲动,要向命运挑战,对她说在伟大的造物主所有美妙的产品中,她是最瑰丽的——她是一颗毫无瑕疵的明珠,在黑泥和葱翠草原的背景下散发着纯洁恬静的光芒——她是——她是天生尤物;就我而言,我才不管她是不是像蛇牙那样残忍地对待父母,也不管她是不是能分辨哑板大洋和马笼头上的搭扣,我只要能够歌颂、赞美、膜拜她那无与伦比的美丽,就心满意足了。

但是我忍住没说出来。我害怕遭受奉承者的命运。我亲眼看到她听了巴德和杰克斯那些巧妙而得体的话之后的高兴劲儿。不！欣克尔小姐不是奉承者的花言巧语所能哄骗的。因此我也加入了老实人的队伍。我立即换了虚假的说教口吻。

"古往今来，欣科尔小姐，"我说，"不管每个时代的诗歌和传奇怎么说，女性的智慧始终比她的美貌更能博得人们的倾慕。即使在克里奥帕特拉身上，男人们发现她那女王的智慧比她女人的艳丽具有更大的魅力。"

"是啊，一点不错！"艾琳说，"我见过她的画像，真不怎么样。她的鼻子长的要命。"

"恕我冒昧，"我接着说，"艾琳小姐，你让我想起了克里奥帕特拉。"

"哟，我的鼻子可没有那么长！"她睁大眼睛，举起丰腴的食指指着她秀丽的鼻子。

"哦——呃——我指的是天赋才智。"我说。

"哦！"她说；然后我也像巴德和杰克斯一样领受到我的那一份微笑。

"多谢你们各位，"她非常、非常甜蜜地说，"对我那么坦率，那么真诚。我就是要你们永远这样。你们把心里的想法直言不讳地告诉我，我们就是世界上最亲密的好朋友。现在，为了回报你们对我这样好、这样了解我是多么讨厌一味捧我的人，我要为你们唱唱歌，弹弹琴。"

当然，我们表示感激和喜悦；不过假如艾琳坐在那把矮矮的摇椅里不动窝，让我们面对面地瞧着她，我们一定会更高兴。因为艾琳不是艾德莱纳·帕蒂①，连那位歌剧演员的告别巡回演出的最

---

① 艾德莱纳·帕蒂(1843—1919)，美国女高音歌剧演员。

后一场的水平都够不上。她的嗓音很低,像斑鸠的咕哝,假如把门窗都关好,厨房里的贝蒂又不把炉盖搞得咔咔直响的话,客厅里勉强可以听到。我估计她唱的音域在钢琴键盘上只有八英寸左右;她顺着音阶顺序连唱的声调和颤音,像是你姥姥用铁锅煮衣服的噗噗声。如果我说我们觉得她的唱歌像音乐,你该相信她确实长得漂亮。

艾琳的音乐兴趣相当广泛。她把钢琴架上左边的一摞活页乐谱一份份地唱下去,"宰"掉一份,就放到右边。第二天晚上,她再从右边唱到左边。她最喜欢的是门德尔松,还有穆迪和桑基①。她应我们要求,总是拿《甜蜜的紫罗兰》和《当叶子变黄的时候》两支歌作为结束。

晚上十点钟,我们三个人告辞后,总是到杰克斯的木板小车站去,坐在月台上,晃荡着腿,想方设法互相摸底,了解艾琳小姐属意于谁。情敌就是这样的——他们彼此并不回避,也不怒目而视;而是聚在一起谈论分析——竭力用机智和权术来估计敌方的实力。

一天,帕洛马来了一个实力难测的家伙,一个刚到镇上就大吹大擂、亮出照牌和本人的律师。他名叫西·文森特·维齐。你一眼就可以看出,他是刚从西南部某个法学院毕业的学生。他身上的礼服大衣、浅色条纹裤、宽边黑软帽和窄窄的白细布领结,比任何文凭更能说明他的身份。维齐是丹尼尔·韦伯斯特、切斯特菲尔德勋爵、"花花公子"布鲁梅尔和小杰克·霍纳②的混合物。他

---

① 门德尔松(1809—1847),德国作曲家、乐队指挥和钢琴演奏家。穆迪(1837—1899),美国福音传教士,与桑基一起在英、美各地巡回传教,并谱写了大量赞美诗。
② 丹尼尔·韦伯斯特(1782—1852),美国政治家、演说家;切斯特菲尔德勋爵(1694—1773),英国贵族,曾给儿子写了大量书信,阐述绅士的修养、礼仪与服饰;布鲁梅尔(1778—1840),英国纨绔子,英王乔治四世的朋友;小杰克·霍纳是童谣里的人物,凭机灵得益。

的来到使帕洛马顿时兴旺起来。他抵达的第二天,镇上就测量出一片新的拓展地区,并且划成一小块一小块的。

当然,维齐为了推动他事业的发展,必须同帕洛马的居民和外人都混熟。他除了在本地正派人中间赢得名望之外,必定还要在浪荡子中打开局面。因此,杰克斯、巴德·坎宁安和我就有幸同他结识了。

假如维齐没有见到艾琳·欣克尔,从而成为第四个角逐者的话,命中注定一说就靠不住了。他不上巴黎饭馆,而是气派十足地在黄松坂旅店用餐;不过他却成了欣克尔家客厅里不可轻视的拜访者。他的竞争使巴德触景生情,嘴里的脏话越来越多;逼得杰克斯满口俚语,俗不可耐,比巴德最恶毒的咒骂更可怕;把我搞得灰溜溜的,一言不发。

因为维齐的口才太好了。语言滔滔不绝地从他嘴里出来,仿佛油井喷出的石油。夸张、恭维、赞美、激赏、甜蜜的奉承、绝妙的辞令、颂扬和不加掩饰的推崇,争先恐后地脱口而出。我们不指望艾琳在他的雄辩和他那身打扮面前能抵挡得住。

可是有那么一天,我们产生了勇气。

那天傍晚,我坐在欣克尔家客厅前的小走廊上,等艾琳出来,突然听到里面有说话声。艾琳和她爸爸进了屋,欣克尔老头开口对她说话。我以前早就注意到他是个精明人,并且有他的人生哲学。

"艾琳,"他说道,"我注意到最近经常有三四个年轻人来找你。他们中间有没有你特别喜欢的?"

"哎,爸爸,"她回答说,"他们几个我都很喜欢。我认为坎宁安先生、杰克斯先生和哈里斯先生都是极好的青年。他们无论对我说什么都是那么坦率,那么诚实。我认识维齐先生的时间不长,不过我认为他是个极好的青年,他无论对我说什么都是那么坦率、那么诚实。"

"是啊,我想说的正是这一点,"欣克尔老头说,"你说你一向喜欢说真话,不拿恭维和假话来诓你的人。你不妨把这几个人考验一下,看谁对你最坦率。"

"我怎么考验呢,爸爸?"

"我告诉你怎么做。你稍稍能唱些歌,艾琳;你在洛根斯波特学了将近两年。时间不算长,不过我们当时的财力也只能做到那样。你的老师说你嗓子条件不行,继续学下去只是浪费金钱。你不妨问问那几个人,对你的歌唱是怎么评价的,听听他们每个人的说法。对你说实话的人肯定很有勇气,是你可以把终身托付给他的人。你觉得这个办法怎么样?"

"行,爸爸,"艾琳说,"我认为这是个好主意。我来试试。"

艾琳和欣克尔先生从里屋的门走出客厅。我趁没人看到,急忙赶到车站。杰克斯坐在电报桌旁等待八点钟到来。那晚巴德也要进城。等他骑马来到时,我把刚才父女两人的对话复述给他们听。我对情敌是忠诚的,所有爱慕像艾琳那样的姑娘的人都应该这样。

我们三个人都被一个振奋人心的想法弄得神魂颠倒。这个试验肯定会把维齐从竞争中淘汰掉。他和他那套甜言蜜语的奉承将会被一笔勾销。我们清楚地记得艾琳喜欢坦率和诚实——她多么厌恶虚假的恭维和讨好。

我们挽着臂,高兴地在月台上乱蹦乱跳,扯开嗓门唱着《马尔登是个老实人》。

那晚,除了那张承受欣克尔小姐苗条身材的幸运的柳条摇椅之外,还有四张椅子上也坐着人。我们三个人按捺着兴奋的心情,等待考验的开始。首先受测试的是巴德。

"坎宁安先生,"艾琳唱完《当叶子变黄的时候》,嫣然一笑说,

"你对我的嗓子确实有什么评价?你可得坦率,实话实说,你知道,我要你永远这样对待我。"

巴德事先知道要求于他的是诚恳,现在有机会显示了,他坐在椅子上身子不禁扭动起来。

"说老实话,艾琳小姐,"他诚挚地说,"你的嗓子不比鼬鼠大多少——你知道,只能算吱吱叫。当然,我们都喜欢听你唱歌,因为你唱歌时毕竟还是甜美喜人的;再说,你坐在钢琴凳上同你脸朝我们坐着时姿势一样优美。不过要说唱歌的话——我看你还够不上。"

我密切注视着艾琳,想知道巴德的坦率是不是过了火候;但是她愉快的微笑和可爱的道谢让我放了心,知道我们的路子走对了。

"你觉得怎么样呢,杰克斯先生?"她接着问。

"请你相信我,"杰克斯说,"你算不上歌剧里挂头牌的角色。美国各大城市歌剧明星的演唱我都听过;我可以告诉你,你的嗓子吃不开。不然的话,你早就比垮了那些歌剧大演员,把她们打发到肥皂厂去干活了——我指的是相貌;因为那些尖嗓子一般都长得像是赶集的农村姑娘。不过你唱的实在不行。你的会厌不灵活——没有章法。"

艾琳听了杰克斯的批评,快活地笑出了声,随即带着询问的神情瞅瞅我。

我承认当时我犹豫了一下。坦率不是也有过火的时候吗?我下的断言也许有点躲躲闪闪,不过仍以批评为主。

"艾琳小姐,我对科学性的音乐并不在行,"我说,"但是说老实话,我不能高度赞扬老天赐给你的歌喉。人们老爱用鸟和出色的歌唱家比较。可是鸟和鸟不一样。我要说你的嗓子使我想起鸫鸟——带喉音而不响亮,音域不广,变化不大——不过——呃——它自有它的——呃——韵味——"

"谢谢你啦,哈里斯先生。"欣克尔小姐打断了我的话,"我知道我可以信赖你的坦率和诚实。"

这时候,西·文森特·维齐提一提上衣的袖管,露出了雪白的衬衫袖口,罗多尔瀑布开始奔腾而下。

我的记忆力不好,无法重复他如何赞扬上帝赐予的无价之宝——欣克尔小姐的嗓子。他那些狂热的语言如果说给一起歌唱的晨星听,准会使星星的合唱队自我爆炸,碎成一片发出自满火焰的流星雨。

他伸出白皙的手指,列举了各大洲的歌剧明星,从珍妮·林德说到爱玛·艾博特,无非是贬低她们的才能。他谈到喉音、胸腔共鸣、短句、琶音,以及声乐艺术的其他怪名词。他仿佛爱莫能助地承认,珍妮·林德在高音区里有几个音是欣克尔小姐未能达到的——不过"!!!"——那只是练习和训练的问题。

结尾时,他预言——郑重其事地预言——"西南部将要出现的一颗新星,一颗足以使老大的得克萨斯州自豪的新星",在声乐艺术方面前途光辉灿烂,在音乐史上无与伦比。

我们十点钟告辞的时候,艾琳同往常一样,带着她那迷人的笑容和我们每个人热情诚恳地握了手,请我们再去玩。我看不出有什么厚此薄彼的迹象——但是我们中间有三个人知道——我们知道。

我们知道坦率和诚实赢得了胜利,情敌的数目已经从四个减到了三个。

在车站上,杰克斯拿出一个装着一品脱好东西的瓶子,我们庆祝那个嚣张的入侵者的没落。

四天平平而过,没有什么值得一提的事情。

第五天,杰克斯和我走进凉棚去吃晚饭,发现铁丝网后面收钱的是那个墨西哥小伙子,那个穿洁白衬衫、藏青色裙子的天仙不见了。

我们冲进厨房,正好碰到欣克尔大爷两手端着两杯热咖啡出来。

"艾琳在哪儿?"我们带着歌剧宣叙调的口气问道。

欣克尔大爷是个厚道人。"哎,两位先生,"他说,"她突然心血来潮,我也没有办法;不过我手头有这笔钱,我就由她去了。她到波士顿一个唱歌——不,一个音乐学院去学四年,培养她的嗓子。哟,两位先生,让我过去吧,咖啡烫得很,我的大拇指受不了啦。"

那晚,坐在火车站月台上晃荡着腿的有四个人,而不是三个。西·文森特·维齐参加了我们的队伍。我们在探讨问题,狗冲着升上树梢的月亮吠叫,月亮有五分硬币那么大,或者有面粉桶那么大。

我们探讨的问题是,对一个女人到底是说谎好,还是说实话好。

当时我们几个都年轻,所以没有得出结论。